4185

HISTOIRE
NATURELLE
DE
L'UNIVERS.

Nec satiare queunt Spectando corpora coram. Lucret.

HISTOIRE NATURELLE DE L'UNIVERS,

DANS LAQUELLE ON RAPPORTE des Raisons Physiques, sur les Effets les plus curieux, & les plus extraordinaires de la Nature.

Enrichie de Figures en Taille-douce.

Par Monsieur COLONNE, Gentil-homme Romain.

TOME PREMIER.

A PARIS,
Chez ANDRÉ CAILLEAU, Quay des Augustins, au coin de la ruë Gist-le-Cœur, à S. André.

M. DCC. XXXIV.
Avec Approbation & Privilege du Roy.

Ex Bibliotheca D. Crozat

A MONSEIGNEUR
LE DUC
DE RICHELIEU.

ONSEIGNEUR,

Dépositaire de l'Histoire Naturelle de feu M. Colonne, je croi-

EPISTRE.

rois trahir la confiance dont il m'a honoré, si je manquois à l'offrir à Vôtre Grandeur. L'amitié que vous aviez pour lui, MONSEIGNEUR; l'attachement respectueux qu'il avoit pour vous, le dessein où il étoit de vous offrir lui-même cet Ouvrage, & l'honneur que vous lui aviez fait d'y consentir, me sont de surs garands que la liberté que je prens ne sera pas désagréable à Vôtre Grandeur. Aussi ne crois-je pas, MONSEIGNEUR, qu'Elle puisse refuser de recevoir avec plaisir les Ouvrages d'un homme qu'elle a honoré d'une amitié particuliere, & auxquels il s'est appliqué avec le zéle dû à la vérité, & avec la secrette joye que lui causoit le dessein d'en ériger à Vôtre Grandeur un monument de

EPISTRE.

l'attachement & du respect qu'il avoit pour Elle.

Vous le sçavez, MONSEIGNEUR, jamais personne n'a mieux senti que M. Colonne, cette passion vive & respectueuse, que doivent avoir pour Vôtre Grandeur, tous ceux qui connoissent parfaitement & vos talens & vos vertus. Si j'étois plus temeraire, ce seroit ici le lieu de parler de votre amour pour les Sciences, & de la facilité avec laquelle vous vous les êtes rendu toutes familières : de la faveur que trouvent auprès de Vôtre Grandeur ceux qui les cultivent : de la manière dont vous sçavez encourager leurs talens, & du soin que vous prenez de les perfectionner. Je pourrois dire encore quelque chose de plus, MONSEIGNEUR ; je pourrois parler de cette

EPISTRE.

bonté, de cette affabilité, qui vous rendent si accessible & même si prévenant à l'égard de vos inferieurs, qu'on ne vous reconnoît un grand Seigneur que par votre nom, vos titres & la superiorité de vos vertus. Que ne pourrois-je pas dire de ces graces & de ces agrémens, qui ne vous rendent pas moins aimable, que l'union de vos vertus vous fait estimer. Ne pourrois-je pas remarquer, qu'à l'âge de vingt-huit ans vous avez été choisi pour aller en qualité d'Ambassadeur Extraordinaire, négocier à la Cour de l'Empereur l'affaire la plus importante à la tranquillité de l'Europe, & la plus difficile par la diversité des interêts qu'il falloit concilier, & que vous y avez réüssi avec toute la gloire que le Roy s'en étoit promise, quand il vous en char-

EPISTRE.

gea : mais je n'ai garde, MONSEI-GNEUR, d'entreprendre de parler de choses que toute l'Europe connoît aussi parfaitement que je sçai les admirer. Je me borne seulement à supplier Vôtre Grandeur que le présent que j'ose lui faire, soit reçû d'Elle avec autant de bonté pour moi, qu'Elle a eu d'amitié pour l'Auteur, & de me permettre de l'assurer du profond respect avec lequel je serai toute ma vie,

MONSEIGNEUR,

DE VÔTRE GRANDEUR,

Le très-humble & très-obéissant Serviteur.
DE GOSMOND.

AVERTISSEMENT DE L'EDITEUR.

L'AMITIE' & la confiance dont m'honoroit feu M. Colonne, m'ont engagé à ne donner cet ouvrage, qu'après y avoir fait les additions & les changemens, qu'il vouloit y faire lui même. Ce qu'il auroit, sans doute, beaucoup mieux fait que moi, s'il en avoit eu le temps.

Quoiqu'il ait paru depuis sa mort quelques ouvrages qui ont pour but le même objet de L'HISTOIRE NATURELLE, il est néanmoins le premier qui ait travaillé ce projet. Ce fut vers la fin de 1724. qu'il le commença, & pendant cette année & celle de 1725. il fit ce qu'on en donne aujourd'hui au Public.

Je présente cet ouvrage tel que l'Auteur l'auroit donné lui-même,

AVERTISSEMENT.

J'espere que le Lecteur pardonnera, en faveur des excellentes choses qui s'y trouvent, les fautes de stile qu'un Etranger a pû faire dans une Langue qui n'étoit pas la sienne.

Les Volumes qui suivront ces deux premiers, ne seront pas moins interessans. On en trouvera un extrait à la fin de la Table des Chapitres.

L'interêt que je prens à la gloire d'un Ami, dont la mémoire me sera toûjours chere, me fait ardemment souhaiter, que le Public reçoive son ouvrage avec autant de plaisir, que j'en ai à le lui presenter.

J'ai cru pour la satisfaction des Lecteurs, devoir joindre ici un abregé de sa vie, qui parut peu de temps après sa mort. Je ne pourrois rien dire sur son sujet de plus précis & de plus vrai.

VIE DE M. COLONNE.

FRANÇOIS-MARIE-POMPE'E COLONNE, nâquit à Rome, le 10 Septembre 1644. Il étoit fils naturel de Pompée Colonne, Prince de Gallicano, Comte de Sarno, qui mourut en 1661. sans laisser d'autre posterité. Il vint à Paris fort jeune, n'ayant pas plus de 20 ans, & dans une situation, où son mérite plûtôt que sa fortune le fit bien-tôt connoître. Il y acquit en peu de temps l'estime & l'amitié d'un très-grand nombre d'honnêtes gens. Ses talens & son sçavoir l'avoient fait souhaiter des Grands & des gens de Lettres; sa prudence & sa modestie, lui avoient fait attendre les ordres des premiers pour se présenter à eux, & l'envie d'apprendre lui avoit fait choisir les derniers, qui ne trouvoient qu'à gagner dans le Commerce qu'ils avoient avec lui.

Personne n'a sçû comme M. Colonne joindre l'etude des Sciences les plus abstraites, comme la Physique, l'Astronomie, l'Algebre & presque toutes les parties des Mathematiques, à toutes les autres Sciences, qui tiennent leur place dans la vie civile.

L'enjoüement, & la solidité de son esprit avoient fait naître à quelques personnes d'un rang distingué, tant par leur naissance que par leur génie superieur, l'envie d'apprendre de lui les principes de la Philosophie, qu'il avoit mise si parfaitement à leur portée, qu'elles y avoient fait un progrès considerable.

Depuis soixante ans qu'il étoit en France, il avoit été connu presque de tous les Ministres, & avoit eu un libre accès chez les plus Grands du Royaume; il les a tous vûs avec un si grand désinteressement, qu'après avoir vêcu dans une honnête médiocrité & simple-

VIE DE M. COLONNE. v

ment hors de l'indigence, il mourut le six Mars 1726. âgé de quatre-vingt-deux ans, par un accident aussi funeste * que singulier; regretté généralement des grands & des petits, sans avoir eu jusqu'à cet âge aucune infirmité de corps, & avec un esprit sain & entier, qui faisoit l'admiration de tous ceux qui le connoissoient.

* Le feu prit à sa maison la nuit du 6 Mars 1726. & il y fût consommé, aussi-bien que M. Laurent, son ami intime, qui demeuroit avec lui. M. Colonne avoit de coûtume, depuis long-tems, de faire toûjours quelque lecture dans son lit avant de s'endormir ; & il n'est pas douteux qu'il n'ait causé cet incendie, puisqu'il lui étoit déja arrivé plusieurs fois de mettre le feu dans sa chambre en lisant : ce qui auroit dû le corriger; mais l'habitude & l'envie d'apprendre l'avoient toûjours emporté sur sa prudence.

Fautes à corriger dans le premier Volume.

Pag. 8. 31. 32. Lhiptique, l. Elliptique. P. 16. repondu, l. répondu. P. 17. volui & revolui, lis, volvi & revolvi. Eandem, lis. eamdem. Aloquem, lis. aliquem. P. 20. subtile, lis. subtil. P. 25. lumineux, lis. lumineux. P. 29. partiellement, lis. partilment. P. 45. bitumeuses, lis. bitumineuses. P. 48. diminuüe, lis. diminué. P. 55. cune, lis. aucune. P. 57. mers, lis. mer. P. 68. fi, lis. fit. P. 70. enfantemens, lis. enfantemens. P. 84. que, lis. qui. P. 89. en marge, 2758. lis. 1758. P. 150. apellé, lis. apellée. P. 168. frequenté, lisez frequentées. P. 175. Baleins, lis. Baleines. P. 180. reuendent, lis. revendent. P. 198. Sdgno, lis. Sdegno. Pag. 204. ontagnes, lis. montagnes ; Spectateur, lis. Lecteur. Pag. 211. foüiller, lis. foüiller. P. 251. lorsqu'ils, lisez lorsqu'elles. P. 252. Rome, lis. de Rome. P. 272. pendnat, lis. pendent. P. 276. son, lis. sont. P. 331. agité, lis. agitée.

Fautes à corriger dans le second Volume.

Pag. 17. 18. 19. soulphreuses, lis. sulfureuses. P. 51. tost, lis. tous. P. 81. Varran, lis. Varren ; Notigam, lis. Notingham. P. 81. 196. 199. Cester, lis. Chester P. 85. Campagues, lis. Campagnes. P. 125. Scicile, lis. Sicile. P. 137. Nanoit, lis. Nat on. P. 137. Bazilovvitz, lis. Alexiovvitz. P. 171. sotte, lis. sorte. P. 235. peu, lis. peau. Pag. 275. f n, lis. son. P. 284. tombée, lis. tombé. P. 289. desquels on, lis. qu'on. P. 300. le Seigneur, lis. le Signor. P. 319. e, lis. de. P. 352. Joyaller, lis. Joyallier. Pag. 371. verts, lis. vers. Pag. 441. & vîtesse démontrée qui est sensiblement lis. & vitesse qui est démontrée sensiblement. P. 449. 450. & 459. crapau, lis. crapeau. Pag. 469. dirige vers l'Aiman, lis. dirige l'Aiman vers. Pag. 460. les, lis. la. Pag. 488. put, lis. pure. Pag. 504. devise, lis. divise.

PRÉFACE

PREFACE
DE L'AUTEUR.

ON idée en composant cet Ouvrage, a été de former, à l'imitation de Pline, une HISTOIRE NATURELLE DE L'UNIVERS, & d'y rapporter ce qu'il y a de plus curieux & de plus extraordinaire dans la Nature, depuis le ciel & les astres jusqu'au centre de la terre.

Je joins la Physique à l'Histoire, afin de rendre des raisons, au moins probables, des effets les plus admirables qu'on a pû remarquer.

La difficulté de cette entreprise, au lieu de m'attirer la critique, devroit me concilier l'indulgence du Lecteur. Elle doit m'être d'autant plus facilement accordée, que dans une auſſi vaſte carriere, où je dois parcourir le ciel & la terre, il eſt impoſſible que je ne faſſe quelques faux pas.

Du temps de Pline, à peine connoiſſoit-on la moitié du monde, qui nous eſt préſentement connu; & les connoiſſances mêmes que l'on avoit pour lors de certains endroits, étoient fort confuſes; de maniere qu'il n'eſt point étonnant, que les Mémoires peu fidels ou incertains qu'il a ſuivi ne l'ayent fait tomber quelquefois dans l'erreur. Mais aujourd'hui qu'on a découvert un nouveau monde, qui joint avec les terres Auſtrales eſt du moins auſſi grand que l'ancien; que par la navigation & par le commerce on s'eſt rendu voiſins & familiers les peuples les plus éloignez de notre continent; & enfin que par l'invention des lunettes d'approche, & des microſcopes, on a pu ob-

PREFACE. ix

ſerver tant de choſes étonnantes dans le ciel & ſur la terre. J'ai crû que je ferois plaiſir aux curieux, ſi je leur préſentois un abregé de ce qui peut confirmer les veritez que Pline a décrites, & au même temps rectifier celles dont il ne pouvoit avoir aucune connoiſſance, ou qui étoient incertaines. Je veux y ajoûter auſſi, comme je l'ai déja dit, les raiſons Phyſiques de toutes ces curioſitez, afin que le Lecteur n'ait rien à deſirer.

Je ſçais que l'Hiſtoire Naturelle ne peut être parfaite, que lorſque l'Académie des Sciences de Paris y mettra la main. C'eſt dans ce deſſein, dit-on, que cette illuſtre Aſſemblée amaſſe les materiaux néceſſaires, pour former un Ouvrage digne de tant de ſçavans perſonnages. Mais comme de long-temps, peut-être, il ne paroîtra, j'ai cru qu'en attendant je pouvois hazarder l'ébauche d'une Hiſtoire, que l'Académie donnera un jour dans sa perfection. J'eusse pu même faire usage d'une partie de ses Mémoires qu'elle publie tous les ans : mais je l'ai évité par respect, autant qu'il m'a été possible, & j'ai mieux aimé me servir des Observations des Societez de Londres, d'Italie, d'Allemagne, & de quelqu'autres endroits, que de toucher au trésor de ses Mémoires. Cependant comme ceux dont je me sers viennent aussi de Grands Hommes, ils meritent l'attention du Lecteur, que je prie en même-temps d'examiner les raisons que je rends de certains effets ; moins dans l'idée de croire qu'elles meriteront son aprobation, que pour l'exciter lui-même à en trouver de meilleures. Ce que j'en dis n'est simplement que pour montrer que les faits raportez dans cette Histoire ne sont pas au-dessus des forces de la nature, & que par conséquent ils meritent quelque croyance.

PRÉFACE. xj

Dans le deſſein que j'ai eu de rendre des raiſons Phyſiques des choſes naturelles, j'ai héſité pendant long temps ſur les principes de Philoſophie dont je devois me ſervir. Ceux des anciens Philoſophes Grecs, ne ſont plus à la mode depuis que le fameux Deſcartes a fondé ſa Philoſophie. Ce Philoſophe même trouve aujourd'hui bien des gens qui le contrediſent ſur ce qu'il a avancé; ainſi, comme l'eſprit humain ne veut point être gêné, j'ai cru que je pouvois uſer de la même liberté qu'il a priſe en ſecoüant le joug de l'Ecole, qui enſeignoit aſſez mal de ſon temps la Philoſophie d'Ariſtote. Je ne m'aſſujettirai donc à perſonne, & ſans mépriſer ni les anciens ni les modernes, je prendrai de tous ce que le goût de mon eſprit me ●●● a paroître bon. Mais comme à la rigueur après tant de ſiécles, il eſt difficile de dire quelque choſe qui ſoit tout-à-fait nouveau, je déclare qu'il y aura peu du mien, & que les raisons Physiques que je donnerai seront celles de Platon, d'Aristote, & de Démocrite, qui, quoiqu'elles paroissent fort différentes, & même contraires dans leurs principes, peuvent cependant être conciliées facilement, en y changeant très-peu de chose. Malgré tout ce qu'on a pu dire au contraire, Descartes a suivi cette route, &, comme le remarque fort bien le sçavant M. Huet, (a) quoiqu'il ait affecté de n'avoir rien pris des anciens, cependant il a tout pris d'eux, & s'en est fait honneur. Le Philosophe Bernier paroît du même sentiment dans une lettre à un de ses amis : (b) « Il me seroit « facile, dit-il, de montrer, que « tout ce qu'ont dit les modernes, « ou n'est rien, ou n'est pas nouveau, il ne faudroit reprendre

(a) Traité Philos. de la foiblesse de l'esprit humain.
(b) Suite des Mémoires de Mogol, page 29.

„ que ce que Mʳˢ. Gaſſendi & Ar-
„ nauld ont écrit contre Deſcartes,
„ à quoi je ne ſçais pas qu'il ait
„ fait aucune réponſe. Et plût à
„ Dieu, qu'il eût pû y répondre
„ auſſi démonſtrativement & ma-
„ giſtralement qu'il ſemble le vou-
„ loir faire accroire, &c.

J'imiterai donc ce grand homme, à la reſerve que j'avoüerai de
bonne foi, comme je l'ai dit, que
je dois aux Philoſophes dont j'ai
parlé & à pluſieurs autres, preſque
tout ce que j'avancerai ſur les raiſons Phyſiques qui accompagnent
cette Hiſtoire Naturelle. Ce qui
pourra auſſi me juſtifier, ſi je ſuis
fautif, puiſque ce ne ſera du moins
qu'en ſuivant les lumieres de gens,
à qui (quoiqu'on en diſe) il n'eſt
pas poſſible de refuſer le titre de
grands genies.

Si j'ai bien ou mal reüſſi, le Lecteur en jugera après avoir lû l'Hiſtoire entiere, parce que l'une doit
verifier l'autre. Je laiſſe auſſi au

Lecteur la liberté de suivre ou de désaprouver mes raisons Physiques, d'autant que je ne suis point prévenu en ma faveur, & que je sçais que le goût & l'intelligence de chacun est communément ce qui décide ; car, comme dit Ptolomée* on blâme souvent ce qu'on n'entend pas. *Solet autem fieri ut id quod pauci assequi possunt id in multorum contemptionem cadit.*

* Ptolomeus in principio.

TABLE DES CHAPITRES
de l'Histoire Naturelle de l'Univers.
TOME PREMIER.

PREMIERE PARTIE.

CHAP. I. Histoire de ce qu'on a remarqué de plus curieux & de plus extraordinaire dans les Cieux. page 1.

II. Système des Comettes. 80.

III. Des Espaces lumineux sans Etoiles. 100.

IV. Histoire des Phenomenes qu'on voit souvent dans la région des vapeu qui nous conduiront à la connoissance de ceux qui sont plus extraordinaires. 107

SECONDE PARTIE.

I. Du Globe de la terre considéré en général. 135

II. Des inégalités de la superficie de la terre, ou des Montagnes; & de

XVI TABLE.

leur origine. 197
III. Des Plaines. 277
IV. Des Feux que la terre nourrit dans son sein. 287

TOME SECOND.

Suite de la seconde Partie.

V. Des Termes ou eaux chaudes. 1
VI. De la pénétration de l'eau dans le sein de la terre, & de la circulation de cet Element. 36
VII. De la différence des terres de notre Globe. 101
VIII. Autres observations sur la formation du Globe terrestre, & particulierement sur la mer. 116
IX. Des Changemens qui arrivent ou qui sont arrivez au Globe de la terre, & de la terre avec les Astres. 121

TROISIE'ME PARTIE.

Avant-propos sur les trois Regnes, Mineral, Vegetal & Animal. 145
I. De la génération du sel, avec l'histoire des sels differens. 149
II. De la génération du Sable. 241

TABLE.

III. De la génération des Pierres Opaques & Transparentes, où l'on parle en premier lieu des Pierres Opaques. 255
IV. Des Pierres Transparentes. 324
V. De l'Aiman. 404
VI. Du Magnetisme de plusieurs autres Corps. 447
VII. De la génération des Métaux & des Mineraux. 472

Fin de la Table.

AVIS DU LIBRAIRE.

ON donnera incessamment la IV. V. VI. & derniere Partie de cet Ouvrage. Dans la IV. Partie, l'Auteur parle du Flux & Reflux de la mer en général, & de celui de l'Euripe en particulier. Il parle aussi des Tempêtes, des Meteores & des courans de la mer ; des pluyes ordinaires & extraordinaires ; l'histoire des lacs, des fontaines, & des rivieres, qui ont quelque proprieté extraordinaire : Ce qui est suivi de la génération des vegetaux & de l'histoire des plantes les plus rares & les plus curieuses.

La V. Partie renferme la génération,

& l'histoire des animaux quadrupedes volatiles & aquatiques; l'histoire des insectes & des petits animaux qui ne sont visibles que par le secours du microscope: enfin, après avoir parlé de l'instinct, du discernement & du sentiment des animaux; cette partie finit par un traité de l'homme, consideré comme animal & comme raisonnable.

Dans la VI. & derniere Partie, on trouvera un système général sur les vents, avec des observations particulieres sur certains vents, tels que les Alisées, Moussons, & autres, qui soufflent communement vers certains endroits & en certains temps de l'année.

HISTOIRE
NATURELLE
DE
L'UNIVERS.

PREMIERE PARTIE.

CHAPITRE I.

Histoire de ce que l'on a remarqué de plus curieux & de plus extraordinaire dans les Cieux.

E commencerai mon Histoire comme Pline, c'est-à-dire, par les choses qui sont les plus éloignées & les moins connuës, & par conséquent par ce que l'on a le plus d'envie de connoître. L'in-

vention des Telescopes, que nous devons à Galilée, (Italien de nation,) & qu'il mit en usage l'an 1609. comme lui-même le dit dans le Livre qu'il publia peu à près de ses nouvelles découvertes ; cette invention nous a si fort approché du Ciel, que nous en pouvons dire beaucoup plus que l'on n'en sçavoit du tems de Pline. Il est certain aussi que depuis ce tems-là l'Astronomie s'est beaucoup perfectionnée, & que si les grands hommes qui ont gouverné & gouvernent encore les Observatoires de Paris, de Londres, & de plusieurs autres lieux de l'Europe, nous faisoient part de toutes leurs observations, cette Histoire en seroit bien plus exacte, plus agréable & plus curieuse. Mais ne pouvant pas faire autrement, il faut que le Lecteur se contente de ce que je lui donne, & qui n'est pas si méprisable, puisque je l'ai choisi & ramassé de plusieurs excellens Astronomes.

Il y a plusieurs sistêmes que l'on a forgé pour rendre raison du mouvement des Astres, & de tout ce que nous voyons dans les Cieux.

Le sistême qui avec plus d'apparence que de verité, avoit été établi par Platon & par Aristote, suppose la terre dans le centre de plusieurs cieux solides & transparans comme le diamant; mais ce sistême a été rejetté par tous les bons Aſtronomes. Ptolomée lui-même l'a répudié, (quoiqu'il y ait des gens qui penſent le contraire,) diſant préciſément *que les Dieux* (c'eſt ainſi qu'il appelle les Aſtres qu'on adoroit de ſon tems) *ſe meuvent dans un liquide étherée*, &c.

L'on doit même admirer l'eſprit de ce grand homme, lequel pour s'accommoder à la croyance commune de ſon tems, & à la foibleſſe de ceux qui auroient eû quelque peine à meſurer les divers mouvemens des Aſtres dans des cieux fluides, a inventé des cercles excentriques & ſolides, auſſi bien que des épicicles, & tout ce qui pouvoit ſervir à rendre ſenſibles à l'imagination & à ſoumettre au calcul les divers mouvemens des Planettes & des autres Etoiles.

Tous les bons Aſtronomes ont donc ſuppoſé que les Cieux étoient liquides, c'eſt-à-dire d'une ſubſtance plus ſubtile & plus fluide que l'air. Preſque tous les modernes ſont convenus avec Ptolomée, que le Soleil étoit le centre du mouvement des Planetes, qui tournent autour de lui. Mais Copernic plus hardi a rappellé le ſiſtême des Pithagoriciens, qu'Architas avoit imaginé comme le plus ſimple & le plus conforme à la verité, quoique contraire à ce que les ſens nous montrent. Je ſuivrai donc ce ſiſtême, qui eſt à préſent reçu de tous les Aſtronomes.

Aij

Je ne m'étendrai pas à faire une description de ce siftême qui exigeroit un Livre entier, & qu'on n'entendroit pas encore trop bien. C'est pourquoi j'exhorte ceux qui n'en ont pas une parfaite connoissance à s'en faire instruire par quelque maître, qui dans le même tems pourra résoudre les difficultés qu'on y pourroit trouver.

Je dirai seulement que ce siftême suppose l'Univers d'une étendue indéfinie, c'est-à-dire, dont on ne connoît point les limites; d'autant qu'au-delà de ce que nos yeux voyoient auparavant, on a découvert aujourd'hui par le secours des Telescopes, beaucoup d'autres Etoiles. Et l'on a lieu de croire qu'avec des secours plus efficaces, on en verroit encore d'autres plus loin, de maniere qu'on ne peut pas définir l'espace où l'Univers a ses termes, s'il est vrai qu'il soit terminé en quelque lieu, comme Platon, Aristote, & plusieurs autres l'ont crû.

De plus, l'on suppose encore que le Soleil n'est qu'une Etoile fixe, qui nous paroît plus grande parce que nous en sommes plus près. Que ce Soleil est au centre d'une grande étendue de matiere étherée, qui, tournant toûjours en rond, forme ce que Démocrite & Epicure ont appellé un *Tourbillon*, qui s'étend plusieurs centaines de millions de lieuës. Qu'il y a dans les intervales de l'espace de ce Tourbillon plusieurs globes dont nous voyons la structure & les apparences. Que la matiere étherée du Tourbillon tournant en rond, emporte autour du Soleil ces globes qu'on appelle planetes, lesquels par leurs mouvemens circulaires sur eux-mêmes, se forment d'autres Tourbillons plus petits de la même matiere. Le globe de la Terre que nous habitons est une de ces planetes qui vole dans les airs, ce qui ne paroîtra plus étrange quand on verra que des globes beaucoup plus grands qu'elle font le même chemin. Parmi ces globes qui tournent ainsi autour du Soleil, il y en a trois qui ont d'autres globes plus petits qui tournent autour d'eux, comme autour de leur centre, & de la façon qu'eux-mêmes tournent autour du Soleil. La terre est une de ces planetes qui a un satellite qui la suit toûjours, & nous appellons ce satellite la Lune. Jupiter a quatre de ces globes, qui font à son égard ce que la Lune fait à l'égard de nous, & chacune de ces Lunes ou satellites est au moins de la grandeur du globe terrestre. Saturne a cinq de ces Lunes, dont la plus éloignée est plus grande que le globe de la Terre.

Voici l'ordre avec lequel ces planettes sont placées. Le Soleil est dans le centre de son tourbillon. Après le Soleil, le plus voifin de lui est Mercure. Ensuite vient Venus. Après Venus vient la Terre, comme étant réellement une planette. Cette planette est emportée par le grand tourbillon du Soleil, qui la fait tourner autour de lui en 365. jours & environ un quart, & par un autre mouvement contraire au premier, elle tourne sur son axe, environ en vingt-quatre heures. Et notés que la Terre est une planette d'importance, puisqu'elle a un satellite qui la suit partout comme nous venons de le dire, de même que nous verrons que les planetes les plus considerables ont leurs satellites. Après la Terre & la Lune vient Mars, autour duquel on n'a point encore découvert de satellite, & qui vraisemblablement n'en a point, étant plus petit que le globe de la Terre. Après Mars vient Jupiter, & cette planette est suivie de quatre satellites ou Lunes, que le fameux Galilée découvrit le premier, & qu'il nomma les *Etoiles de Medicis*, pour faire honneur au grand Duc de Toscane, sous les auspices duquel il avoit fait cette découverte. Après Jupiter suit Saturne qui est plus éloigné du Soleil que toutes les autres planetes, lequel est suivi de cinq satellites, dont le premier fut découvert par M. Hughens, * comme il le dit lui même en 1655.

* *De Terris celestibus page 99.*

& les quatre autres par feu M. Caſſini, qu'ils appellerent les *Etoiles des Bourbons*, à l'imitation de Galilée. Outre ces Satellites, le globe de Saturne eſt environné d'un cercle lumineux & ſolide, ſelon les apparences, entre les bords duquel & le globe de Saturne on voit un interſtice d'environ douze ou quinze mille lieues. Ce cercle ou anneau tourne auſſi autour du globe de Saturne, comme autour de ſon centre, auſſibien que les cinq ſatellites. Saturne eſt donc le plus éloigné du Soleil, & l'eſpace qu'il y a entre lui & Jupiter ſe peut nommer le ciel de Saturne, & ainſi de même des autres planetes.

* Je marquerai par la premiere figure qui eſt préciſément la même que M. Hughens nous a donnée, les diſtances qu'il y a entre une planette & une autre. Mais remarqués que l'intervale qu'il y a de Jupiter au Soleil, eſt au double de celui que Mars, la Terre & ſon ſatellite, Venus & Mercure occupent tous enſemble autour de cet Aſtre, & qu'il en eſt de même de Saturne. De ſorte que ces deux planettes avec leurs ſatellites, occupent eux ſeuls, une étenduë plus grande au triple que toutes les autres planetes enſemble.

Je repeterai pour une plus grande intel-

* Voyez la premiere figure de la premiere partie.

A iiij

ligence de ce siſtême, qu'il faut commencer par imaginer une étenduë très-grande de matiere étherée, qui ait au moins 200. ou 300. millions de lieuës. Que cette matiere ſe mouvant en rond par ſa propre force, forme ce qu'on appelle un *Tourbillon*, qui n'eſt pas parfaitement rond, mais éliptique, c'eſt-à-dire ovale. Dans le centre de ce tourbillon s'eſt amaſſé une matiere en partie fort groſſiere & corporelle, d'autre moins groſſiere ſuivant la regle établie dans mon traité du mouvement, où j'ai montré que les corps les plus groſſiers ſont pouſſez dans le centre d'une matiere plus ſubtile qui ſe meut en rond. Dans differens eſpaces de ce grand Tourbillon, il y en a d'autres plus petits, dans le centre deſquels s'eſt amaſſée auſſi la matiere corporelle qui forme les globes des autres planetes, qui ſont emportées avec leurs petits tourbillons, par le plus grand, autour du Soleil. Le plus près du Soleil eſt Mercure, à la proximité néanmoins de 32. millions de milles, que les Aſtronomes Anglois donnent à Mercure dans ſa moyenne diſtance: car dans le cours de ſa révolution, il en eſt quelquefois plus ou moins éloigné. Après Mercure, Venus paroît diſtante du Soleil de 59. millions de milles, dans ſa moyenne diſtance. Après Venus en s'éloignant du centre, eſt placé le globe de la

Terre, qui est distant du Soleil de 81. millions de milles. La Terre non-seulement est une planette comme les autres, mais on a dit qu'elle a une autre planete que nous appellons Lune, qui tourne autour d'elle & qui la suit par tout, laquelle est distante de la Terre de 40. millions de milles. La Lune, qui est le satellite de la Terre, est 50. ou 60. fois plus petite que le globe Terrestre. Après la Terre est Mars, distant du Soleil de 123. millions de milles. Ensuite vient Jupiter à la distance du Soleil de 424. millions de milles. Remarquez aussi que quatre autres globes semblables à nôtre Lune, tournent autour de Jupiter, & font le même effet à son égard, que la Lune fait à l'égard de la Terre. Et notez que ces quatre Lunes ou satellites, sont tous au moins aussi grands que le globe Terrestre, & qu'ils tournent incessamment autour du globe de Jupiter, comme lui-même tourne autour du Soleil. Ces satellites furent observez en premier lieu & rendus publics par le fameux Galilée, comme nous l'avons dit ci-devant. Après Jupiter suit Saturne, autour duquel il y a non-seulement cinq autres Satellites, mais encore un anneau fort grand & assez mince, qui tous ensemble ont pour centre de leur mouvement le globe de Saturne.

Au-dessus de ces planettes sont encore des espaces immenses remplis d'une matiere étherée, parsemés d'une infinité d'autres globes, qui brillent de leur propre lumiere comme le Soleil, & c'est ce qu'on appelle *Etoiles fixes*, parce qu'on les voit toûjours dans la même distance entr'elles. Les Astronomes les ont divisées en diverses constellations, ausquelles ils ont donné des noms, que les Poëtes ensuite ont orné de leurs fictions, prenant occasion sur ces figures astronomiques d'inventer leurs fables. La distance des premieres Etoiles fixes du Soleil est si grande, que pour en donner une idée, on a dit que si un boulet de canon tomboit de la plus proche Etoile fixe vers le Soleil, avec toute la vitesse avec laquelle il commence à sortir du canon, * il consommeroit près de 70000. ans pour y parvenir, si prodigieuse est la distance qui est entre deux. Et notez qu'audessus de ces Etoiles fixes visibles, il y en a d'autres encore plus éloignées qui sont invisibles à cause de leur éloignement, & qu'on voit néanmoins avec de bons télescopes; & audessus de celles qu'on voit, il est à croire

* L'on a découvert par des experiences, qu'un boulet de canon faisoit environ cent toises par seconde d'heure, ou à chaque battement d'artere.

qu'il y en a d'autres qu'on ne peut pas diftinguer, parce que la force du télefcope a un terme comme notre œil, mais on en voit quelqu'unes qui paroiffent comme des points très-lumineux & brillans. De maniere que fi nous donnons l'effor à nôtre imagination, nous trouverons que ces efpaces font infinis & tous parfémez d'Etoiles, qui font apparamment autant de mondes abfolument differens du nôtre.

Par où l'on peut conjecturer que les Etoiles fixes dont quelques-unes paroiffent plus grandes que les autres, & que les Aftronomes ont divifé en fix ou fept dégrez de grandeur, peuvent être & qu'elles font en effet les unes plus grandes que les autres; mais quelques-unes de celles qui paroiffent effectivement de la premiere grandeur, peuvent-être plus petites que celles qui paroiffent moindres qu'elles, à caufe qu'elles font plus éloignées; comme au contraire il y en a quelques-unes que nous avons dit être tout-à-fait invifibles, & qu'on ne découvre que par le fecours des télefcopes, qui peuvent être réellement plus grandes que celles qui paroiffent à la vûë.

Il eft donc aifé de croire que cette étenduë de l'Univers peut être indéfinie, c'eftà-dire qu'elle n'a pas de bornes perceptibles à nos fens, comme il femble que Platon

& Aristote l'avoient crû, & que la Terre n'est pas non plus dans le centre de l'Univers, qui étant indéfini, c'est-à-dire beaucoup au-delà de ce que nos sens peuvent connoître, nous ne pouvons pas établir un lieu fixe pour le centre de l'Univers ; d'autant plus que la Terre où nous sommes est une planette qui vole par les airs, & qui a le Soleil pour centre de ses mouvemens. C'est pourquoi il n'est pas impossible que les Etoiles fixes n'ayent aussi un Tourbillon particulier dans le centre duquel elles sont placées ; & peut être aussi qu'elles ont des Satellites, c'est-à-dire d'autres astres & planetes, qui tournent autour d'elles, comme la Terre & les autres planettes tournent autour du Soleil.

Cette immensité de l'Univers est bien plus convenable à la majesté du Divin Créateur, qui étant infini doit avoir créé un ouvrage digne de sa grandeur, de sa puissance, & de sa magnificence infinie.

Il n'est pas moins digne de sa toute-puissance que ces grands globes ne soient pas tout-à-fait déserts, mais qu'il y vienne des plantes & des animaux convenables à la nature de ces *Terres célestes*, comme Hughens les appelle ; & il est probable que de même que les choses qui viennent dans notre monde sont composées des particules ou principes, dont ce globe est formé, hors duquel ni les plantes ni les animaux qu'il produit ne peuvent pas vivre ni subsister; semblablement les créatures de ces autres mondes étant composées des principes dont ils sont formez, on a lieu de conjecturer que dans tous ces mondes, soit dans le Soleil ou Etoiles fixes & dans leurs satellites, il y a des créatures formées de la matiere de ces globes, & par conséquent ils peuvent & doivent vivre & subsister dans ces globes & non ailleurs.

Ceux qui ont crû que ces grands globes que nous appellons planettes sont des mondes & des terres en quelque maniere semblables au nôtre, ont été portés à le croire pour avoir vû avec les télescopes que ces globes sont d'une matiere compacte, semblable à la terre & aussi tenebreuse, car on voit par les mêmes lunettes qu'ils ne font que réfléchir la lumiere du Soleil, comme nous voyons que fait la Lune, ce qui se voit clairement dans Mercure, & particulierement dans Venus, qui paroît plus ou moins lumineuse, suivant qu'elle est à notre égard en certains points du ciel, & d'ailleurs elle montre les mêmes phases que la Lune. On le voit aussi dans Mars, lequel suivant les diverses distances du Soleil, paroît en certaines parties de son disque diminuer de lumiere, quoique pas tant que Venus. M. Hughens dit avoir obfervé que Mercure augmente & diminuë de lumiere comme Venus. Mais il eft conftant que lorfque Mercure eft joint partilment avec le Soleil, ce qui n'arrive qu'environ de 19. en 19. ans, on le voit alors dans le Soleil comme une tache noire. Quant à la terre nous fçavons qu'elle n'a en elle aucune lumiere, par l'obfcurité de la nuit qui vient quand elle tourne le côté oppofé au Soleil. On a douté quelque tems fi Jupiter & Saturne pouvoient à caufe de leur grande diftance du Soleil, prendre & réfléchir la même lumiere jufqu'à nous. Mais enfin on a obfervé que lorfque l'un de leurs fatellites eft directement entre le Soleil & le difque de ces planetes, il fe fait une éclipfe fort obfcure dans cette partie de leur globe, comme la lune le fait fur la terre ; ce qui montre affez que ces planettes auffi bien que leurs fatellites, ne luifent point de leur propre lumiere, mais feulement de celle que le Soleil leur donne, & que s'il y a des habitans qui ayent de même que nous la faculté de voir, ils ont une nuit femblable à la nôtre, plus ou moins longue, comme on le dira dans la fuite.

Après avoir vû que ces mondes céleftes n'ont point d'autre lumiere que celle que le Soleil leur donne, je crois à propos de parler de la grandeur de chacun de ces prétendus mondes, & de quelqu'autre chose que l'on a distingué avec les lunettes, suivant ce que les Astronomes Anglois en disent.

Le Soleil, qui dans ce sistême est dans le centre de son tourbillon, ne change pas de place, si ce n'est que par les taches qu'on apperçoit en lui de tems à autre, l'on a reconnu qu'il tourne incessamment sur son axe environ en 25. jours. La masse de son disque comparée à la masse terrestre, suivant M. Cassini, (*a*) est d'un million de fois plus grande que celle de la terre ; les Anglois disent plus de 1200. mille fois. De sçavoir maintenant quelle est la substance du Soleil, & si c'est une flâme pure comme la plûpart le croyent & que les sens le montrent, cela me paroît fort douteux. Je rapporterai à ce propos les paroles du fameux Astronome de l'Observatoire de Paris M. Hughens. (*b*) *On n'a pas encore découvert à fond si la substance de ce vaste globe est compacte ou liquide comme la flamme, (ainsi que Descartes le suppose) & comme sa lumiere le persuade... Pour la petite inégalité qui paroit dans la circonference de son disque avec le telescope & qu'on ne*

(*a*) Observations astronomiques page 126.
(*b*) *De terris celestibus.*

voit pas toûjours, de laquelle néanmoins quelques gens (*Schonerus & Kirker*) s'imaginent qu'il fort d'une maniere étonnante des tourbillons de flammes, ce n'eſt rien autre choſe qu'une agitation tremblante des vapeurs qui environnent nôtre terre, & c'eſt cette agitation qui eſt cauſe que pendant la nuit les Etoiles nous paroiſſent jetter des étincelles. Pour moi, quoique j'aye ſouvent conſideré attentivement ces petits flambeaux, & les flammes qu'on vante tant, lorſqu'on parle des taches qui ſont dans le Soleil, je ne les ai jamais pû voir & je doute fort qu'on puiſſe voir en lui quelque choſe de plus clair & de plus lumineux que le Soleil même.

 Bourdin a fait un traité * exprès pour montrer que le Soleil n'eſt qu'une flamme pure, & une flamme qui ſe nourrit des vapeurs qui exhalent de la terre comme de la mer. Et il a même répoudu aux difficultez que l'on faiſoit à ce ſiſtême, quoique ſes réponſes ne me paroiſſent pas auſſi ſolides que les objections. Mais pour revenir à Hughens il n'a pas été heureux de ne pas voir non ſeulement ce que Kirker & Schonerus ont obſervé, mais auſſi il n'a pas vû les taches que Galilée a découvertes, & que tant d'Aſtronomes ont vû après lui. Ce n'eſt donc pas ſeulement Sçhonerus & Kir-

*Imprimé à Paris chez Cramoiſi en 1646.

ker

ker qui ont vû ces évaporations. Cornelius à Lapide, que Bourdin cite, dit qu'on les voit souvent. *Id est (quod sol sit flamma) videntur arguere maculæ & faculæ quæ per tubum opticum assiduè in sole volvi & revolvi cernuntur.* Mais Hughens veut qu'on se trompe, & que cela vienne de la Terre & non du Soleil où on les voit. Voici les paroles de Schonerus. *Si helioscopio virtutis hac novissima, & hactenus nullis cognita vulgata videbis, primò totam solaxis hemispherii apparentis superficiem, ex umbris atque luculis conflatam. Secundo aspectabis eandem solem tanquam mare fluctibus asperum, & fluctuantibus crispum. Itaque idmodo eodem, diverso tempore sed hodiè aliter quam heri, & cras aliter quam hodie, & sic numquam eodem schemate, eodem multus habitu (quod mirabilissimum est) sidus quid aureum aspicies. Imaginare locum aloquem vel mare tranquillum molli aura crispatum, solis fulgore illustratum. Ista crispi iudo affert visui alternas umbras & luces, è vel vario, vel nullo radiorum solarium ad oculum reflexu. Qualis igitur tunc superficies aquoris talis ex hac apparitione solis. Superficies solis non geometricè aquabilis nec opticè terra aut polita sed astronomicè spherica est instar maris fluctuantis, terræ & lunæ montibus ac vallibus amfractuosa.* Mais par toutes

Tome I. B.

ces apparences, Bourdin & Cornelius à Lapide, ont prétendu prouver que le Soleil est une flamme pure, & Schonerus & Kirker, que je suis, prétendent montrer que le Soleil est un globe solide, composé de parties heterogenes, dont quelqu'unes sont des lacs d'une matiere qui fait les apparences de la flamme.

Ce qu'on peut objecter à cette opinion, c'est qu'elle est contraire à la doctrine de Descartes que l'on veut soûtenir.

Ce qu'il y a de surprenant, comme je l'ai dit, c'est que Monsieur Hughens n'ait pas vû au moins les taches que depuis Galilée tous les Astronomes ont remarqué. Il convient néanmoins qu'on voit quelquefois, & non pas toûjours certaines inégalités dans les bords du Soleil: mais il attribue cet effet au boüillonnement de l'air. Messieurs de l'Observatoire de Paris disent, comme Hughens, qu'on ne voit dans le Soleil que quelquefois des taches obscures, qui suivant Descartes (étrange imagination) n'est autre chose qu'une espece d'écume qui surnage sur la matiere lumineuse. Cependant ayant demandé à feu Monsieur Cassini, si ces taches étoient fixes dans le même endroit, ou si elles paroissoient seulement de tems à autre, il affirma que la chose n'étoit point douteuse & qu'elles sont fixes;

sans quoi il est certain, ce me semble, qu'on n'auroit pas pû déterminer le tems précis de la révolution du Soleil sur son propre centre en 25. jours; car si cette écume nageoit sur une substance aussi liquide & si subtile comme est la lumiere, étant agitée par la révolution du Soleil sur son axe, elle flotteroit çà & là comme l'écume, ou autre chose de plus leger qui surnage & se meut avec vîtesse.

D'ailleurs il ne me semble pas possible qu'une masse aussi subtile & aussi mobile qu'est la pure lumiere, puisse subsister depuis tant de milliers d'années sans se dissiper, & sans croître ou diminuer. Car quoiqu'on puisse dire que la matiere étherée remplace ce qui se perd, ou comme Bourdin, que les vapeurs de la terre & de l'eau la nourrissent, cependant tous les Astronomes anciens & modernes ont observé que le disque du Soleil n'augmente ni ne diminue de rien. D'ailleurs cette révolution reglée du Soleil sur son centre d'un mouvement très-vîte, puisqu'en une minute de tems son corps passe d'un point à l'autre d'environ l'espace de 25. lieuës, ce tournoyement, dis-je, me paroît plus convenable à un corps solide qu'à un liquide. De maniere que si l'on fait réflexion à cette circonstance importante, je suis porté à croire que le Soleil n'est pas un

B ij

corps liquide & formé de pure flamme lumineuse, mais que la plus grande partie de sa substance est solide, comme celle de la terre & des autres astres. Je dis la plus grande partie, parce que de même que nôtre terre contient çà & là beaucoup de liquides, c'est-à-dire des mers très-vastes, des lacs & des rivieres; à plus forte raison le Soleil beaucoup plus grand peut contenir une grande quantité de substance liquide, & de telle nature, étant agitée par la matiere étherée qu'elle soit propre à produire la lumiere & la chaleur, comme on le voit dans plusieurs matieres lumineuses, qui pourtant sont des corps solides & résistans au tacte. Il y a encore une autre raison, c'est que comme nous verrons que tous les astres, non-seulement les planettes, mais même les Etoiles fixes (du consentement de Descartes) qu'on dit être autant de Soleils, sont des corps solides qui tournent sur leur centre de même que le Soleil, cela peut nous donner occasion de croire que le Soleil n'en est pas different, sinon en quelque partie. Je crois donc par ces raisons & autres que j'obmets pour abreger, mais principalement par celle que j'ai dit, que cette révolution reglée du Soleil sur son centre convient plus à un corps solide, qu'à un corps liquide aussi subtile & mobile qu'est la flamme ; je crois volontiers, dis-je, que le corps du Soleil est un corps solide, & tel à peu près, que Schonerus & Kirker, illustres Astronomes ont eû le bonheur de le voir, & dont ils nous ont donné le dessein, particulierement Schonerus dans le Livre intitulé *la Rose Ursine*, dedié au Duc des Ursins, que je donnerai aussi pour la satisfaction du Lecteur, & la mienne propre, afin de me faire mieux entendre.

On voit par cette figure, * que dans les bords du Soleil il y a des inégalités (dont Hughens convient) semblables à celles qu'on remarque dans la Lune, lesquelles sont vrai-semblablement des montagnes fort hautes. On voit aussi qu'il y a dans le milieu une espece de mer, ou de substance liquide, qui est celle que je suppose avec Schonerus, d'une nature propre à produire la lumiere, étant agitée par le mouvement que cause en elle le tourbillon étherée, dans le centre duquel ce globe est placé, & ce mouvement, dis-je, est propre à produire la lumiere & la chaleur, comme je l'explique dans mon traité de la matiere en parlant du feu. On voit aussi ça & là dans ce globe, des especes de goufres fort sombres, desquels semblent sortir des flammes, qui paroissent d'autant plus claires qu'elles sortent d'un lieu obscur. L'on

* Voyez la deuxiéme figure.

voit encore entre ces montagnes qu'il y a des flammes, ou apparences de flammes. Ce qui nous peut donner occasion de croire que la matiere qui compose le disque du Soleil n'est pas uniforme, mais differente d'elle-même, & de telle nature qu'elle ne ressemble à rien de ce qui est parmi nous, qui ne pouvons rien imaginer que par rapport à ce que les sens nous font connoître. Mais pour donner quelque idée de la formation de ce grand globe, je crois pouvoir dire, que suivant les principes établis dans mon traité du mouvement, une certaine quantité de la matiere fluide de l'éther se mouvant circulairement, forme un tourbillon, qui a poussé dans son centre, de la maniere déja dite, une partie de la matiere corporelle & plus grossiere, dont s'est formé le globe solide du Soleil, de telle nature que les vapeurs qui en sortent sont très-subtiles, très-lumineuses & vivifiantes, d'autant que la vie consiste dans le mouvement. Mais il faut comprendre aussi que ces vapeurs qui vivifient, peuvent donner la mort quand elles viennent en trop grande quantité, & qu'elles frappent pendant un tems trop considerable. Car l'experience fait voir que non-seulement les plantes sechent, mais les animaux & les hommes meurent quand le Soleil darde trop long-tems & trop vivement ses rayons sur eux, dissipant & consumant l'humidité radicale, ou lui donnant un mouvement qui ne convient pas aux humeurs ou temperamment des plantes & des animaux. Il faut donc penser que les influences du Soleil sont des vapeurs d'un feu subtil & vital, ami de la nature, & qui la dispose & l'excite à la generation & à toutes les actions naturelles, comme il paroît dans le Printems quand cet astre revient à nous, où il fait vegeter les plantes, & qu'il anime les corps; mais enfin il faut considerer qu'il fait l'effet d'un feu brûlant, ce qui paroît non-seulement quand on ramasse ses rayons dans des verres ardens, mais comme on le voit aussi dans l'Eté, ou dans cette saison tout se seche, & il brûle toutes les plantes qu'il faisoit auparavant vegeter; d'autant que la même cause qui étoit vitale pendant qu'elle étoit moderée, devient pernicieuse & mortelle, étant excessive & trop forte. Au reste je ne vois pas qu'on doive tirer une conjecture que le Soleil soit une pure flamme, fondée sur ce que la surface du Soleil paroît unie, comme prétend M. Hughens, & que de cela il conclud que toute sa matiere est liquide, puisque dans un si grand éloignement, joint à la grande exhalaison de flammes & de lumiere, il n'est pas étonnant que la superficie de

ce grand globe paroisse unie, & que seulement en certains tems on la voye telle qu'on l'a représentée dans la figure. Car, si par exemple, en huit ou dix quartiers de Paris il y avoit dix ou douze maisons enflammées, dans une distance considerable : en considerant cet embrasement l'incendie paroîtroit universel, à cause qu'on ne verroit point les intervales des maisons qui ne brûlent pas. C'est aussi à mon avis ce qui fait que quelquefois l'on voit des taches noires dans le Soleil, ce qu'on ne découvre qu'avec de bons télescopes ; car lorsqu'en quelques lieux (particulierement dans ces goufres noirs marquez A A. dans la figure, d'où sort une lumiere plus claire) ces évaporations de feu & de lumiere cessent, on voit alors ces taches noires qui sont ordinairement plus grandes que toute la superficie du globe de la Terre. On voit aussi que quelquefois d'une grande tache il s'en forme deux ou trois petites, parce que l'évaporation lumineuse recommence en certains lieux, & non pas par tout ; l'on a découvert encore que de deux petites il s'en forme souvent une grande, par la raison que l'évaporation lumineuse qui étoit dans le point de la séparation cesse alors, & j'incline à croire que c'est la plus probable cause des taches du Soleil, plûtôt que l'écume dont
parle

parle Descartes ; D'autant plus, comme je l'ai dit, que ces taches sont fixes & adherantes au disque du Soleil, & non flottantes sur ce liquide luminenx, comme elles devroient le faire, si le corps du Soleil étoit un liquide, & la tache une écume qui nâge sur sa superficie. De plus, sans cette adherence & immobilité de la tache, on n'auroit pas pû déterminer le tems du mouvement du Soleil sur son axe. Tous les Astronomes conviennent de cette adherence & immobilité des taches.

On observe que chacune de ces taches en particulier est environnée d'une espece de nuage moins noir, & moins obscur qu'elle, & qui fait le même effet que feroit l'Atmosphere de la Terre vû de loin. Mais chaque amas de taches est environné d'une facule ou espace plus clair que le reste du disque du Soleil.

M. de la Hire conjecture que ces taches ne sont la plûpart que des masses solides beaucoup *plus grandes que la Terre*, qui n'ont point d'autre mouvement dans le corps liquide du Soleil, que de flotter tantôt sur la superficie, & tantôt de s'y enfoncer entierement ou en partie.

Le devoir d'Historien m'engage à rapporter que Galilée fut le premier qui observa des taches obscures dans le Soleil, & il n'osa mettre son nom à cette découverte, craignant que le public ne trouva à rédire qu'il eût remarqué quelque ombre dans la lumiere. C'est pourquoi il mit au jour un Livre intitulé *Apelles post tabulam*, pour voir comment on recevroit sa découverte. C'est bien pis pour moi, qui ne me cache pas d'avoir dit que le Soleil est un corps solide comme la Terre ; mais je ne lui ôte rien de sa lumiere. Il y a longtems qu'Aristote a dit que le Soleil n'est ni lumineux, ni chaud, mais que c'étoit son mouvement qui le rendoit tel. Je suis de son avis, & j'admets de plus dans ce grand globe une liqueur propre à répandre feu & lumiere, dont la perte est réparée continuellement par la même matiere éterée qui le tient dans son sein, laquelle elle-même est lumiere en puissance prochaine, comme étant le principe du mouvement & la lumiere de toutes choses.

Je crois que je ne dois pas obmettre dans cette Histoire une observation que je trouve. C'est qu'étant sur la montagne de Tenerif qui est une des plus hautes de la Terre, * *le Soleil semble beaucoup plus petit que dans les lieux ou nous le voyons ordinairement, & qu'il paroît visiblement tourner sur son axe comme une boule de feu ardent.* Et on ajoûte, *qu'un peu avant son lever on voit*

* Théâtre du Monde du P. Boussigault.

sortir de l'Orient, comme de la bouche d'une fournaise, un torrent de flâmes, & que le Ciel dans cette hauteur paroit fort pur & cristallin. Il n'est pas étonnant que dans cette élevation qui est au-dessus des vapeurs grossieres de la Terre qui nous cachent la beauté du Ciel, on le voye pur & cristallin; car le Pere du Tertre dit que l'Eté dans les Antilles (après que les pluyes sont passées) l'air est si pur, que l'on peut regarder fixement le Soleil sans en être ébloüi, & que l'on voit la conjonction & l'émersion de la Lune avec facilité. J'ai oüi dire que dans ces lieux & autres semblables, on y voit lever le Soleil tout d'un coup, n'y ayant point de crépuscule; d'autant qu'il n'y a pas de vapeurs épaisses. Il n'est pas étonnant non plus que l'on voye du côté de l'Orient, aux approches du Soleil à l'horison, sortir comme un torrent de flammes, puisque ses rayons ne sont que des flammes. Et il n'y a pas encore de quoi s'étonner si on le voit tourner sur son axe comme une boule de feu; puisque réellement il tourne ainsi. Ce qu'on peut remarquer beaucoup mieux dans cette région pure & cristalline. Et cette pureté de l'air ôteroit aussi le merveilleux de voir le Soleil plus petit, puisque l'on sçait que les vapeurs de la Terre font paroître les Astres plus grands, comme on le voit au lever &

C ij

au coucher du Soleil & de la Lune, dans lequel tems ces Astres paroissent plus grands que lorsqu'ils sont élevez sur l'horison. On sçait encore que les Telescopes ôtent ou toute, ou la plus grande partie de cette grandeur apparente que la réfraction des vapeurs donne aux Astres, mais je laisse aux Astronomes plus sçavans que moi de faire réflexion sur cette observation, en cas qu'elle soit veritable, d'autant qu'elle pourroit avoir de grandes conséquences dans les observations astronomiques.

Après le Soleil, il faut parler de ce qui regarde Mercure, qui est le plus proche de ses satellites. Mais cette proximité, selon Monsieur Newton dans sa moyenne distance, ne laisse pas d'aller à un éloignement de 32. millions de milles d'Angleterre. Comme le cercle qu'il décrit autour du Soleil est le plus petit de tous, aussi termine-t'il sa periode en 88. jours, ne s'éloignant de cet astre que d'environ 28. dégrez. C'est pourquoi il ne fait aucun aspect avec le Soleil, mais seulement une double conjonction; une dans la partie superieure de son cercle, l'autre dans l'inferieure : & dans ce dernier tems il n'a quasi point de lumiere à notre égard, n'y ayant que la partie qui est tournée vers le Soleil qui soit éclairée. Car cette planette, aussi bien que les autres, n'a point d'autre lumiere que celle que le Soleil lui donne ; & ce globe comme ceux des autres planettes est un corps solide semblable à la Terre, & tenebreux de même. La conjonction n'arrive qu'environ tous les 19. ans, & lorsqu'il est partiellement joint au Soleil, on le voit dans son disque comme un point noir & tenebreux. Cependant Mercure réflêchit une lumiere très-vive, très-claire & très-brillante, qui m'a fait plaisir à voir ; quoiqu'on le voye rarement, ne s'éloignant du Soleil dans le Zodiaque, comme on l'a dit, que d'environ 28. dégrez. Cette lumiere claire & brillante fait croire que l'atmosphere ou vapeurs qui émanent du disque de Mercure, sont très-subtiles & pures, & semblables à la lumiere du Soleil, duquel il reçoit six fois plus de chaleur que la Terre, au rapport de Monsieur Newton, parce qu'il en est beaucoup plus proche, & suivant M. Hughens neuf fois d'avantage. Mercure est la planette la plus petite de toutes, son diametre n'étant que de deux minutes & un sixiéme, selon Monsieur Newton, & par-conséquent son diamétre est de 2460. milles Anglois, & le tour de son globe de 8000. milles Anglois. Comme on ne voit aucune tache en lui, on n'a pas pu déterminer s'il tourne sur son centre & en combien de tems cela arrive; mais comme tous les autres le font, il est à croire qu'il suit la régle commune. L'on ne connoît pas jusqu'à present qu'il ait aucun satellite, & sa petitesse est une raison suffisante pour le croire.

Monsieur Hughens dit en quelque endroit que Mercure est 22. fois plus petit que la Terre, & ailleurs il dit douze fois seulement, soit que cela soit faute d'impression, ou bien que la chose soit difficile à déterminer, à cause que rarement on le peut voir.

Venus est placée après Mercure. On voit assez clairement par les lunettes d'approche que cet astre n'a point de lumiere propre, & que sa lumiere croît & diminuë comme celle de la Lune, suivant les differentes distances du Soleil. Ce qu'il y a de particulier, c'est que lorsque Venus nous paroît plus grande & plus lumineuse, c'est précisément alors qu'elle diminuë de lumiere; & la cause de cette apparence vient de ce que dans le tems que Venus commence à diminuer de lumiere, elle approche de la Terre de plusieurs centaines de millions de milles de plus, que lorsqu'elle est tout à fait lumineuse. De maniere que ce voisinage compense fort & au-delà la lumiere qu'elle a de moins, étant alors plus éloignée du Soleil. C'est ce que l'on objectoit autrefois à Copernic contre son sistéme, à quoi il ne pouvoit répondre autre chose sinon que le tems feroit connoître la verité, les Telescopes n'étant pas encore inventez, qui ont mis cela en évidence; c'est-à-dire que Venus dans la partie inferieure de son cercle diminuë effectivement de lumiere & qu'elle fait les mêmes phases que la Lune, comme Copernic le dit, & comme son sistême le porte.

Venus dans sa moyenne distance, est éloignée du Soleil environ 59. millions de milles d'Angleterre. Elle acheve sa circulation éliptique en 225. jours, * & ne s'éloigne du Soleil que de 45. dégrez, suivant Monsieur Newton. Elle reçoit deux fois plus de lumiere & de chaleur du Soleil que la Terre, supposant que ceux qui vivent dans le globe de Venus sentent la chaleur & le froid comme nous. Le globe de Venus est un peu plus grand que celui de la Terre, mais de peu & beaucoup plus que celui de Mars. Elle fait comme Mercure, deux conjonctions avec le Soleil; l'une dans l'Apogée, l'autre dans le Perigée, sans faire aucun aspect dans le Zodiaque avec cet astre. L'intervalle qu'elle occupe dans sa circulation periodique & qu'on peut appeller le *Ciel de Venus*, n'est séparé des cieux des autres astres que par l'imagination, tous ces cieux

* Suivant Hughens en 224. jours 18. heures.

C iiij

étant liquides & remplis par la matiere subtile & fluide de l'Ether, comme nous l'avons supposé. Il faut entendre la même chose du ciel des autres planettes. La lumiere de Venus est fort claire & brillante, tendante un peu vers le pâle; ce qui fait croire que les vapeurs qui s'exhalent de son globe, & qui forment son atmosphere, sont plûtôt humides, subtiles, & déliées comme une vapeur de rosée, & peut être odoriferante comme l'eau de roses, où de fleurs d'oranges. La figure de son globe est spheroïde large, dont le plus grand diametre qui est à l'Equateur, est 34. milles plus grand que celui qui passe par ses poles; mais Messieurs de l'Observatoire de Paris soutiennent le contraire, par des experiences, disent-ils, incontestables.

Après Venus dans ce sistême est placée la Terre, laquelle est une planette principale, qui a pour satellite la Lune. Le mouvement de ce satellite est reglé, comme on le dira après, par le mouvement même de la Terre, laquelle tourne au tour du Soleil dans un cercle éliptique en 365 jours & près d'un quart. Et notez qu'elle tourne autour du Soleil d'un mouvement de paralelisme, c'est-à-dire, qu'elle est poussée par l'Ether, sans que les poles, ni la position de son disque changent de situation. L'axe compris entre ſes poles, fait avec l'axe du monde un angle de 23. dégrez 32. minutes. Ce qui fait la diverſité des ſaiſons, & des jours plus ou moins longs. Elle eſt éloignée du Soleil ſelon M. Newton de 81. millions de milles Anglois, & dans l'Apogée elle en eſt encore beaucoup plus loin. Elle tourne ſur ſon axe, d'Occident en Orient, environ en 23. heures 56. minutes, & c'eſt ce qui fait les jours & les nuits, ſuivant que les parties ou l'on eſt ſont tournées vers le Soleil. L'inclination de ſon axe, ſuivant M. Newton, ne change pas. Et l'on prétend avec raiſon que la figure de la Terre n'eſt pas parfaitement ronde, mais ſpheroïde, comme on le dira après plus au long.

La circonférence de la Terre dans ſon plus grand cercle, eſt ſuivant M. Caſſini de 9000. lieuës Pariſiennes, de 25. au dégré. Ce qui ſuffira preſentement pour la conſideration de cet aſtre, d'autant que tout le reſte de cet ouvrage ſera employé à conſiderer toutes les parties de la Terre. C'eſt pourquoi je paſſerai à examiner ſon ſatellite, duquel, à cauſe du voiſinage, nous pouvons dire quelque choſe de plus que les anciens, qui n'avoient point de Téleſcopes.

Quoique le globe de la lune ſoit fort petit, cependant par rapport à ſa proximité, il nous paroît presque aussi grand que le Soleil, quoique sa masse soit 50. & près de 60. fois plus petite que celle de la Terre, & que sa circonference dans son plus grand cercle ne soit que d'environ 2.500. lieuës Parisiennes. Sa substance est visiblement de matieres differentes, d'autant qu'il y a des parties dans la Lune qui refléchissent la lumiere, d'autres, ou la lumiere qu'elle reçoit du Soleil ne se refléchit pas : ce qui a fait croire que ces parties de la lune qu'on voit obscures, & qui même à l'œil seul paroissent sombres, étoient des especes de mers, dans le fluide desquelles la plus grande partie de la lumiere penetre, se perd & ne se refléchit jusques à nous qu'en très-petite quantité. Cependant Hughens ne convenoit pas de cela, disant qu'il avoit observé dans la surface de ces prétenduës mers, des creux qui paroissoient très-profonds. Ce qui ne paroit pas convenir à un fluide qui affecte toûjours le niveau & l'égalité dans sa superficie. Mais comme il est à croire que tout ce qui est dans ces astres est très-different de ce qui est parmi nous, il se peut faire que ce liquide de la Lune soit d'une autre espece qu'aucune de nos liqueurs, & qu'il pourroit former ces gouffres, sans que cette espece de fluide se précipitât au-dedans comme feroient les nôtres. Il est vrai aussi que j'ai entendu dire à feu M. Cassini, dont je revere la memoire, qu'il croyoit que ces ombres pouvoient être des plaines très grandes, avec des herbes ou des arbustes, entre la tige desquels la lumiere se perdoit en grande partie sans se refléchir. Quoiqu'il en soit, l'on y voit sans en pouvoir douter des élevations sensibles, qui sont des montagnes plus hautes qu'aucunes des nôtres, à ce que M. Cassini & les plus habiles Astronomes qui les ont mesurées, m'ont assuré. L'on voit ces montagnes d'une couleur très-blanche, comme si elles étoient de glace ou couvertes de neiges, qui refléchissent très-bien la lumiere du Soleil. La lumiete pâle de la Lune marque assez probablement que son atmosphere est formé de vapeurs aqueuses & humides, provenantes des exhalaisons des neiges, des glaces, & de ces prétenduës mers ou autres matieres analogues. Il est vrai qu'il y a des Astronomes qui prétendent que la Lune n'a point d'atmosphere, mais je ne sçai pas pourquoi ce globe, qui est en tout semblable aux autres & même au nôtre, n'auroit pas des exhalaisons comme tous les autres. L'illustre M. Whiston, de la Societé Royale de Londres, & excellent Astronome, prétend prouver par l'éclipse de l'année 1706. & par celle de 1715. dont il a donné une relation au public, que la lune a un atmosphere, & même qu'il est beaucoup plus étendu que celui de la Terre, d'autant que cet atmosphere est formé de vapeurs subtiles; & que la Lune (dit-il) a des nuages comme la Terre, & même des orages, des éclairs & des Tonneres, comme il prétend l'avoir remarqué dans l'éclipse de 1715. Ces nuages (dit-il) sont moins denses & beaucoup plus rares que les nôtres, & se resolvent seulement en rosée. Et il prétend dans la relation que ces choses seront mises en évidence par l'éclipse du mois de May de l'année 1724. J'allai exprès à l'Observatoire de Paris, pour m'informer de ce que nos Astronomes auroient remarqué, mais les principaux étoient à Versailles pour faire leurs observations en la presence du Roi. Ils ont publié depuis, que la Lune n'a point d'atmosphere, sur quoi j'en appelle à des observations plus exactes. S'il est vrai qu'elle n'ait point d'atmosphere, il faut dire que les jours y sont toujours serains, & qu'ils durent quinze des nôtres. Sa chaleur n'y est pas insupportable, mais temperée, supposant que les Habitans de cet Astre soient capables de sentir chaud & froid comme nous.

Mais Monsieur Whiston nous fait remarquer une chose importante, c'est que comme la Lune reçoit de la Terre 3600. fois moins de lumiere & de chaleur que du Soleil, elle lui en donne (à la Terre) 48000. fois moins que le Soleil. Ainsi il n'est pas étonnant que la lumiere de la Lune étant rassemblée dans un miroir ardent, ou dans une lentille de verre, ne produise aucune chaleur sensible, & même que le foyer de cette lumiere ainsi assemblée étant appliqué à la prunelle de l'œil soit insensible, d'autant que cette lumiere est 48000. fois plus foible que la lumiere & la chaleur que le Soleil donne à la Terre & à l'air qui l'environne, & qui touche continuellement l'œil sur lequel on applique la lumiere de la Lune. Par ou l'on peut voir que l'induction que quelques Cartesiens vouloient tirer de cette experience, c'est-à-dire que les astres, & même la Lune qui est à nôtre égard la plus proche & la plus efficace de tous après le Soleil, n'ont aucune force ni pouvoir pour alterer les choses de nôtre monde: cette experience, dis-je, ne prouve rien, sinon que quand nous voulons prouver ou nier quelque chose, nous nous servons de tout, & nous y employons le chaud & le froid. Comme on fait dans cette occasion, ou parce que la lumiere de la Lune n'échauffe point l'œil, on en conclut qu'elle n'a aucun pouvoir sur nôtre Terre.

Mais l'on néglige de faire obferver deux circonftances. La premiere que la chaleur de laLune eft fi petite à l'égard de la Terre qu'on peut la compter pour rien ; ainfi il n'eft pas étonnant fi elle ne produit même aucune fenfation dans l'œil. De cette obfervation il me femble qu'on peut conclure avec plus de raifon, que quand il s'agit de donner une preuve bien concluante, il faut prendre garde à toutes les circonftances qui peuvent être ou pour, ou contre ce qu'on veut prouver.

La feconde circonftance n'eft pas moins importante, c'eft que jamais aucun Aftrologue n'a dit que la Lune agiffe fur la Terre par la chaleur ; au contraire, ils font tous d'accord que les influences ou exhalaifons de la Lune font humides, & plûtôt froides que chaudes. Quoiqu'il foit vrai qu'ils difent que le Soleil commence à rendre ce froid mois fenfible depuis fa conjonction jufqu'à l'oppofition, & que dans les quadratures il fe fait quelque chofe d'approchant aux quatre faifons de l'année ; c'eft-à-dire que l'humidité de la Lune eft moins froide en commençant à être échauffée après la conjonction, jufqu'au premier quartier ; comme après la premiere quadrature s'échauffant un peu plus jufqu'à l'oppofition, elle a quelque rapport à l'Eté ; après l'opposition, son humidité ressemble à celle de l'automne, & dans la derniere quadrature à celle de l'hiver. Ce qui doit s'entendre autant qu'il est possible d'une matiere humide & naturellement froide, & non autrement.

Par ou l'on peut voir que l'humidité de la Lune ne peut pas brûler l'œil, n'étant que fort tiede, ni lui faire aucune impression l'humidité étant amie de l'œil ; & d'autant plus que cette humidité lunaire n'est qu'une vapeur ou exhalaison très-subtile, qui est encore moins forte que les vapeurs humides de la Terre qui sont mêlées avec l'air, & qui touchent toûjours l'œil sans y faire aucune sensation. Ayant parlé de ces choses au long & plus clairement dans mon livre des *Raisons Phisiques de l'Astrologie*, qui pourra peut-être un jour paroître à la lumiere, je n'en dirai pas d'avantage ici, & même ce que j'en ai dit n'est point pour l'amour de l'Astrologie, dont je fais le cas qu'on en doit faire, c'est-à-dire de ne la pas estimer comme infaillible, ni la trop mépriser. Eloigné de condamner les Astronomes qui veulent qu'on ne lui donne aucune croyance, j'avouë même que si j'étois à leur place j'en ferois autant, car s'ils avoüoient que l'on peut par les influences des astres connoître l'avenir, il y auroit une procession perpetuelle de Paris à l'Observatoire, afin que l'Astronome prédit ce qui devroit arriver, s'imaginant (si grande est l'ineptie du vulgaire) qu'il n'y a qu'à regarder le Ciel avec les lunettes pour sçavoir le sort de chacun. Et il en arriveroit (comme il arrive souvent) que si l'on venoit à prédire faux, l'on perdroit la confiance qu'on a à tout ce que l'Astronome dit de l'éloignement & de la grandeur des astres ; sur quoi si on n'a pas toute la croyance qu'on doit avoir, on peut les aller mesurer, & alors on pourra les convaincre de mensonge. C'est pourquoi je conviens que les Astronomes modernes ont pris le bon parti, en niant les influences des astres, pour se délivrer d'une multitude d'importuns dont ils seroient tous les jours accablez.

Nous concluons donc de tout ce que nous venons de dire, que l'experience de la lumiere de la Lune rassemblée par le miroir ardent, ne conclut point pour nier les influences des astres par les raisons déja dites, & pour d'autres qu'on peut voir dans mon traité des Raisons Phisiques de l'action des astres par leurs influences sur la Terre, que nous avons dit consister dans l'exhalation de leurs vapeurs, qui viennent à nous avec la lumiere des astres.

J'ajouterai

J'ajouterai ici que l'Académie de Paris a observé en 1720.* le 31. Decembre que la Lune n'ayant encore que deux jours, se joignit à Venus par sa partie orientale qui étoit obscure, & la couvrant en un instant fit une éclipse centrale (ce qui est fort rare.) Celle-ci sortit environ trois quarts d'heures après par le bord éclairé de la Lune, qui n'étoit qu'un filet fort délié, & Venus parut fort brillante sur le milieu de ce petit croissant, ce qui fit prendre ce spectacle au peuple qui s'en apperçut pour quelque chose de surprenant. Comme l'immersion de cette planette dans la partie obscure de la Lune fut subite & non graduée, & que son émersion par sa partie éclairée ne produisit pas plus de couleurs differentes que quand elle avoit passé de l'autre côté, on peut conclure de-là, disent ces Messieurs, que la Lune n'a point d'Atmosphere.

Comme ce n'est pas le sentiment de Galilée, ainsi qu'on le peut voir dans son *Sidereus*, pages 54. & 74. non plus que celui de Cassini & de la plûpart des Astronomes Anglois, je crois qu'on peut se ranger avec raison du côté du plus grand nombre, & croire qu'il est certain que la Lune a un atmosphere, malgré quelques observations

*Journal des Sçavans de Paris, Janvier 1725.

particulieres qui semblent prouver le contraire.

Il y a apparence qu'elle doit en avoir un, puisque Monsieur Cassini a donné une hipotese qui fait voir qu'elle tourne sur son centre aussi bien que toutes les autres planettes, quoiqu'on en eût jusqu'à lors excepté la Lune.

Son sistême avoit pourtant besoin de quelque exemple pour être prouvé, & ce qui le confirma fut celui du cinquiéme satellite de Saturne. Ce satellite disparoît entierement pendant la moitié de sa révolution, lorsqu'il est à l'Orient de Saturne, quoiqu'il soit *alors quelque fois* plus proche de la Terre, que quand on le voit dans son demi cercle Occidental. Il explique ce Phœnomene, en supposant que ce satellite a deux Hemispheres, dont l'un est presque entierement formé par des Terres, l'autre par des Mers. Le premier Hemisphere peut bien assez refléchir de lumiere jusqu'à nous, & il est tourné de notre côté lorsque ce satellite est dans son demi cercle Occidental, au contraire l'autre ne refléchit pas assez, & c'est celui qui est vers nous lorsque ce satellite est dans son demi cercle Oriental. Or cela ne se peut faire à moins que ce satellite ne tourne sur son axe, dans un tems à peu près égal à celui de sa révolution autour de Saturne : Et voila, dit-il, aussi le sistême qu'on peut imaginer sur la Lune. Elle peut donc tourner sur son axe dans un tems à peu près égal à celui qu'elle employe à tourner autour de la Terre (comme M. Cassini l'a montré,) & de la même maniere que les satellites de Jupiter & de Saturne, qui n'en sont que les Lunes. Peut-être se trouvera-t-il à la fin, que c'est là une proprieté des planettes subalternes d'avoir des mouvemens sur leur axe, à peu près égaux en durée à leurs révolutions autour de leurs planettes principales.

Après la Terre & la Lune son Satellite, vient Mars, qui est plus éloigné du Soleil que les planetes précedentes. Mars n'a point d'autre lumiere que celle que le Soleil lui donne. Ce qui est sensible vers les quadrats qu'il fait avec le Soleil, où l'on voit sensiblement par le Telescope que son disque manque de lumiere en certains endroits, & Hevelius prétend l'avoir vû comme je le represente dans la dixiéme figure (*a*) en un certain point de son quadrat. Cependant les autres figures de Mars (*b*) ne marquent pas une si grande diminution de lumiere, & ne le font qu'un peu bossu dans ses quadrats, mais il se peut que cela varie dans

(*a*) Voyez la dixiéme figure.
(*b*) Voyez les figures 11. & 12.

les diverses parties des apogées ou perigées.

Le solide de la planette de Mars est treize fois plus petit que celui du globe de la Terre, son diametre apparent n'étant que de deux minutes. Cassini dit plus petit de $\frac{5}{9}$. Quoique un certain Gautier, (*a*) qui a fait un recueil de diverses observations des Astronomes, dise qu'il est plus grand que la Terre environ d'un tiers. Ce qui est contredit tant par les Astronomes de Paris, que par ceux de Londres. Jusqu'à present on n'a pû trouver qu'il ait aucun satellite. Les taches qui sont dessinées dans les figures 11. & 12. ont donné lieu de connoître que le globe de Mars tourne sur son axe en 24. heures 40. minutes. Il acheve son cours periodique autour du Soleil environ en deux ans & demi. (*b*) Le diametre de Mars est de 4444. milles Anglois, & la circonférence de ce globe est environ la moitié moins grande que celle de la Terre. M. Newton dit que cette planette dans sa moyenne distance est éloignée du Soleil de 123. millions de milles Anglois, & suivant Hughens, dans son apogée elle est loin du Soleil de 2000. semidiametres de la Terre, si grande est l'ellipse ou excentri-

(*a*) Tome 2. page 2.
(*b*) Suivant Hughens en 687. jours.

cité de Mars. Mais comme on ne trouve quasi point de paralaxe à cette planette, il est difficile que les Astronomes forment un jugement bien sûr de sa grande distance. La quantité de la lumiere & de chaleur que Mars reçoit du Soleil, est deux fois & peut-être trois fois moins que celle que la Terre reçoit. Cependant Mars paroît rouge comme un charbon ardent, ce qu'on croit venir de ce que ce globe étant composé de quelque matiere analogue au bitume, au souffre, & à l'esprit de Nitre, ses exhalaisons sont bitumeuses & en quelque maniere semblable à l'esprit de Nitre ; c'est pourquoi il paroît d'une lumiere ardente, sombre, & agitée : ou bien on peut dire que ses vapeurs étant fort épaisses & grossieres, les rayons du Soleil s'y confondent en partie, ce qui le fait paroître de cette couleur rouge sombre, & comme du sang. Mezerai * rapporte qu'en l'année 797. les Astronomes remarquerent que l'on fut plus d'un an sans voir Mars dans le Ciel. Si cela est arrivé, il se peut faire que le globe de Mars ait souffert dans ce tems-là quelque alteration extraordinaire dans sa consistance, qui l'a empêché de refléchir à l'ordinaire la lumiere du Soleil. Car, comme je l'ai dit, ces Terres célestes sont aussi sujet-

* Abregé de l'Histoire de France, Tome 1.

tes à des alterations comme la nôtre, ce que nous ferons encore mieux remarquer en parlant de l'Etoile de Cassiopée & d'autres qui ne paroissent plus.

Quoiqu'il en soit de cette remarque, sur laquelle je suspens de donner mon jugement, nous passerons à considerer le globe de Jupiter, lequel a cela de particulier qu'on voit qu'il est traversé d'un bout à l'autre par plusieurs bandes obscures & fort larges, & telles qu'on les voit dessinées dans les figures 8. & 9. * ce qui fait que je n'en dirai pas d'avantage, sinon que dans ce grand globe il arrive des changemens comme dans le nôtre, sans pouvoir dire ce que ce peut être ; car qui pourra dire de qu'elle matiere sont formées ces bandes obscures, qu'il faut necessairement conjecturer être fluides, puisqu'elles se joignent l'une à l'autre, & se séparent de même revenant à leur place ; ce qui est un grand préjugé en faveur de ceux qui croyent que les parties obscures du disque de la Lune sont des Mers. Car ces bandes de Jupiter sont obscures, quoique pas tant que celles de la Lune. Et il faut considerer que ces bandes sont plus larges sans comparaison que la Mer Méditeranée, & peut être autant que l'Ocean, vû la grande étendue du

* Voyez les figures 8. & 9.

disque de Jupiter, dont le globe est plus grand que celui des autres planettes, puisque la quantité de sa matiere est 220 fois plus que celle de la Terre. Son diametre est de 81000. milles Anglois, & par conséquent sa circonférence de 280. à 300000. milles d'Angleterre. Sa moyenne distance est de 424. millions de milles Anglois. D'autres disent de 143. millions de lieuës Parisiennes. Cependant ce grand corps tourne sur son axe, au dire de quelques Astronomes Anglois, en moins de dix heures. Mais suivant ceux de Paris, en moins de six heures, qui est le mouvement le plus rapide que l'on connoisse. La quantité de lumiere & de chaleur que cet astre reçoit du Soleil est la 25e. partie de ce que la Terre reçoit, & cependant sa lumiere est très-claire & brillante, ce qui fait croire que les vapeurs de son Atmosphere sont fort subtiles & pures, puisque sa lumiere vient à nous si claire & si brillante. La figure de ce globe, dit M. Newton, est une spheroïde large, & comme un œuf droit, dont le diametre de l'équateur est plus large que l'autre. Cette planette est environnée de quatre satellites, qui suivent cet astre comme leur centre, sans s'en éloigner jamais qu'autant que le cercle qu'ils décrivent au tour de lui le permet. M. Cassini a donné des éphemerides fort exactes du mouvement de ces planettes. Chacun de ces satellites est plus grand que le globe de la Terre. Jupiter fait toutes sortes d'aspects avec le Soleil, & on ne voit jamais que sa lumiere dimiuuë. La prodigieuse distance du Soleil à cet astre a fait douter si la lumiere qui venoit à nous si brillante, étoit celle du Soleil, où si elle étoit propre à Jupiter; mais l'ombre que ses satellites font sur son disque & qui forme une espece d'éclipse, quand ils sont directement entre le Soleil & cet astre, a fait connoître que cette planette n'a point d'autre lumiere que celle qu'elle emprunte du Soleil ; & que ces satellites sont de veritables Lunes à l'égard de leurs planettes, comme la Lune l'est à l'égard de la Terre.

Il nous reste à parler de Saturne, dont la lumiere pâle & sombre n'inspire que l'ennui & la tristesse. Cet astre a néanmoins de quoi se faire remarquer avec plaisir, non seulement par ses cinq satellites qui le suivent par tout, mais par un anneau assez mince qui l'environne, comme s'il étoit l'horison d'un globe artificiel, sans pourtant que ce cercle le touche, & même en étant à une distance considerable ; sur quoi personne n'a pû dire (du moins à mon avis) quelque chose de probable sur la singularité té de ce cercle, lequel tourne inceffamment autour du globe de Saturne comme autour de fon centre, faifant divers afpects à qui le regarde, ce qu'on peut voir dans les figures 4. 5. 6. & 7. * Cette planette dans fa moyenne diftance, eft éloignée du Soleil de 777. millions de milles d'Angleterre. Eloignement prodigieux, & cependant il ne laiffe pas de refléchir jufqu'à nous la lumiere du Soleil, n'en ayant point qui lui foit propre. Et je croirois volontiers que cette lumiere pâle qu'il nous envoye, vient moins du grand éloignement, que de la qualité de fon atmofphere formé de vapeurs groffieres, & terreftres (pour ainfi dire,) entre lefquelles la lumiere du Soleil fe perd. Le globe de Saturne avec fon anneau & fes fatellites décrivent, comme les autres planettes, une ellipfe autour du Soleil, & il acheve fa periode en 29. ans & demi, ou pour parler plus jufte en 10759. jours, 6. heures, & 36. m. Son diametre eft de 68000. milles Anglois, c'eft-à-dire que fa circonférence eft de plus de 200. mille milles, fon difque étant un peu moindre que celui de Jupiter; mais la quantité de fa matiere eft 94. fois plus grande que celle de la Terre, quoique fa denfité (dans le fiftême de M. Newton) foit la fixiéme ou la feptiéme

* Voyez les figures 4. 5. 6. & 7.

partie de celle de la Terre. Le mouvement sur son axe n'est pas bien connu, quoique l'on sache, comme je l'ai dit, que son anneau tourne autour de ce ce globe. La lumiere & la chaleur que le Soleil donne à cet astre est la quatre-vingt dixiéme partie de celle que la Terre reçoit. Saturne fait toutes sortes d'aspects avec le Soleil, & il est direct, rétrograde, & stationnaire comme toutes les autres planettes, quoique ce ne soient que des apparences à notre égard, car à la verité toutes les planettes ont un mouvement uniforme, étant toutes poussées également en rond, & contraintes à se mouvoir circulairement autour du Soleil avec la matiere étherée, qui les meut d'un mouvement circulaire & les entraîne avec elle.

* On prétend avoir remarqué que dans les conjonctions de Saturne & de Jupiter, il se produit un trouble parmi leurs tourbillons, qui dérange le mouvement de leurs satellites, d'une maniere qu'ils ne sont plus si réguliers.

Afin qu'on voye encore mieux les proportions qu'il y a entre le disque d'une planette & celle d'une autre, j'ai mis dans la

---

* L'Auteur anonime du Recüeil de diverses observations Phisiques des plus célebres Académies de l'Europe. Imprimé à Paris chez Cailleau, Quay des Augustins.

troisième figure (*a*) les proportions qu'Hughens nous donne. On y voit la grandeur du disque du Soleil, comparé aux autres planettes, & la proportion entr'eux.

Diametre des corps célestes, suivant Hughens.

L'anneau de Saturne comparé au Soleil, comme 11. à 37.
Le disque ou globe de Saturne au Soleil, comme 5. à 37.
Le disque de Jupiter au Soleil, comme 2. à 11.
Le disque de Venus, comme 1. à 84.
Le disque de la Terre, comme 1. à 111.
Le disque de Mars, comme 1. à 166.
Le disque de Mercure, comme 1. à 290. (*b*)

Suivant cette Table Mercure est 290. fois plus petit que le Soleil ; Mars 166. fois ; la Terre 111. Venus 84. ainsi des autres.

Par ces observations d'Hughens on voit que Venus est plus grande que la Terre, & Mars plus petit que l'un & l'autre ; & que le disque de Jupiter est beaucoup plus grand

(*a*) Voyez la figure 3.
(*b*) Selon l'observation qu'Hevelius en a faite en 1661. en voyant le corps de cette derniere planette sur le disque du Soleil.

que le globe de Saturne, non compris l'anneau.

Je ferai encore quelques remarques sur ce qu'on a découvert dans les planettes. J'ai déja dit, qu'on a obfervé que le difque de Jupiter eft traverfé de diverfes bandes obfcures, qui donnent lieu de croire qu'elles font formées d'une matiere fluide, puifque l'on voit que ces bandes fe joignent quelquefois l'une à l'autre comme de grandes rivieres qui débordent, & qui, après avoir été ainfi jointes pendant un tems, fe retirent, & chacune revient à fa place ordinaire. Par exemple on a remarqué que la feptentrionale, qui pendant 40. ans avoit paru la plus large de toutes, s'eft rétrecie depuis quelques années, & n'eft pas aujourd'hui plus large que la méridionale. Il s'en efface & s'en forme de nouvelles en divers endroits. Ce qui marque bien que cette planette eft fujette à des alterations comme la Terre que nous habitons, & même à de beaucoup plus confiderables.

Il ne faut pas s'étonner des changemens qui arrivent fur la fuperficie de Jupiter,* car quand on a connu, dit M. Caffini, en parlant de cet aftre, que ces globes céleftes n'ont point de paralaxes, & que par confé-

* Memoires ou Journal de 1690. communiqué à l'Académie, page 5.

quent ils sont beaucoup plus grands que le globe Terrestre, alors on conçoit facilement l'idée *que ces grands corps ont quelque ressemblance à la Terre, & l'on n'a plus de difficulté à comprendre qu'il peut y avoir des changemens, comme sur la Terre & dans l'air, sans qu'on puisse les appercevoir d'ici bas à la simple vûë.*

On voit au milieu du globe de Mars des taches très-sombres, qui paroissent differemment, suivant que ce globe est tourné vers ceux qui le regardent. On peut voir dans les figures 11. & 12. comme M. Cassini l'a vû en divers tems. Je prie le Lecteur de remarquer que la figure de Mars ou les places blanches de son disque sont marquées AA. est telle qu'il paroît après la premiere quadrature avec le Soleil, vers son opposition; parceque dans ce tems-là il diminuë de lumiere, & on le voit comme s'il avoit une bosse. Mais, comme je l'ai dit ci-devant, Hevelius prétend l'avoir vû en un certain tems semblable à la Lune, lorsqu'elle est dans son croissant, & cela peut arriver en certaines situations: ce qui marque assez évidemment que Mars n'a d'autre lumiere que celle que le Soleil lui donne. Cependant cette planette, comme on l'a dit, Paroît comme un charbon ardent; ce qui peut venir des vapeurs sulphureuses, bitu-

E iij

mineufes & nitreufes, qui fortent de fon globe. On peut même croire, pour favorifer les Aftrologues, que ces taches noires font des mers ou des gouffres, d'où ces vapeurs malignes s'exhalent, & qui lui donnent cette couleur rouge, comme feroit l'efprit de Nitre, ou de fouffre dans un ballon à diftiller. Les taches de cette planette changent beaucoup d'un mois à l'autre.

Quant à Venus, on ne peut pas dire avec certitude, fi les taches apparentes à fon globe font formées par une matiere liquide. Cette planette décrit un cercle fort petit autour du Soleil. Nous avons déja dit qu'elle ne fait aucun afpect avec lui dans le Zodiaque, & qu'en defcendant au perigée, vers le milieu de fon cercle, elle commence à diminuer de lumiere, paroiffant à demi éclairée, & telle qu'on la voit dans les figures 13. 14. & 15. & enfin, approchant du perigée, on la voit comme dans la figure 13. où elle eft femblable à la Lune dans fon croiffant, ou comme lorfqu'elle approche de la conjonction avec le Soleil, ce que fait effectivement Venus dans la partie inferieure de fon cercle. Comme fa lumiere eft fort blanche, inclinant au pâle, il y a lieu de foupçonner que les exhalaifons qui forment l'atmofphere de Venus font humides, & même d'une humidité fort fubtile femblable à la rosée; ce qui conviendroit assez avec ce que les Astrologues disent des influences de cette planette, qu'ils prétendent influer dans le temperamment, la délicatesse, & une espece de molesse paresseuse, qui incline aux actions de plaisir & de volupté.

On n'a pas vû que Venus ait aucun satellite, & quand elle est jointe au Soleil dans la partie basse, elle paroît dans le corps de cet astre comme une tache noire & obscure.

Quant à la figure de Mercure on ne la donne pas, parce qu'on n'a remarqué en lui cune tache, ni rien qui soit digne de la curiosité du Lecteur, sinon qu'on prétend avoir remarqué qu'il fait paroître les mêmes phases que Venus, selon qu'il est dans la partie superieure ou inferieure de son cercle.

Il est à remarquer que les taches adherentes au disque de ces planettes, ont donné occasion de remarquer qu'elles tournent sur leur centre en plus ou moins de tems, c'est-à-dire que Jupiter tourne sur son axe, au rapport des Astronomes Anglois, en neuf heures 56. minutes; Mars en un jour 40. minutes; Venus en 23. heures 56. minutes. Et nous sçavons par les jours & les nuits, que la Terre tourne aussi sur son axe en 23.

heures 56. minutes, 49. secondes, d'Occident vers l'Orient, qui est le mouvement unique & universel de toutes les planettes de notre tourbillon sur leur axe : ce qui fait qu'ils ont aussi des jours & des nuits comme nous, plus ou moins longues. Quant à ceux qui ont des satellites, qui sont comme autant de Lunes, ils voyent ces Lunes les éclairer differemment, comme on peut le voir dans le Livre de M. Hughens. (*a*)

J'ai déja dit que le Soleil fait sa révolution sur son centre d'Occident en Orient, environ en 25. jours 6. heures, c'est pourquoi je n'en parle point.

Pour ce qui regarde la Lune, que nous considerons comme le Satellite de la Terre, on peut remarquer facilement dans la figure que je donne, (*b*) que ce globe est composé, comme je l'ai dit ci-devant, de parties dissemblables. Qu'on y voit des élevations considerables qui réfléchissent une lumiere assez pâle, dont il n'est pas besoin de parler, puisque tout le monde la voit de ses yeux. Que ces endroits, aussi bien que tout ce qui paroît lumineux, sont d'une blancheur semblable à de la glace, ou comme si ces lieux étoient couverts de neige. Que les parties

(*a*) *De terris cælestibus.*
(*b.*) Voyez la figure 16.

obscures sont assez unies pour faire croire que ce peut être une espece de mers, ou de quelque matiere fluide à travers laquelle la lumiere du Soleil se perd sans se refléchir, quoique les creux & les abîmes profonds qu'on y remarque, ne paroissent pas convenir à la nature du liquide, qui affecte un niveau bien uni. Cependant il se peut que ce liquide soit d'une nature differente du nôtre. Car, comme je l'ai dit & je le repete, je ne crois pas que dans ces terres célestes il y ait aucune chose qui ressemble entierement à ce qui est parmi nous; mais comme nôtre misere ne nous laisse rien imaginer que par similitude avec ce que les sens nous font connoître, nous disons que ces taches obscures sont quelque chose qui ressemble à nos mers & à nos liqueurs, quoique à la verité il puisse être vrai qu'elles sont d'une autre nature & qu'elles ne leur ressemblent que dans une similitude fort éloignée; & que la difference consiste seulement en ce que l'un est dur & l'autre plus mol & liquide, mais d'une liquidité differente. Comme je me suis étendu ci-devant sur differentes observations qui regardent cette planette & que je ne pourrois rien dire de plus, je crois qu'il est meilleur de passer outre, pour ne pas ennuyer le Lecteur curieux. Cependant je ferai observer que M.

Newton prétend que la Lune fait dans le grand orbe, en une seconde, 264516. milles d'Angleterre, dont deux font environ une lieuë de France. Par conséquent en une seconde la Terre parcourera dans le grand orbe, autour du Soleil, plus de 13000. lieuës Françoises, ce qui seroit une vitesse 13000. fois (& d'avantage) plus grande que celle du Boulet de canon.

Il faut considerer encore que les planettes ne sont pas d'une parfaite rondeur, mais spheroïdes; c'est-à-dire seulement approchantes de la rondeur. Je ne dis pas seulement de celles qui ont des montagnes & autres inégalités, que l'on remarque dans ces Terres célestes aussi bien que dans la nôtre; mais c'est que leurs diametres sont inégaux comme on l'a dit de la Terre. Les Astronomes d'Angleterre & ceux de Paris en conviennent en général, quoiqu'en particulier. les Astronomes Anglois prétendent que le plus grand diametre est à l'Equateur, & ceux de Paris veulent, par des experiences incontestables, que le plus grand soit celui qui passe par les Poles. Suivant cette derniere opinion la Terre seroit à peu près de la figure d'une olive, dont les deux bouts seroient tournés vers les poles. Quant aux autres planetes, il faut s'en rapporter à ce que nous venons de dire, ne pouvant pas les mesurer si facilement. Cependant il me paroît plus probable que ces globes soient en quelque maniere plus usez & plus applatis du côté où est leur plus grand mouvement, qui est vers l'Equateur, que du côté des Poles ou leur mouvement est non-seulement plus lent, mais peu à peu il devient presque insensible. Et cette petite difference de rondeur parfaite ne se peut connoître, ni par les voyages, ni même par l'ombre des éclipses, qui paroît parfaitement ronde à une si grande distance.

Peut-être que je ferai plaisir à plusieurs de mettre ici des tables, dans lesquelles on puisse voir en un coup d'œil la plûpart des choses que j'ai dit des planettes. Premierement des diametres apparents de chaque astre, suivant Flamstedius, de la Societé Royale de Londres.

Diametre des planettes.

Du Soleil est, de 763000. millions de pas Anglois.
De Jupiter   de 81. millions.
De Saturne   de 61. millions.
De la Terre.   de 7. millions 970000. pas.
De Venus   de 7. millions 900000. pas.
De Mars   de 4. millions 400040. pas.
De Mercure   de 4. millions 200040. pas.
De la Lune   de 2. millions 47000. pas.

Notez que cet Astronome fait la Terre un peu plus grande que Venus, ce qui est aussi l'opinion de Cassini ; mais Hughens dit expressément que le diametre de Venus est plus grand que celui de la Terre, au traité *de Terris cælestibus*. Au reste on peut dire que si Venus surpasse la Terre en grandeur, cela est de fort peu, ou bien elles sont presque égales, comme les experiences modernes qui ont rectifié les anciennes le montrent.

TABLE

Du tems que chaque planette met à faire sa révolution sur son axe.

	jours.	heur.	min.	sec.
Le Soleil en	25.	6.	0.	0.
Mercure incertain	0.	0.	0.	0.
Venus	0.	23.	56.	0.
La Terre	0.	23.	56.	49.
Mars	1.	0.	40.	0.
Jupiter	0.	9.	56.	(*a*)
Jupiter	0.	5.	56.	(*b*)
Saturne inconnu	0.	0.	0.	0.

(*a*) Suivant Newton.
(*b*) Suivant Cassini.

TABLE

Du tems que chaque planette, ou satellite, employe à tourner autour du centre de son mouvement.

Suivant les Astronomes Anglois.

	jours.	heures.	min.	
Mercure en	87.	23.	16.	autour du Soleil.
Venus	224.	16.	49.	
La Terre	365.	6.	9.	
Mars	686.	23.	27.	
Jupiter	4332.	12.	20.	
Saturne	10759.	6.	36.	

Les satellites de Jupiter.

Le premier en	1.	18.	28.
Le second	3.	13.	14.
Le troisiéme	7.	3.	43.
Le quatriéme	16.	16.	32.

Les satellites de Saturne.

	jours.	heures.	min.
Le premier en	1.	21.	19.
Le second	2.	17.	41.
Le troisiéme	4.	13.	47.

Le quatriéme	15.	22.	4.
Le cinquiéme	79.	22.	4.

Satellite de la Terre.

La Lune.

Mois Periodique.	27.	7.	43.
Mois Sinodique.	29.	2.	44.

Comettes connues.

La premiere en	75.	ans.
La seconde en	129.	ans.
La troisiéme en	575.	ans.

TABLE

De l'espace que chaque planette parcourt dans son orbite en une heure de tems.

Mercure	100.	000.	000.	
Venus	70.	000.	000.	
La Terre	56.	000.	000.	Pas
Mars	45.	000.	000.	Anglois.
Jupiter	24.	000.	000.	
Saturne	18.	000.	000.	

DE L'UNIVERS. 63

Les satellites de Jupiter.

Le premier	32.	700.	000.
Le second	25.	700.	000.
Le troisiéme	20.	000.	000.
Le quatriéme	15.	000.	000.

} Pas Anglois.

Satellites de Saturne.

Le premier	19.	400.	000.
Le second	18.	500.	000.
Le troisiéme	14.	300.	000.
Le quatriéme	9.	400.	000.
Le cinquiéme	5.	600.	000.

} Pas Anglois.

De quelques Comettes connues.

La premiere	13.	000.	000.
La seconde	9.	000.	000.
La troisiéme	6.	000.	000.

} Pas Anglois.

Moyenne distance des Planettes, & de quelques Comettes connues, du centre de leur mouvement.

Mercure.	32.	000.	000.	000.
Venus.	59.	000.	000.	000.
La Terre.	81.	000.	000.	000.
Mars.	123.	000.	000.	000.
Jupiter.	424.	000.	000.	000.
Saturne.	777.	000.	000.	000.

} Pas Anglois.

Comettes.

La 1. 1. 458. 000. 000. 000. ⎫ Pas
La 2. 2. 025. 000. 000. 000. ⎬ An-
La 3. 3. 600. 000. 000. 000. ⎭ glois.

Satellite de la Terre.

La Lune. 240. 000. 000.

Satellites de Jupiter.

Premier 240. 000. 000.
2.   230. 000. 000.
3.   368. 000. 000.
4. 1. 000. 000. 000.

Pas Anglois.

Satellites de Saturne.

Premier 146. 000. 000.
2.   184. 000. 000.
3.   263. 000. 000.
4.   600. 000. 000.
5. 1. 800. 000. 000.

Mais, sans doute, ce qui fera grand plaisir aux curieux de l'Astronomie, ce sera la Table des observations de plus de 60. ans, que Messieurs Cassini pere & fils, & Maraldi

TABLE DES OBSERVATIONS ASTRONOMIQUES. Pag. 65. Tome I.

raldi ont faites, rédigées avec l'exactitude que l'on verra dans la presente Table, ou l'on pourra connoître que les Observateurs Italiens en France, (aidez par les secours de Loüis le Grand,) n'ont cedé en rien aux plus habiles Astronomes de l'Europe.

Le Lecteur joüira dans cette Table des observations de plusieurs siécles réduites à leur perfection par ces Messieurs.

Grandeur des planettes comparées à la Terre.

Le Soleil est plus grand que toutes les planettes ensemble, comme on le peut voir par la figure que j'ai donnée du disque de chacune comparée au Soleil. Il est en particulier plus grand que la masse de la Terre d'un million de fois, suivant M. Cassini; & suivant M. Newton, de 11. à 12. cent milles fois.

Le diametre de Saturne contient 75. fois celui de la Terre, y compris l'anneau. Celui de Jupiter est 20. fois plus grand que celui de la Terre, & sa masse est huit mille fois plus grande. Mars est à la Terre, comme 125. à 27.

La Lune est environ 50. à 60. fois plus petite que la Terre. Le diametre de Venus est 37. fois plus petit que celui de la Terre.

Mercure est la plus petite des planettes. Hughens en un endroit le fait 22. fois plus petit que la Terre, & en un autre endroit 12. fois seulement.

Suivant Hughens.

Mercure est plus petit que la Terre 6510. fois, (on doit entendre de la masse totale.)
Venus.   1109. fois.
Mars.   1539. fois.
Jupiter.   1. fois & $\frac{1}{4}$ plus grand.
Saturne.   2. fois $\frac{1}{5}$ plus grand.

Nous avons déja observé qu'Hughens assure que si un boulet alloit toûjours avec la même force qu'il sort du canon, il lui faudroit pour aller de la Terre au Soleil près de 25. ans; de Jupiter au Soleil environ 125. années; & tombant de Saturne au Soleil il en employeroit 250. Ce qu'il prouve par le diametre de la Terre, & des distances des planettes au Soleil; & si c'étoit des Etoiles fixes, en tombant de Sirius il faudroit environ 70000. ans, si prodigieux est l'éloignement.

Toutes ces observations nous font voir qu'il y a quelque difference entre les Astronomes. Cependant il ne faut pas croire que tous ces calculs soient aussi précis, comme

DE L'UNIVERS. 67

si l'on mesuroit sur la terre un morceau de pierre ou de bois, mais que ces mesures se doivent prendre comme approchantes de la verité, suivant les observations que chaque Astronome peut avoir faites, *lesquelles*, disoit feu M. Cassini, *approchent de la verité, à quelques milliers de lieuës près*, étant impossible dans une si grande distance des corps célestes d'atteindre à la précision. Car, par exemple, il y a quelques Astronomes Anglois qui disent que la masse du disque de Venus est plus petite de beaucoup que celle de la Terre, & Hughens soûtient au contraire qu'elle est plus grande. Ce qu'il y a de plus approchant de la verité, c'est que la difference est petite quant au diametre apparent : mais ce diametre un peu plus grand, fait que la totalité de la masse du globe de Venus devient beaucoup plus grande, comme les Géometres le sçavent fort bien.

Après avoir parlé des planettes que nous voyons toûjours, je crois devoir faire observer au Lecteur la premiere figure, où il paroît que la nature ne semble point avoir observé de proportions dans les distances des planettes à l'égard du Soleil. Car la distance de Jupiter au Soleil est plus du double de celle qu'occupent, pris tous ensemble, les globes de Mercure, de Venus, de

F ij

la Terre, & de Mars; & semblablement la sphere de Saturne est autant éloignée de celle de Jupiter, que celui-ci l'est du Soleil.

La seconde observation que je voudrois que l'on fî, c'est que la nature n'a gardé aucune proportion à placer les planettes plus près ou plus loin du Soleil, suivant la grandeur de leurs globes. Mercure qui est le plus petit, est placé le plus proche; Venus & la Terre suivent, qui sont à peu près égales en grandeur & beaucoup plus grandes que Mercure; ensuite vient Mars qui est plus petit que la Terre; après suit Jupiter, dont le globe est le plus grand de tous les précedens, & enfin Saturne qui est plus petit que Jupiter.

*Il est vrai que Kepler en donne une raison phisique, prise de la pesanteur de la masse de chaque astre; disant, que la masse du globe de Mercure est réellement plus pesante, & qu'elle ressemble à celle du vif argent; que le globe de Venus, quoique plus grand en apparence, est plus spongieux & moins compacte: ainsi des autres, & par conséquent moins pesans, à proportion l'un de l'autre. De maniere que Jupiter quoique le plus grand, seroit le plus leger, comme étant le plus spongieux de tous, excepté Saturne, dont le globe seroit encore moins

*Epitom. Astronom. Coperni.

compacte, & par conséquent plus leger. Pour donner une raison satisfaisante de cette comparaison, je mets ici la table de Kepler.

La gravité des Astres comparée à des corps terrestres, suivant Kepler.

Sol ut aurum, compactissimum corpus. 1860.
    vel. 1900.
Mercurius ut Hydrargirum.   1605.
Venus ut plumbum.   1175.
Tellus ut argentum.   1000.
Mars ut ferrum.   810.
Jupiter ut magnes.   438.
Saturnus sicut gemma durissima.   324.
Sol, dit Kepler, *expellit leviora in centro magno, &c.*

Il dit donc que ces globes ne sont pas chassez dans le centre du Tourbillon où est le Soleil, comme il devroit arriver, suivant nôtre sistême du mouvement. Il veut aussi que l'évaporation du Soleil chasse ces globes loin de lui, plus ou moins vivement, en comparaison de leur pesanteur, & que Mercure étant le plus pesant, quoique le plus petit, ne peut être chassé si loin que Saturne ou Jupiter, dont les globes incomparablement plus grands en apparence, sont néanmoins plus legers en substance, comme ayant réellement moins de matiere, & leurs globes étant plus poreux & spongieux. Ce fiftême eft affurement ingenieux & digne du grand Kepler, * car par le même moyen il rend raifon des cercles élliptiques, de l'excentricité des planettes, & de plufieurs apparences difficiles à expliquer. Je crois que l'habile M. Newton a fuivi ce fiftême, car fans chercher quelle eft la raifon de la gravité, en la fuppofant fimplement comme une chofe connuë, il rend des raifons phifiques de tout ce qui regarde l'harmonie des Cieux. Mais, comme je l'ai dit ailleurs, tous les fiftêmes font des enfantemens de l'efprit, qui en juge plus ou moins jufte, d'autant qu'il rend plus facilement raifon des caufes de certains effets.

Quoiqu'il en foit, étant difficile de dire mieux que ces grands hommes; je ne ferai point difficulté de me conformer à leur fentiment: & fi je manque je ferai très-excufable de l'avoir fait avec d'auffi fublimes génies que Kepler & Newton; l'un & l'autre auffi profonds Philofophes que grands Aftronomes.

Il faut donc concevoir avec Kepler que ces planettes étant chaffées vers le centre du grand Tourbillon par leur pefanteur, c'eft-

---

* Epitom. Aftronom. Copernic.

à-dire par la matiere subtile étherée qui les contient, le Soleil les répousse par ses exhalaisons de feu, plus ou moins, suivant leur pesanteur. Et même dans ce liquide ils vont un peu plus loin, à cause que la matiere étherée comme un liquide est répoussée un peu loin, d'où elle revient ensuite ; ce qui fait l'apogée & l'excentricité de la planette. En retombant après par sa pesanteur (causée par le Tourbillon) elle descend un peu plus bas que sa situation naturelle, ce qui fait le perigée : & des deux mouvemens, l'un droit, l'autre circulaire, se forme le mouvement élliptique des planettes ; qui décrivent toutes une éllipse dans leur circulation périodique ; ainsi l'éllipse n'est point dans la matiere étherée, mais dans le mouvement du globe de la planette même. Cela est, à mon gré, merveilleusement bien inventé à l'égard des planetes principales qui tournent au tour du Soleil. Mais j'ai une difficulté à l'égard des satellites des planettes, qui n'ayant pas ces évaporations de flammes, ne peuvent point répousser leurs satellites à certains éloignemens, & les empêcher de tomber sur eux ; à moins qu'on ne veüille dire que la vapeur qui forme leur atmosphere & qui s'exhâle de leurs globes puisse faire cet effet, ce qui ne paroît pas probable, puisque cette évaporation ne semble pas assez forte pour les repousser, comme celle du Soleil fait les planettes principales. De manicre que je ne sçai point si l'on ne diroit pas mieux, en supposant (avec Descartes) que les Tourbillons se pressant les uns les autres, se resserrent dans les côtez, & deviennent ovales; & que les planettes se mouvant dans ce cercle ovale, s'approchent ou s'éloignent du Soleil & de la Terre, suivant les lieux de cette éllipse où la planette se trouve. Et comme j'ai dit que chaque planette a un petit Tourbillon, & chaque satellite un autre plus petit, qui sont emportez par le Tourbillon plus grand de la planette, & tous ensemble par le Tourbillon universel dont le Soleil est le centre; il en arrive les divers mouvemens élliptiques des astres, & de leurs satellites.

Mais ayant la verité en recommandation, il faut avoüer que toutes ces imaginations ont besoin de réforme, & que le meilleur est de confesser notre peu de lumieres avec Hughens, lequel finit son Livre en disant :* *de sçavoir comme ces choses ont été faites, & de quelle maniere toutes ces planettes ont été ainsi placées, comment elles se meuvent, & qu'elle est la cause de tout cela, je crois que l'esprit humain n'est pas capable de le connoître.* Je pense qu'il a raison.

* Les dernieres lignes *de terris cælestibus*.

Aprés

DE L'UNIVERS. 73

Après avoir dit ce que l'on peut, ou pour mieux dire ce que l'on croit connoître du Soleil, des Planettes qui tournent autour de lui, & de leurs Satellites ; je crois qu'il nous faut élever encore plus haut, & dire quelque chose de ce qu'on connoît des Etoiles fixes. Le trajet est grand : car il y a des espaces immenses depuis Saturne & ses suivans, jusqu'à la région des Etoiles fixes. Et lorsque nous parlerons des Comettes, on verra qu'il faut bien qu'entre Saturne & ces autres Astres *toûjours brillans*, il y ait des espaces prodigieux, puisque les Comettes, suivant le sistême moderne, se meuvent dans un cercle si grand, qu'elles ne se rendent visibles que quand elles sont dans la partie la plus basse de ce cercle, & par conséquent plus proche de nous. Mais laissons-là les Comettes pour le present, & examinons, autant que nous pouvons, cette multitude d'Etoiles dont le Ciel est parsemé, chacune desquelles, dans le sistême des Pitagoriciens & de Copernic, est un vrai Soleil qui luit de sa propre lumiere. Ce qui paroît d'autant plus vrai, que la lumiere du Soleil non-seulement ne pourroit pas aller jusqu'à une distance si grande, & de plus encore, se réfléchir de là & venir jusqu'à nous. D'ailleurs, (& c'est à mon avis ce qui décide,) on voit que chacune de ces Etoiles brille d'un feu

Tome I. G

& d'une lumiere si vive, qu'il est visible qu'elle n'est pas empruntée comme celle des Planettes, qui par cette raison n'étincellent point comme les Etoiles fixes. Mais ce qui importe, les Etoiles mêmes que l'œil ne découvre point sans le secours du Télescope, paroissent quand on les peut voir par son moyen, aussi brillantes que celles que l'œil voit par lui-même & sans aucun secours.

Ce qui est encore à remarquer, c'est que quoique toutes les Etoiles fixes brillent de leur propre lumiere, on a observé néanmoins qu'il y en a quelques-unes dont le globe n'est pas entierement lumineux, mais seulement une partie qui est propre à produire des exhalaisons lumineuses, & telles que nous l'avons dit du Soleil ; c'est-à-dire, que dans l'étenduë de leur globe est répanduë une matiere assez subtile, & propre à être convertie en lumiere par l'agitation de l'Eter. Ce qui est manifeste par l'Etoile de *la Baleine*, qui tourne sur son axe en 330. jours, & dans cet espace de tems, elle en est environ la moitié sans paroître. Ensuite elle commence à se faire voir comme une Etoile de la sixiéme grandeur, & augmentant peu à peu sa lumiere, elle paroît enfin comme une Etoile de la troisiéme. Elle reste seize jours dans cet état, après quoi elle commence à diminuer, & enfin elle n'est plus visible. Surquoi Bulieldus a fait un sistême, que feu M. Cassini approuva; où il dit en substance, que le globe de cette Etoile est composé de plusieurs matieres héterogenes, & qu'une partie en est obscure & l'autre lumineuse, c'est-à-dire, propre à former la lumiere.

Ce n'est pas la seule Etoile qui a paru de même. En 1601. il parut au Ciel dans la poitrine du *Cigne* une nouvelle Etoile de la troisiéme grandeur, qui disparut au bout de 26. ans, & qui reparut au même endroit 33. ans après. Ensuite elle diminua si considerablement qu'au bout de deux ans on ne la vit plus : mais après cinq autres années, en 1666. elle se remontra beaucoup plus petite que dans ses premieres apparitions, (*a*) & elle a continué à se faire voir pendant 15. ou 20. ans consécutifs ; mais sur la fin de ce tems elle paroissoit si petite, ayant diminué peu à peu, qu'à peine pouvoit-on la mettre dans le nombre de celles de la sixiéme ou de la septiéme grandeur. Peut-être que celle que Kepler vit pour la premiere fois le 7. Octobre 1603. dans le pied droit du *Serpentaire*, & à l'occasion de laquelle il a fait un Livre digne de lui ; (*b*)

(*a*) Hevelius a fait cette observation.
(*b*) *De nova stella in dextro pede Serpentarii.*

peut-être, dis-je, que cette Etoile, comme il paroît le soupçonner, étoit la même, ou de même nature que celle qui parut dans la chaise de Cassiopée en 1572. qui diminua peu à peu & qui disparut entierement au bout de deux ans. La grandeur, couleur, & les autres marques qu'il rapporte, étoient les mêmes, mais le lieu dans lequel elle parut est trop éloigné de l'autre. Feu M. Cassini, a remarqué aussi une nouvelle Etoile,* placée entre *l'Eridan & le Lievre*, qui se fit voir un tems assez considerable, mais après elle a disparu. Elle occupoit un point par où passa la Comette de 1664. Personne n'a parlé de cette Etoile, quoiqu'elle parut de la quatriéme grandeur. Il y a eû encore une autre Etoile de la quatriéme grandeur, & d'autres de la cinquiéme dans la constellation de *Cassiopée*, qui semblent bien être nouvelles, puisque les Astronomes, qui ont compté des Etoiles bien plus petites dans leurs Catalogues, n'auroient pas manqué d'y mettre celles-ci, si elles avoient paru devant ce tems. S'il y a de nouvelles Etoiles qui paroissent de nos jours, il y en a d'autres aussi qui ayant été vûës dans les siécles précedens, ne sont plus visibles à présent. Sans oublier une des *Pleyades*, il y a encore une autre Etoile qu'on voyoit autrefois dans la *petite*

* On assure qu'il y en a deux.

Ourſe qui ne ſe voit plus aujourd'hui, non plus qu'une autre qu'on obſervoit dans la conſtellation *d'Andromede*, & l'on ne peut pas douter de celle dont Ticobrahé parle, & qui dans ſon Catalogue eſt la vingtiéme des *Poiſſons*, laquelle eſt abſolument diſparuë. En effet il n'y a guére de conſtellation dans le Ciel, (au rapport des Aſtronomes Anglois,) ou on ne trouve quelque changement depuis 100. ans, & ces Meſſieurs ajoûtent que ce changement eſt encore plus frequent dans la *voye de Lait*, qu'en aucun autre lieu du Ciel ; peut-être à cauſe que les Etoiles y ſont en grand nombre.

Ces choſes, & quelques autres dont j'obmets de parler, pourroient nous faire croire que dans cet eſpace immenſe que l'on appelle le Ciel, il ſe fait quelque nouvelle génération & corruption, & que ces Terres céleſtes n'en ſont pas tout-à-fait exemptes, puiſque c'eſt par leur lumiere que nous remarquons ces changemens. Il eſt vrai que Platon & Ariſtote (peut-être pour ne pas choquer le peuple qui regardoit les Aſtres comme leurs Dieux immortels ; ou parce que de leur tems ils manquoient des moyens pour connoître ces variations) ont cru que les Cieux & les Etoiles étoient formés de la matiere premiere incorruptible, & par conſéquent ils vouloient que dans le Ciel tout fût éternel & incorruptible. Mais quelque respect que l'on doive avoir pour deux si grands hommes, desquels on peut dire que la nature n'en produit pas souvent de pareils, il faut avouer que les apparences sont contre leurs sentimens, s'il est vrai qu'ils pensoient comme ils le disoient. C'est pourquoi nous avons lieu de croire que le Ciel & les Astres sont des corps corruptibles, ou tout au moins alterables. Et suivant l'argument d'un Philosophe ancien : » Si une » partie de ces globes souffre alteration, » donc le tout. *Si pars laborat, ergo totum.* » C'est apparemment par la connoissance de quelques-unes de ces alterations des Astres, que Democrite & Epicure ont conjecturé & affirmé que ces mondes étoient sujets à corruption, & que Lucrece fait une si pompeuse description de la dissolution de ces globes, lorsque les Atômes par leur propre effort brisent les liens qui les tenoient joints ensemble, & qu'ils s'échapent comme les grains de la poudre à canon quand elle prend feu dans une mine, qui creve & dissipe tout en l'air en petites parcelles.

Que si ces mondes & ces Astres sont corruptibles & mortels, il semble que nous devons nous consoler autant qu'il est possible, d'être sujets à la mort, & nous ne devons pas trouver à redire que si ces grands corps si beaux & si lumineux sont mortels, nous finissions aussi comme eux.

Voilà une partie de ce que l'on a observé sur les Etoiles fixes, & qui est venu à ma connoissance. Si Messieurs les Astronomes, qui ont toûjours les yeux dans le Ciel, vouloient nous dire tout ce qu'ils ont observé & qu'ils observent tous les jours, sans doute qu'ils enrichiroient cette Histoire de plusieurs agrémens dont elle manque. Mais lorsque l'on n'a pas tout ce que l'on désire, il faut se contenter de ce qu'on peut avoir.

Je tâcherai d'y suppléer par quelques observations curieuses que Messieurs les Astronomes de Londres nous donnent, & particulierement sur certains espaces lumineux qu'ils ont observé dans le Ciel, sans qu'on puisse y discerner aucun corps solide qui refléchisse la lumiere, comme nous l'avons dit des Planettes. Ce sont seulement, à mon jugement, des parties du Ciel qui sont un peu plus denses, & qui peuvent par ce moyen refléchir la lumiere du Soleil; ou bien elles sont de telle consistance, que l'Ether plus subtil les peut agiter de maniere qu'il en resulte la lumiere que l'on voit. Mais ce qui me paroît de plus certain, c'est que nous ne connoissons point & nous ne pouvons pas seulement imaginer quelle est la nature de cette substance céleste, qui

G iiij

pourtant ne laisse pas de s'offrir à nôtre vûë, sans que pour cela nous la puissions connoître. J'en ferai simplement l'histoire & le récit, tel qu'on l'a fait dans l'Académie de Londres, laissant à des esprits plus éclairés que le mien de conjecturer ce que cette lumiere céleste peut être. Mais auparavant je crois à propos de parler du sistême des Comettes, suivant le sentiment des plus célebres membres de cette illustre Societé, que je n'ai fait que copier.

CHAPITRE II.

Sistême des Comettes.

Monsieur Whiston, dans le mémoire du sistême Solaire, présenté à la Societé Royale de Londres, commence tant en son nom, qu'en celui du Chevalier Newton, par ces paroles.

* » Nous présentons au Lecteur la figure
» du monde, des Planettes & des Co-
» mettes, connuë en partie, il n'y a pas

---

* Memoire Historique & Critique du Samedi 28. Février 1722. Carte du sistême fol. présentée à l'Académie, &c.

» longtems, sous le nom d'Hipothese de
» Pitagore & de Copernic ; mais si bien re-
» connuë aujourd'hui pour le vrai sistême
» de la nature, qu'on ne doit plus la traiter
» de simple Hipothese, ou supposition, &c.

Dans ce sistême, on prétend que les Comettes sont des Planettes qui tournent autour du Soleil, comme Jupiter & Saturne, mais qui occupent des espaces bien plus grands & bien plus éloignés de cet Astre, que ces Planettes. M. Whiston lui-même expliquera mieux que moi ce sistême de la maniere qui suit.

Il dit donc que les Comettes sont une espece de Planettes, dont la nature n'a été découverte que depuis peu d'années : elles sont plus nombreuses que le reste des corps qui entrent dans le sistême Solaire, (c'est-à-dire des six Planettes, & de leurs satellites.) Leur grosseur & leur mouvement montrent qu'elles sont une espece de Planettes, qui décrivent autour du Soleil une élipse si fort allongée, que sa partie qui nous est visible semble une parabole.

Elles ont un atmosphere immense autour d'elles, qui fait paroître une espece de grande queuë, sur-tout après leur perihelie. Elles passent d'une excessive froideur & obscurité dans leur aphelie, à une excessive chaleur & lumiere dans leur perihelie ; de sorte que dans leur état présent elles sont absolument inhabitables, & semblent par leur passage auprès des Planettes, destinées à y produire la plus grande révolution ; sçavoir des déluges lorsqu'elles les rencontrent en descendant vers le Soleil, & des conflagrations ou embrasemens universels, lorsqu'elles les approchent de trop près en remontant de cet astre. Ainsi ces Comettes semblent ne pouvoir être que dans un état de chaos absolu, mais elles peuvent devenir des Planettes, ou du moins aussi habitables qu'elles, si elles reprennent le mouvement circulaire ou éliptique autour du Soleil.

M. Whiston renvoye à son sistême Solaire, sur lequel il a marqué la route des Comettes dont le Docteur Halley a donné la liste, & qu'on trouvera à la fin de ce petit extrait. Et notez qu'il y en a quelqu'unes qui ont paru plusieurs fois, & dont par conséquent les périodes sont connuës.

1°. Celles observées en 1531. 1607. & 1682. que l'on croit être la même qui a paru dans les differens tems susdits, & dont la periode est d'environ 75. ans.

2°. Celle de 1532. semble être la même que celle de 1661. en ce cas sa période seroit de 129. ans, & elle reviendroit en 1789.

3°. La plus fameuse de toutes a paru l'an 44. avant Jesus-Christ, l'année même de la mort de Jules-Cesar. Et depuis en 531. 1106. & enfin en 1681. Elle a fait trois révolutions depuis les tems connus, chacune de 575. ans, ou environ. C'est celle dont M. Whiston fait un grand usage pour expliquer le déluge. La premiere est éloignée du centre du Soleil, dans sa moyenne distance, de 1. 458. 000. 000. 000. de pas Anglois. La grandeur de son orbite à 2. 916. 000. 000. 000. de pas. Ainsi dans son aphelie sa distance du Soleil est presque quatre fois plus grande que celle de Saturne, & sa plus grande distance est à la moindre, comme 60. à 1. sa plus forte lumiere & chaleur est à la moindre, comme 3600. à 1.

La moyenne distance de la seconde est de 2. 025. 000. 000. 000. de pas Anglois. Son grand axe a le double de longueur 4. 050. 000. 000. 000. de pas. Ainsi son aphelie est entre 5. & 6. fois plus grande que celle de Saturne. Sa plus grande distance est à la moindre, comme 100. à 1. & sa plus forte lumiere & chaleur est à la moindre, comme 1000. à 1.

La moyenne distance de la troisiéme est de 5. 600. 000. 000. 000. de pas; & son grand axe est double, c'est-à-dire 11. 200. 000. 000. 000. de pas. Et ainsi son aphelie est environ 14. fois plus grande que celle de Saturne. Sa plus grande distance est à la moindre, comme 20000. à 1. & sa plus grande lumière & chaleur sont à la moindre, comme 400. 000. 000. à 1.

La distance prodigieuse des Etoiles fixes déterminée à 700. 000. 000. 000. 000. de pas est telle, que celle de toutes les Comettes connuës que s'éloigne le plus du Soleil n'allant qu'à 11. 200. 000. 000. 000. de pas, ne peut approcher assés près de ces Etoiles, pour que leur action ait la force de déranger son cours.

Par les observations faites sur les Comettes connuës, elles paroissent très-grosses, & environnées d'un atmosphére très-étendu, plus dense vers le centre & plus rare vers sa superficie, & dans un désordre qui ne réprésente pas mal l'état d'une Planette dans le cahos.

Lorsqu'elles sont proches du Soleil, il semble que leur atmosphére tourne de lui-même en rond, comme un globe qui tourne sur son centre, & seulement vers le côté opposé au Soleil, comme si les vapeurs dont il est composé, étoient poussées en avant par les rayons du Soleil. L'on observe qu'en général leurs queuës sont plus longues, lorsque le corps de la Comette est plus proche du Soleil.

* M. Whiston observe qu'aucune Comette connuë n'approche assez de la Terre en remontant du Soleil, pour y pouvoir causer l'embrasement final, en cas qu'il doive être produit par le passage d'une Comette auprès de la Terre, & que par conséquent on ne peut calculer par aucune observation le tems dans lequel il arrivera. Selon lui la surface du Soleil peut être composée de dix milles Comettes. Il a dit aussi qu'il est probable, que l'air soit habité par des estres immateriels destituez de corps, ou dont les corps sont trop déliez pour être les objets de nos sens.

Il est encore probable que le Soleil, les Planettes & les Comettes soient interieurement concaves, & que ces corps célestes contiennent de grandes cavités. Si elles sont remplies d'habitans, on peut supposer dans chaque Etoile un monde semblable à celui-ci, composé d'un Soleil, de Planettes, & de Comettes, dont la grosseur est proportionnée à celle de chaque cavité.

* M. Whiston est homme de bien & dévot, c'est pourquoi il parle souvent des choses de Religion.

TABLE

Des Comettes calculées par M. Halley.

1680. Perihelion 8. Decembris distant. à centro Sol. tunc 496.000.000. passuum, calore 2000. vicibus interior quam ferrum candens. Cauda post Perihelion erat 30.000.000. passuum longa. Noduæ ascendens Aries stil. 2. 2. inclinat ad eclipticum 60. 56. cursus directus.

1665. Perihelion 14. Aprilis hora 5. noctis 8.000.000.000. à centro solis distans. Ascendens nodus Scorpius 18. 2. inclinat 76. 5. cursus retrogradus.

1577. Perihelion Octobris 27. hora 7. matutina distant. 15.000.000.000. à centro solis. Ascendens no-

DE L'UNIVERS. 87

dus Aries 25. 52. inclinat. 74. 32.
45. ad eclipticum cursus retrogradus.

1677. Perihelion Aprilis 26. paulo post meridiem, distant. à centro Sol. 23. 000. 000. 000. nodus ascendens Scorpius. 26. 49. 10. inclin. ad ecliptic. 79. 3. 15. cursus retrogradus.

1686. Perihelion Septembris 7. inter hora 2. & 3. matuti. distant à centro sol. 26. 000. 000. 000. ascend. nodus Pisces. 20. 24. 30. inclinat ad ecliptic. 31. 20. 40. cursus directus.

1618. Perih. med. noct. post. 29. Octobris 31. 000. 000. 000. distantia à centro solis ; ascendens nodus Gemini 16. 1. inclinat 37. 34.

1337. Perih. 2. Jun. hor. 6. vesper. 33. 000. 000. 000. dist. à centro Sol. Nod. ascend. Gemini 24. 21. incl.

32. 4. $cursus\ retrogradus.$

1532.
1661. } Perih. Oct. hor. 10. matut. &
1789. Janv. 17. ante meridiem, distant. à centro sol. 40. 300.000.000. major dist. 40. 12.000.000.000. Period. 129. an; asc. nod. Gemini. 21. 29. incl. ad ecliptic. 32. 36. cursu direct.

1556. Perih. April. 22. hor. 8. matut. dist. à centro sol. 38.000.000.000. asc. nod. virg. 25. 42. inclinat ad ecliptic. 32. 6. 3. curs. direct.

1596. Perih. August. 1. hor. 8. mat. distant. à centro sol. 42.000.000.000. asc. nodus Versarius 12. 12. 30. inclinat. ad ecliptic. 52. 12. cursu retrograd.

1472. Perih. Jul. 3. hora 3. post. meridi. distant. à centro sol. 45.000.000.000. asc. nod. 23. 23. inclin. ad eclipt. 83. 11. cursu retrograd.

1531. ⎫ Perih. Aug. 25. Oct. 16. Sept.
1607. ⎪ 4. ante hor. 8. noct. dist. à centro
1682. ⎬ sol. 20. 150. 000. 000. major
2758. ⎭ dist. in aphel. 29. 000. 000.
000. period. 75. ann. $\frac{6}{12}$ redibit anno 1758. nod. asc. Taurus 20. 20.
incl. 17. 56. curs. retrograd.

1590.   Perih. Janu. 29. hor. 4. post
meridiem dist. à centro sol. 46.
000. 000. 000. asc. nodus Aries 18.
57. 20. incl. 64. 40. cursu directo.

1580.   Perih. 29. Novembris hor. 5.
matut. dist. à centro sol. 48. 000.
000. 000. nod. asc. Aries 18. 57. 20.
incl. 64. 40. cursu directo.

1698.   Perih. Octobris 9. hor. 5. matut.
dist. à centro sol. 56. 000. 000.
000. nod. asc. Sagitarius 27. 44. 15.
incl. ad ecliptic. 11. 46. curs. retrog.

Tome I.   H

1672. Perih. Febru. 20. hor. 9. Noct. dist. à centro sol. 56^m. 000. 000. 000. asc. nodus Capricornius 27^d. 30^l. 30^n. incli. ad eclipt. 79^d. 28^l. cursu directo.

1652. Perih. Novembris 3. hor. 4. matut. dist. à centro sol. 69^m. 000. 000. 000. ascend. nod. Gemini 28^d. 10^l. incli. ad ecliptic. 79^d. 28^l. curs. direct.

1684. Perih. 29. Maj. hor. 1. noc. dist. à centro sol. 78^m. 000. 000. 000. asc. nod. 28^d. 15^l. incli. 65^d. 43^l. 40^n. curs. direct.

1664. Perih. nov. 24. med. noct. dist. à centro sol. 83^n. 000. 000. 000. asc. nod. Gemini 21^d. 14^l. incli. ad eclipti. 21^d. 18^l. curs. retrograd.

1585. Perih. Septembris 28. hor. 7. matut. dist. à centro sol. 89^n. 000.

DE L'UNIVERS.

000. 000. *asc. nod. Taurus* 7. 42.
30. *incli. ad eclipti.* 6. 4. *cursu directo.*

J'ai parlé ci-devant, pour une plus grande intelligence de ces observations, des trois Comettes qu'on prétend avoir été observées exactement, & que l'on croit qui ont paru dans les années que l'on a marquées, c'est-à-dire que celle de 1682. est la même que celle de 1531. & de 1607. ce qu'on prouve par leur mouvement & couleur. Elle fait sa révolution en 75. ans, & elle peut par-conséquent reparoître de 75. en 75. ans, ou environ. La seconde fait sa révolution plus tard, c'est-à-dire en 129. ans, & peut & doit reparoître après qu'un tel nombre d'années est passé.

La troisiéme fait sa révolution en 575. ans. On voit bien que cette différence vient de la grandeur ou petitesse de leur orbe, & qu'il faut plus ou moins de tems pour le parcourir à proportion de sa grandeur.

C'est aussi cette grandeur de l'orbe qui fait qu'une Comette paroît parcourir un plus long espace du Ciel, & qu'elle se rend plus longtems visible, parce que plus le cercle est grand, plus la courbure de la ligne est moindre ; mais, comme on l'a dit ci-dessus, on n'a point vû de Comette ou trés-rarement, qui ait parcouru la moitié du Ciel ; car dans l'endroit ou le cercle se courbe notablement, c'est là où la Comette commence à remonter & à rendre son mouvement apparent plus lent, quoiqu'elle se meuve toûjours avec une vitesse égale.

En 1723. le 18. Octobre, le 21. & le 27. du même mois, on a vû sur les sept heures du soir dans la constellation du Capricorne une petite Comette, dont M. Maraldi a donné une relation à l'Académie. Cette Comette s'élevoit vers le Nord, ayant passé par la main du Verseur d'eau. Elle avoit déja passé par son Perigée, (suivant le sistême de M. Cassini,) c'est pourquoi on ne l'a vûe que fort petite, puisqu'elle remontoit vers son apogée. M. Maraldi conclut par ses observations qu'elle avoit passé par le Perigée le 14. Octobre à deux heures du matin, en supposant l'orbite de la Comette circulaire (& non éliptique.) Il a aussi conclu que le mouvement diurne de cette Comette étoit de 17. dégrés 10. minuttes dans son Perigée, & seulement d'un demi dégré dans le dernier jour de son apparition, qui a été le 3. Novembre, après quoi le clair de la Lune, & sa petitesse ont empêché de la voir davantage. La durée de son apparition a été à Paris de 18. jours, pendant lesquels elle a parcouru 26. dégrez 30. minuttes de son orbe, & 82. degrez depuis son perigée jusqu'à son évanouissement.

M. Maraldi fait voir par la comparaison de cette Comette avec la derniere qui a paru dans le même endroit du Ciel en 1707, & par la différence confiderable de l'inclinaifon des routes de ces deux Comettes, qu'il n'eft pas vrai-femblable que celle de cette année foit la même qui a paru en 1707. On a vû des Comettes tenir des routes fort differentes, car quelqu'unes n'ont pas fuivi le cours du Zodiaque, ni des lignes paralleles; mais les unes ont fait leur cours du Midi au Septentrion, les autres du Septentrion au Midi, n'y ayant encore rien de fort reglé fur cet article jufqu'à prefent.

L'on peut rendre raifon de toutes ces chofes en fuppofant le fiftême de M. Caffini, mais on ne peut rien dire de fûr, pour fçavoir fi ces aftres ont pour centre une Étoile fixe, autour de laquelle ils tournent, comme Saturne autour du Soleil; ou fi c'eft le Soleil même qui eft leur centre comme on le fuppofe communément, & qu'ils fe rendent vifibles lorfqu'ils font plus proches de la Terre: ou bien s'il y a une efpace ou un Ciel particulier, que l'on pourroit appeller *le Ciel des Comettes*, dans lequel ces mondes lumineux tournent fur un centre inconnu. Il faut avoüer que l'homme qui fe vante, & (ce qui eft pis) qui croit de pouvoir tout fçavoir, eft bien court fur cette matiere, comme fur d'autres. J'aime encore mieux la bonne foi d'Hughens, le quel après avoir composé son livre, & avoir dit tout ce qu'on pouvoit dire de son tems sur les astres de notre Tourbillon, conclut avec l'humilité & la bonne foi que nous avons rapporté plus haut, que *l'esprit humain n'est pas capable de pouvoir connoître la verité de toutes ces choses.* Mais il ne faut pas désesperer de rien, peut-être que le tems nous fournira des observations suffisantes, avec lesquelles si on ne peut pas découvrir tout-à-fait la verité, du moins on pourra dire quelque chose qui lui ressemble, & déja par le sistême de M. Cassini & de M. Newton, l'on commence à voir quelque apparence de verité. Disons donc avec Senecque : » Que nous ne devons pas trouver » étrange si les Comettes que l'on voit as- » sez souvent, (il parle de son tems) ne » sont point connuës par aucune regle cer- » taine, & que leur commencement & leur » fin ne soit point encore marqué, parce » qu'elles ne reviennent qu'après plusieurs » années, &c. A quoi j'ajoute que comme ce n'est pas la même Comette qui reparoît, mais plusieurs differentes, cela fait une grande confusion aux Observateurs. » Mais le tems » viendra, dit Senecque ; que ces choses » qui nous sont à present cachées seront » mises en évidence, & la posterité s'éton- » nera, que nous ayons ignoré ce qui

» qui lui fera entierement connu. Il
» viendra un jour quelque Aftronome qui
» nous montrera en quel endroit les Co-
» mettes errent, & pourquoi elles font écar-
» tées des autres Etoiles.

Il y a apparence que ce tems commence
à venir ; car par le fiftême qu'on a déja fait
& par les foins de tant d'hommes illuftres
qui travaillent tous les jours à cette découverte, on peut dire que l'on eft en chemin
de pouvoir encore découvrir ce qui nous
manque.

Apollonius Mindien eft le premier qui
a dit que les Comettes font des aftres irré-
guliers. M. Caffini & les Aftronomes Anglois fuppofent le contraire. M. de la Hire
penfe differemment. Il fuppofe avec Kepler
que ce font des feux qui s'allument fubitement, & fe diffipent peu à peu.

Quant à fçavoir fi les Comettes préfa-
gent quelque bonheur ou malheur ; quoique Kepler paroiffe y contredire, & que
Baile ait fait un très-beau Livre à l'occafion
de la Comette qui parut en 1681. où il
traite de fable tout ce que l'on penfe là-def-
fus. Nonobftant ce qu'en difent ces deux
grands hommes & plufieurs autres, je dis,
que s'il eft vrai ce que j'ai dit, que les aftres
influent par la lumiere vive des vapeurs &
exhalaifons de leurs atmofpheres, il n'y a

pas

pas à douter que cette nouvelle lumiere de la Comette apportant une nouvelle influence dans le monde, elle ne puisse alterer l'état present des choses, & pronostiquer quelque évenement, lequel sera bon ou mauvais, suivant la nature de la Comette & de ses vapeurs; ce qu'on peut conjecturer par la couleur de sa lumiere. Car les Comettes ne sont pas toûjours malignes, mais quelquefois bonnes, comme Jupiter & Venus, ce que je dis en faveur de ceux qui admettent les influences.

Dans une assemblée de Sçavans, qui recherchoient quelle étoit en elle-même la Comette, quelques-uns furent de l'ancienne opinion de Protagoras, en disant qu'elle étoit formée de l'assemblage de plusieurs petites Etoiles, chacune desquelles étoient par leur petitesse invisibles, mais qu'errant par le Ciel comme les Planettes, lorsqu'elles venoient à se rencontrer dans le même point du Ciel, elles formoient alors une Etoile visible, qui étoit celle à qui on a donné le nom de Comette, laquelle ne paroît que lorsque ces petites Etoiles s'assemblent comme on vient de le dire.

D'autres soûtenoient que la Comette étoit formée d'exhalaisons qui s'enflâment, & Kepler qui est de cette opinion prétend que ces exhalaisons sortoient du corps même du

Tome I. I

Soleil & paroiſſoient dans ſon atmoſphere; de même que les exhalaiſons de la Terre lorſqu'elles s'enflâment font voir divers feux dans l'atmoſphere qui l'environne.

Mais la plus grande partie fut du ſentiment de Deſcartes, qui veut, avec beaucoup d'apparence de raiſon, que les Comettes ſoyent de veritables Etoiles, comme les autres, leſquelles ſe meuvent dans un très-grand cercle hors de nôtre Tourbillon; & qu'elles ne ſoient viſibles que lorſqu'elles ſont dans la partie inferieure de ce cercle. Cette opinion a été ſuivie generalement depuis que feu M. Caſſini a fait voir par ſon ſiſtême, qu'il dédia au Roi, la poſſibilité de cette verité; montrant au ſurplus que le mouvement des Comettes eſt regulier dans leur cercle, & qu'ayant une fois connu deux points du chemin qu'une Comette fait, on peut dire tous les autres endroits du Ciel par où elle paſſera, en tirant & décrivant un cercle qui paſſe ſur les deux points connus. Pouvant auſſi prédire à peu près ſa durée, & les faces qu'elle montrera, tant à l'égard de ſa queuë que des autres apparences. Ce qui eſt un grand préjugé pour la bonté de ce ſiſtême, qui paroît juſqu'à preſent très-probable.

Avant que nous quittions le Ciel, il faut ſatisfaire à ce que nous avons promis, en parlant de certains espaces lumineux, qui ne paroissent pas avoir un corps solide. * On dit donc que ceux qui voyagent au-delà de la ligne, & qui approchent du Pole méridional, voyent tout contre le Pole, au lieu d'Etoiles, certains nuages fixes, qui sont assez lumineux pour se rendre remarquables. Je suis porté à croire que ces nuages ne sont pas des amas de petites Etoiles, semblables à ceux qu'on voit par le secours du Télescope dans la plûpart de ces lieux qu'on appelle *Etoiles nebuleuses*, comme par exemple celle de *Persée*, & plus particulierement encore dans la *voye de Lait*, où l'on découvre que ce qui ne paroît qu'une lueur blanche, est néanmoins un amas d'un grand nombre d'Etoiles fixes fort brillantes, dont la splendeur ne pouvant arriver à nos yeux que très-foiblement, par-là elles causent cette espece de blancheur apparente à la simple vûë. Car je ne doute point qu'on n'ait consideré avec de bonnes lunettes ces taches blanches qu'on assure voir dans le Pole méridional, & que les PP. Jesuites en-

* André Coursel donne la connoissance de quantité d'Etoiles qui sont autour du Pole antartique, & de deux petits nuages qui les environnent, & qui ressemblent à cette blancheur qui forme la *voye lactée*. M. Cassini, page 19. Observations de plusieurs voyages, &c.

d'autres qui en parlent, ne nous eussent dit au même tems que ces nuages blancs sont causez par nombre d'Etoiles qui se trouvent dans cet espace. Ce qui me persuade encore que ce ne sont point des Etoiles, c'est que les Astronomes modernes ont découvert plusieurs autres espaces lumineux dans le Ciel, qui n'ont rien de corporel, ni de semblable aux autres Etoiles. Afin que les curieux ne perdent rien de ce qu'on a vû de plus remarquable dans les Cieux, je rapporterai dans le chapitre suivant l'abregé de ce qui a été montré sur ce sujet à l'Académie de Londres, par un de leurs plus habiles Astronomes.

Chapitre III.

Des espaces lumineux sans Etoiles.

» Dans notre derniere conférence, nous
» avons donné un récit abregé de plu-
» sieurs nouvelles Etoiles apperçûes au Ciel,
» pendant les 150. années dernieres, dont
» une partie sont des Phenomenes singu-
» liers : mais il n'y en a aucun qui soit plus
» étonnant que certaines taches, ou espaces
» lumineux, lesquels se découvrent seule-
» ment par le Télescope, & paroissent quel-

» quefois aussi à la simple vûë, semblables
» aux Etoiles de la derniere grandeur, qui
» cependant n'est autre chose qu'une lumie-
» re provenante de certains grands espaces
» de l'éther, dans lesquels est répandu un
» milieu lumineux, ou qui brille de sa pro-
» pre lumiere. Cela semble propre à résou-
» dre la difficulté proposée contre le sistê-
» me que Moïse fait de la création du mon-
» de : car plusieurs personnes soûtiennent,
» que la lumiere ne peut être créée séparé-
» ment du Soleil. Le contraire est cependant
» démontré par les exemples suivans, puisque
» dans plusieurs de ces taches brillantes,
» on ne découvre aucun vestige d'Etoiles,
» qui en occupent le milieu, & que la for-
» me irréguliere qu'elles ont, montre que
» leur lumiere n'est point produite par quel-
» que corps placé dans leur centre. Elles
» sont au nombre de six, de même que les
» nouvelles Etoiles, dont nous avons parlé
» ci-devant. Nous allons décrire ces taches
» selon l'ordre des tems où elles ont été
» découvertes, & déterminer au même
» tems leur position par rapport aux Etoi-
» les fixes, pour mettre les curieux en état
» de les observer, s'ils ont d'assez bons Té-
» lescopes.

» La premiere & la plus considérable est
» celle qui est au milieu de l'épée *d'Orion*,

» désignée O dans l'Uranométrie de Bayer,
» où elle est marquée comme une Etoile de
» la troisiéme grandeur, & décrite ainsi par
» Ptolomée, Ticho-Brahé, & Hevelius.
» Mais à la verité ce n'est autre chose
» que deux Etoiles contigues, environnées
» par une large tache veritablement lumi-
» neuse & transparente, à travers laquelle
» elles paroissent avec plusieurs autres. Il y
» en a une curieuse description dans Hug-
» hens à la page 8. de son sistême de Sa-
» turne, où il nomme là cette lumiere *por-*
» *tentum cui certe simile aliud nusquam apud*
» *reliquas fixas potuit animadvertere*: & il
» assure qu'il l'a découvert par hazard l'an
» 1656. Le milieu de cette tache est présen-
» tement au 19. degré des Gemeaux par 28,
» $\frac{1}{4}$ de latitude Sud.

» Environ l'an 1661. une autre de cette
» nature fut découverte (si je ne me
» trompe) par Bouillaud dans la ceinture
» *d'Andromede*, laquelle n'a été marquée
» ni par Bayer, ni par Ticho, ayant été
» obmise comme plusieurs autres, à cause
» de leur petitesse : mais elle a été inserée
» dans le Catalogue d'Hevelius, qui l'a
» nommée *nébuleuse*, au lieu de la nommer
» un nuage pâle, & qui semble jetter un
» rayon de lumiere vers le Nord-Est, com-
» me celle *d'Orion* vers le Sud-Est. Elle pré-

» cede en ascension droite la septentrionale
» de la Ceinture, marquée V. N. dans Bayer,
» d'un dégré $\frac{1}{4}$. Elle a à présent de longi-
» tude V 24. 00. & de latitude australe 33.
» V. 3.

» Environ l'an 1665. on découvrit la troi-
» siéme proche de l'Ecliptique, entre la tête
» & l'arc du *Sagittaire*, non loin du sol-
» stice d'hiver. Elle semble avoir été décou-
» verte par un Gentilhomme Allemand,
» nommé M. J. Abram-Ille, tandis qu'il
» observoit le mouvement de Saturne,
» près de son aphelie. Cette tache est petite,
» mais très-lumineuse, & elle jette un rayon
» & une queuë comme la précedente. Sa
» place est proprement à présent au qua-
» triéme dégré de Capricorne, & a environ
» 30. dégrés de latitude Sud.

» La quatriéme fut trouvée en 1677. par
» M. Edme Halley, tandis qu'il faisoit le
» Catalogue des Etoiles fixes de l'He-
» misphere Austral. Elle est dans le *Cen-*
» *taure*, & est appellée dans le Catalogue
» de Monsieur Halley *nebula in dorso*
» *equino*. Elle est marquée dans Bayer,
» & paroît entre la quatriéme & la cin-
» quiéme grandeur : elle jette une foible lu-
» miere par sa largeur, & elle est sans queuë
» rayonnante. Elle ne se leve jamais en An-
» gleterre. Elle est présentement au cin-

I iiij

» quiéme dégré du Scorpion & par le 35.
» $\frac{1}{5}$ de latitude Sud.

» La cinquiéme a été découverte par M.
» Kirels en l'année 1681. devant le pied
» droit *d'Antinoüs*, c'est une tache lumi-
» neuse d'elle-même quoique petite & obs-
» cure, mais il y a dedans une Etoile bril-
» lante, qui la rend plus lumineuse. Sa lon-
» gitude est présentement de 9. dégrés du
» Cancer, & $\frac{1}{6}$ 17. de latitude Nord.

» La sixiéme & derniere fut découverte
» par hazard, par M. Halley, dans la constel-
» lation *d'Hercule*, en 1714. Elle est à peu
» près dans une ligne droite tirée par les
» Etoiles marquées … & 9. … dans Bayer,
» quelque peu plus proche de … que de 9.
» En comparant sa situation entre ces Etoi-
» les, sa place est suffisamment déterminée
» au 26. degré $\frac{1}{2}$ de la Vierge, & à 57. 00.
» de latitude Nord. C'est une petite tache,
» mais qui se découvre d'elle-même à l'œil
» simple quand l'air est serein, & que la
» Lune ne se montre pas.

» Il y en a sans doute plusieurs de sem-
» blables, qui ne viennent pourtant pas à
» notre connoissance, & peut-être de plus
» grandes; mais quoique ces taches soient
» en apparence fort petites, & que la plû-
» part ayent peu de minutes de diametre,
» cependant puisqu'elles sont parmi les Etoi-

» les fixes, c'est-à-dire, qu'elles n'ont
» point de paralaxe sensible, elles ne peu-
» vent pas manquer d'occuper des espaces
» d'une grandeur immense, & qui peut-
» être ne font pas moindres que le Tourbil-
» lon solaire dans nôtre sistême ; & dans
» tous ces vastes espaces, il sembleroit qu'il
» y auroit un jour perpetuel & non inter-
» rompu, ce qui peut fournir de la matiere
» à la speculation des Naturalistes, aussi
» bien qu'à celle des Astronomes, &c.

Ce que nous venons de voir de ces espaces lumineux, favorise merveilleusement
bien mon sistême de la lumiere que j'ai
proposé dans mes Principes. * En supposant que l'Ether, par son mouvement
vif, est lui-même la lumiere & la
cause de la lumiere. Car ainsi que l'Ether
par son mouvement continuel en agitant
les molecules des corps fort subtils ou combustibles cause la lumiere & la flâme, en
poussant dans l'organe de l'œil les parties
les plus subtiles de l'air, qui nâgent dans
cette matiere éthérée ; de même je ne
doute pas que ces espaces lumineux ne
produisent un semblable effet, par le
mouvement vif de l'Ether dont ils sont
formez. Ce qui pourroit appuyer la conjec-

* On donnera quelque jour cet Ouvrage qui a
pour titre, *Traité de la Matiere & du Mouvement.*

ture que l'Ether peut s'épaiſſir, & produire l'Atôme.

La difficulté qui peut ſe rencontrer en cela, c'eſt qu'il faut, comme dans la flâme, qu'il y ait une matiere un peu plus corporelle que l'Ether naturel, qui puiſſe toucher & ébranler les fibres du nerf optique. Alors il faudroit dire que dans ces eſpaces qui forment ce brillant lumineux, il y a quelque choſe de plus corporel que l'Ether, qui ne peut faire autre choſe qu'agiter cette matiere plus corporelle, & produire la lumiere. Peut-être qu'il y en a; car enfin nous ne pouvons pas dire tout ce qu'il y a là haut. Il faut donc nous contenter de ſoupçonner qu'il y en peut avoir, & que cela peut provenir de quelque amas de l'atmoſphere de quelques Etoiles fixes, dont les exhalaiſons & les vapeurs ſont plus propres à former cette apparence de lumiere. Ce qui pourroit encore perſuader que c'eſt un amas de ces vapeurs, c'eſt qu'à travers de cette lumiere (à ce que diſent les Obſervateurs) on voit les corps lumineux de quelques Etoiles, & que la réflexion de cette lumiere eſt ſi foible, parce qu'elle ne frappe que ſur une matiere peu épaiſſe, qu'on ne la peut voir ſans de fort bons téleſcopes. Il peut y avoir quelque autre cauſe que nous ne pouvons pas deviner, &

dont le tems pourra nous éclaircir. Il faut donc attendre que la mort nous en donne le moyen, quand notre ame passera par ces lieux pour aller dans l'Empirée, elle pourra examiner & voir avec certitude la cause de ces effets merveilleux.

Ce que nous pouvons conclure de ces observations & de celles que nous avons déja faites, c'est qu'on peut assûrer que la Région céleste est bien differente de ce que les Anciens ont crû, & que bien des gens, qui ignorent ce que je viens de dire, croyent encore.

Chapitre IV.

Histoire des Phenomenes qu'on voit souvent dans la Région des vapeurs, qui nous conduiront à la connoissance de ceux qui sont plus extraordinaires.

SI dans l'étenduë du Ciel on ne voit pas de Meteores, on en remarque souvent dans cette partie proche de la Terre, que nous appellons *Région des vapeurs*, & ces productions nous font voir quelquefois des apparences curieuses, quoiqu'elles n'ayent aucun fondement stable, & qu'elles ne perseverent pas longtems, n'ayant d'autre consistance que celle des vapeurs, qui en se dissipant facilement, font disparoître aussi le Phenomene.

Je crois donc qu'on peut établir cette regle générale, que tous les feux & les corps lumineux qui ne durent qu'un tems, (à la reserve des Comettes,) sont formez des vapeurs & des exhalaisons de la Terre qui s'élevent en l'air, dans cette partie que nous appellons *Atmosphere*, lesquelles par le mouvement de l'Ether & de l'air, ou par d'autres raisons qu'on rapportera, acquierent la lumiere, soit en réfléchissant celle du Soleil, ou des autres astres, ou bien en s'enflâmant elles-mêmes, & acquerant quelque splendeur, comme je l'ai prouvé par plusieurs exemples dans mes principes, au chapitre du Feu.

Je ne ferai ici qu'un court abregé des Phenomenes les plus ordinaires, & de ce qu'il y a de plus recent, (d'autant que ce seroit ennuyer le Lecteur, si je voulois faire mention de tous ceux que les Historiens nous rapportent;) afin qu'on puisse seulement conjecturer, par le peu d'exemples que j'en rapporterai, quelle est leur nature & la cause qui les produit.

Un des Phenomenes le plus frequent est sans doute celui des foudres & des éclairs, qui sont formez, comme on le sçait, des exhalaisons sulphureuses & nitreuses de la Terre, lesquelles étant élevées en haut & fort agitées par l'Ether qui est plus abondant dans cette region que dans la basse, où les vapeurs sont plus épaisses, ces exhalaisons s'enflâment & tombent souvent sur la Terre, par les raisons qu'on peut voir dans le traité du mouvement, où j'ai parlé des éclairs & des foudres.

Ces feux, qui paroissent ainsi dans l'air, sont differens, tant en quantité qu'en qualité. La quantité fait que le Phénomene & le feu qui paroît, est plus ou moins grand & terrible; & la qualité plus subtile ou plus épaisse, plus sulphureuse, bitumineuse, ou saline, produit des effets differens. Car, par exemple, le feu de l'exhalaison qui forme le foudre peut être si subtil & si penetrant, qu'il tuëra un homme, en desséchant en un instant toutes ses humeurs, sans rien changer de sa figure, & l'on ne s'appercevra point qu'il soit mort qu'en le touchant, & alors on le verra tomber en poussiere. Un semblable feu peut dessécher le vin d'un tonneau sans le répandre, & sans offenser le bois qui le contient, & fondre l'épée sans gâter le foureau. Mais si la vapeur est fort grossiere, elle mettra le feu par tout, brûlant les arbres, les maisons, & tout ce, sur quoi elle tombera. J'ai vû même deux personnes de mes amis qui avoient été bleſſez du foudre, ſans en avoir reçu d'autre mal que celui qu'on recevroit d'une brûlure de feu ordinaire, & qu'un Chirurgien avoit guéri avec les remedes dont on ſe ſert en pareil cas. Le Pere du Tertre rapporte un effet à peu près ſemblable dans ſon hiſtoire des Antilles.

La viteſſe avec laquelle le foudre deſcend, produit auſſi quelquefois des effets ſurprenans. J'ai vû à Rome un jeune homme que le Tonnerre tua, & auquel il découpa le pourpoint & les chauſſes, à peu près de la même maniere que celui que les Cent-Suiſſes de la Garde du Roy portent en France, ou dont ceux du Pape ſont habillez à Rome: & c'eſt à la diverſité des feux, dont la nature & le mélange ne peuvent être connus, & à la viteſſe du mouvement, qu'il faut attribuer pluſieurs effets prodigieux que l'on raconte du foudre, & dont on pourroit faire pluſieurs volumes, ſi l'on vouloit rapporter tout ce qu'on en dit. Quant à ſçavoir ſi le foudre a un carreau, comme quelques-uns le prétendent, cela eſt difficile à connoître: néanmoins je ne trouve pas qu'il ſoit impoſſible que des vapeurs terreſtres & groſſieres qui s'enflamment, ne puiſſent produire quelquefois, & non pas toûjours, une eſpece de pierre formée de la partie la plus terrestre ; ou qu'en tombant dans une terre molle, elles ne la durcissent & ne la cuisent, comme le feu commun fait les Tuiles & les Carreaux.

Quelquefois ces vapeurs sont assez subtiles pour produire la lumiere, & en même tems assez glutineuses pour persévérer pendant plusieurs heures, sans se consommer, ce que nous verrons en parlant de quelques autres Phénomenes.

Peu de tems après que Philippe V. eût fait son entrée à Madrid, le Tonnerre tomba comme une boule de feu de la grosseur de la tête d'un homme, sur la corniche d'une Eglise, & s'étant partagée en deux, une partie entra dans l'Eglise qu'elle parcourut avec grand bruit, & l'autre ayant fait quelques bonds se divisa en quatre morceaux, lesquels après avoir couru çà & là pendant quelques instans, enfin ils se dissiperent. Il me souvient qu'on tira un augure de cet évenement, en disant que la Monarchie d'Espagne seroit partagée en divers morceaux, comme il est arrivé en effet.

Il parut à peu près dans le même tems, (un peu avant que la Catalogne se soûlevât en faveur de l'Archiduc, aujourd'hui l'Empereur regnant,) un feu sur la Ville de Barcelonne gros comme un Tonneau & assez haut pour être vû de fort loin, lequel après avoir subsisté toute une nuit se dissipa au lever du Soleil, & on le prit pour le présage des malheurs qu'on sçait qui affligerent cette Province, où l'Archi-Duc Charles étoit venu débarquer.

Les Lettres de Lisbonne du 8. Mars 1725. disoient qu'on mandoit de Tomas, que le 6. Février de cette année on avoit apperçu sur les 8. heures du soir dans l'air, entre les Villes d'Abranté & de Purinete, une grande lumiere en forme de lance, dont la clarté avoit obscurci celle de la Lune. Que ce Phénomene avoit paru pendant l'espace d'un quart-d'heure, ayant sa direction d'Orient en Occident, & qu'il avoit fini avec un bruit aussi violent que celui d'un coup de canon. *

Je lisois hier 19. May 1725. dans la Gazette, qu'on avoit vû en Lithuanie, assez près de la Ville de Thorn, une colonne de feu en l'air, qui faisoit craindre aux peuples (ignorans & superstitieux, dit l'Au-

---

* Nous avons appris par la Gazette du 3. Août 1728. qu'on écrivoit de Campo-Mayor, que le 30. du mois de May de la même année, on y avoit vû un semblable Phénomene extraordinaire, dont la direction étoit du Sud au Nord, sa clarté effaçoit celle de la Lune, & il finit en se dispersant en rayons, qui sembloient tomber à terre, avec un bruit plus violent que celui d'une piéce d'Artillerie.

teur

teur des nouvelles) beaucoup de malheurs, avec d'autant plus d'apparence, que quelques affaires de Religion qui étoient arrivées, excitoient les Princes Protestants, voisins de la Pologne, à en demander raison.

Quelque chose qu'on puisse dire contre ces augures que les anciens observoient avec beaucoup d'attention, je crois qu'il n'est pas impossible que ces sortes d'exhalaisons sulphureuses ne puissent influer dans l'air, & par conséquent dans ceux qui le respirent, pour les porter à des actions hardies & téméraires. Au reste je n'ai rapporté ces choses que pour faire voir la différence de ces exhalaisons plus ou moins subtiles, & que lorsqu'elles sont fort épaisses, elles peuvent subsister plus ou moins de tems, suivant la nature de la matiere qui les forme.

Je ne crois pas qu'il soit trop necessaire de s'étendre sur ces feux semblables à des Etoiles, ou pour mieux dire à des fusées, que l'on voit tomber assez ordinairement le soir quand le Ciel est serein, particulierement en Eté, d'autant que je ne doute pas que ce ne soit la même matiere sulphureuse qui formeroit le foudre & le Tonnere : mais comme ces matieres, ou ces petites boules de soulphre s'enflammant, ne trouvent

Tome I. K

point d'ailleurs d'obstacles, & qu'elles sont plus pesantes que l'air qui les contient, elles sont poussées vers le bas, & laissent après elles cette traînée de lumiere, qui est une partie de la matiere dont leur corps est composé. Il est probable & même certain que ces feux tombent pendant le jour, lorsqu'il fait beau & chaud, mais la lumiere du Soleil empêche de voir celle-ci qui est plus foible. On en a vû cependant quelques-uns tomber de jour, dont la lumiere étoit assez forte pour se rendre visible.

Gassendi dit en avoir vû tomber une pendant le jour qui étoit assez grosse, & comme une espece de flamme très-blanche. Forestius rapporte un pareil exemple, & Bernier raconte avoir vû la même chose au Mogol. Ce dernier ajoûte de plus, que cinq ou six jours avant la naissance de M. le Duc de Bourgogne, en passant vers le soir au retour des Thuilleries sur le Pont-rouge, * il vit une de ces boules assez grosse, qui éclaira tout le Pont pendant trois ou quatre secondes.

Les apparences les plus curieuses, quoiqu'un peu rares, sont les paralelies; c'est-à-dire, quand on croit voir deux ou trois Soleils naissans ou couchans, d'autant que ce-

* Aujourd'hui le Pont Royal à Paris.

DE L'UNIVERS.

la n'arrive guére qu'au lever ou au coucher du Soleil. On a reconnu que ces apparences sont produites par des nuages formez de vapeurs fort subtiles, mais propres & de telle densité & transparence, qu'ils reçoivent & réfléchissent la lumiere du Soleil, comme le fait une glace de miroir. Quand trois Soleils paroissent, le veritable est toûjours au milieu des deux; & lorsque le Soleil monte sur l'horison, ou se cache sous lui, ces faux Soleils s'évanoüissent aussi-tôt, ce qui fait voir en même tems que ces nuages ne sont pas fort élevés au-dessus de nous. *

L'on observa à Chartres en 1666. une de ces apparences fort extraordinaire. Il parut quatre Soleils à l'Orient, ce qui est très-rare, d'autant qu'il faut trois nuages d'une nature propre à former ces apparences, & qui soient situez en même tems d'une ma-

*On écrit de *Szeczin* en Hongrie que le 16. Janvier 1729. on y avoit vû au Ciel un Phénomene extraordinaire representant trois Lunes: on voyoit dans celle du milieu, qui étoit la veritable Lune une Croix ardente de la grandeur & de la figure apparente d'un homme étendu; les deux autres Lunes jettoient de tems en tems des rayons de feu: Ce Phénomene a paru au Ciel pendant trois heures. *Gazette d'Hollande du* 22. *Février* 1729.

K ij

niere, qu'en réfléchissant les rayons du Soleil, ils puissent representer son image.

Un agréable Phénomene, & formé d'une nuée en quelque façon un peu semblable, est ce qu'on appelle *l'Arc-en-Ciel, ou l'Iris*, orné de tant de belles couleurs. Cet effet se produit par une nuée prête à se résoudre en pluye qui réfléchit les rayons du Soleil, dont les couleurs les plus vives sont formées par les goutes d'eau qui réfléchissent le plus directement & le plus vivement la lumiere à nos yeux, comme Descartes & Gassendi l'ont fort bien expliqué, & surquoi je ne sçache pas qu'on puisse dire quelque chose de meilleur. Je dirai seulement qu'une preuve visible de la formation de ces couleurs, par la réfléxion des rayons du Soleil sur une nuée prête à se résoudre en en pluye, c'est qu'on remarque un semblable arc coloré en regardant un jet d'eau, quand le Soleil darde sa lumiere sur les goutes qui sont écartées en l'air, & prêtes à retomber dans le bassin.

L'on vit en 1665. dans les environs de la Ville de Chartres deux Iris, qui formant deux arcs se coupoient mutuellement. Cela venoit apparemment de ce qu'il y avoit en même tems dans l'air deux nuages prêts à se resoudre en pluye, & tellement disposez que l'un & l'autre pouvant former l'Iris, ils réfléchissoient les rayons du Soleil de maniere qu'ils se coupoient l'un & l'autre.

L'on voit encore quelquefois l'Iris se former à terre sur les herbes d'un pré; mais il faut que ces herbes soient fort humectées de rosée, & que le Soleil ne soit pas fort haut sur l'horison.

Je dirai aussi que la Lune se mêle quelquefois avec sa foible lumiere, de former quelques méteores lumineux. Il est rare qu'elle forme des Iris comme le Soleil en forme d'Arc, mais il est assez fréquent qu'elle produise dans son plein de ces Iris qu'on appelle *Couronnes*, parce que la Lune paroît environnée d'un cercle avec toutes les couleurs de l'Arc-en-Ciel. Ce qui arrive quand, dans cet état de plenitude, elle est environnée de vapeurs humides & rares comme un broüillard. Elle forma aussi une espece de croix lumineuse & de differentes couleurs qu'on vit à Paris, & que Messieurs de l'Observatoire remarquerent encore mieux que moi. Je ne me souviens pas précisément en quelle année cela arriva, mais sans doute que les Memoires de l'Academie de Paris en font mention.

On assure que les Meteores sont assés fréquens en Islande, la cause en est assés naturelle, à mon avis, en ce que l'air épais de ce

Pays si proche du Pole, joint aux exhalaisons des mines de soulphre dont le Mont Hecla & toutes les campagnes sont pleines; ces deux choses jointes ensemble donnent lieu de produire assés fréquemment des Phénomenes dans l'air, desquels nous ne pouvons pas avoir de fréquentes relations, à cause de la distance du lieu, & du peu de commerce qu'on a dans cet endroit.

Je ne crois pas finir ce Chapitre plus curieusement qu'en parlant du Phénomene lumineux, remarqué à Londres en 1715. & qui me paroît si conforme avec ce que Gassendi appelle *Aurore Septentrionale*, dont je parlerai ensuite.

Cette lumiere d'une nature assez semblable, fut observée par Monsieur Halley, Secretaire de la Société Royale de Londres, le soir du 6. Mars 1715. l'après-dînée ayant été plus chaud qu'il ne fait ordinairement dans cette saison. Je ferai ici un abregé de ce qu'il raconte avec beaucoup d'exactitude, & avec un grand nombre de circonstances qu'on peut voir chez cet Auteur digne de toute croyance.

Il rapporte donc que le 6. Mars, vers les sept heures du soir, on vit non-seulement à Londres, mais dans tout le reste de l'Angleterre, (ce qui marque que ce Phénomene étoit assés élevé,) un nuage obscur qui occupoit le Nord du Ciel, lequel avoit environ dix degrés d'élévation. Les extrêmités de ce nuage sombre étoient colorées d'un rouge jaunâtre, comme si la Lune avoit été cachée derriere. Peu après il sortit de ce nuage des rayons semblables qui répandoient leur lumiere de toutes parts, sans observer aucun ordre dans leur naissance, ni de ressemblance dans la forme, plusieurs s'élevant & finissant en pointes; d'autres paroissoient comme des Cones ou des Cilindres tronqués: mais en general, ils avoient tant de ressemblance à de longues queües des Cometes, qu'à la premiere vûë, on les auroit pris pour cela. Quelques-uns de ces rayons demeuroient visibles pendant plusieurs minutes, tandis que les autres en plus grand nombre paroissoient se mouvoir & s'éteindre sur le champ.

L'on observera aussi que de tems à autre, il s'élevoit des vapeurs qui paroissoient & disparoissoient en peu d'instans, & formoient un spectacle semblable à l'agitation des vagues de la Mer. Ces vapeurs, au raport de Monsieur Halley, ne paroissoient pas emprunter leur lumiere du Soleil, par les raisons bien fondées qu'il rapporte. S'étant placé ensuite dans un lieu d'où l'on pût découvrir facilement le Nord de l'horison, vers les dix heures du soir on vit l'apparence d'un

Crepufcule Oriental, c'eft-à-dire que cette partie étoit fort claire, s'élevant de l'horifon de très-longs rayons de lumiere, qui n'étoient pas exactement dirigés vers le Zenit, mais qui déclinoient un peu au Nord. Cette lumiere qui venoit particulierement de certaines vapeurs qui s'étoient placées comme deux bandes paralleles à l'horifon, avoient rendu le Ciel fi clair, que l'Auteur croit qu'on auroit pû lire un caractére ordinaire avec le fecours de cette clarté. Il parut après cela comme des colonnes de vapeurs affés claires, ou blanchâtres, lefquelles joignant les deux bandes lumineufes l'une avec l'autre difparoiffoient fubitement, & frapoient la vûë avec tant de rapidité, qu'on ne pouvoit pas juger fi elles fortoient de la bande fuperieure ou de l'inferieure, qui étoient, comme je l'ai dit, lumineufes & placées parallelement à l'horifon. Le mouvement de ces colonnes de lumiere pouvoit être fort bien comparé à des gens qui fe battoient. (Ce pourroit bien être quelque chofe de femblable qui auroit fait croire autrefois qu'on avoit vû des batailles dans la région de l'air.)

 Peu après ce fpectacle, on vit paroître au même tems affés bas vers le Pole trois ou quatre taches luifantes, femblables à des nuages, qui fe découvrirent d'elles mêmes

par

par leur lumiere jaunâtre au milieu du ciel, qui étoit très-ferein dans cet endroit, mais qui paroiſſoit très-noir où il n'y avoit point de ces lumieres. Comme ces taches lumineuſes avoient paru toutes à la fois, ſemblablement après avoir duré quelques minuttes, elles diſparurent ſubitement enſemble, & de la même maniere que ſi l'on avoit tiré tout à coup un rideau devant. On pouvoit les comparer, tant qu'on les vit, à des petits nuages éclairés par la pleine Lune, ſi ce n'eſt qu'ils étoient beaucoup plus brillans.

Il s'éleva peu après, au-deſſus de ces bandes lumineuſes paralleles à l'horiſon, que nous avons décrites, de très-grandes figures piramidales fort aiguës à leur ſommet, dont les pointes étoient inclinées les unes vers les autres, par un nuage d'environ quatre ou cinq degrés. Elles étoient portées par un mouvement égal aſſés vîte du Nord-Eſt, d'où elles s'étoient élevées, juſqu'au Nord-Oueſt où elles diſparurent. Quant aux nuages lumineux, ils étoient ſi rares, qu'on voyoit au travers les Etoiles de la petite Ourſe, ſans effacer même celles de la ſixiéme grandeur. Ce qui provenoit du peu de denſité de la matiére & de ſa tranſparence.

Ces rayons lumineux étoient ſi remar-

Tome I. L

quables par dessus tout ce qui les avoit précedé, ou qui les suivit, que si l'on avoit pris soin de mesurer leur hauteur, on l'auroit sans doute trouvée fort grande. Comme il étoit déja onze heures, & qu'il ne paroissoit rien de nouveau, Monsieur Halley s'en retourna chez lui, & ayant ouvert une de ses fenêtres qui regardoit vers le Nord, il trouva aussi-tôt que les deux bandes lumineuses paralleles à l'horison, venoient de disparoître entiérement, & que tout le spectacle ne ressembloit plus qu'à un brillant Crepuscule placé au Nord de l'horison, lequel étoit assés élevé, & s'étendoit du Nord au Sud-Est. Il y avoit une espece de nuage fort rare, puisqu'on voyoit au travers par le Telescope les plus petites Etoiles, au-dessous duquel on remarquoit une base lumineuse comme celle d'une Aurore, & d'une lumiere semblable à celle du segment d'une Iris fort large, mais d'une couleur uniforme, c'est-à-dire d'un rouge tirant sur le jaunâtre ; son centre étoit environ à quatre degrés sur l'horison, & au-dessus on voyoit le commencement d'un assez large segment, avec un espace de Ciel obscur entre deux, mais si foible & si incertain, que Monsieur Halley n'en pût faire une juste estimation. Il avoit grande envie de voir comme ce Phénomene se termineroit, mais quoique la Lune ne se levât que quatre ou cinq heures après, il n'y eut aucun changement.

„ Il n'y a point de mention, dit ce Sa-
„ vant, d'un pareil Phénomene depuis le ré-
„ gne de la Reine Elizabeth, c'est-à-dire en
„ 1574. comme il est rapporté dans un Livre
„ de ce tems-là, intitulé: *Description des Me-*
„ *teores.* Cette apparence que l'Auteur du
„ Livre appellé *Lances ardentes,* fut vûë d'a-
„ bord à Londres le 30. Janvier 1560. & en-
„ suite le 7. Octobre 1567. suivant le témoï-
„ gnage de Celow. Nous aprenons par les
„ Auteurs étrangers, que cette même apa-
„ rence s'est représentée deux fois en cette
„ année 1567. dans le Brabant, savoir le 13.
„ Février & le 28. Septembre, & elle a été
„ vûë & décrite en Latin par Cornelius
„ Gemma, de la maniere suivante. *Peu après
sortant des flammes de tous côtés, le Ciel parut
enflammé de toutes parts, particulierement depuis le côté Boreal jusqu'au Pole Arctique, lesquelles choses on voyait encore après que le Ciel
étoit devenu plus froid..... paroissant alternativement la couleur blanche & bleuë, avec un
mouvement très-vîte & circulaire, comme lorsque le Soleil frape contre un miroir que l'on remuë avec vîtesse, & que les rayons se refle-
chissent.*

„ Il n'est pas peu remarquable, continuë
„ Monsieur Halley, que ces quatre aparen-

L ij

» ces quadrent exactement au même âge de
» de la Lune, c'est-à-dire deux jours après
» la conjonction. Pour celle du mois de
» Septembre 1575. Gemma nous en fait la
» description par ces paroles : *Ce n'étoit pas
moins admirable que horrible à voir, mais
pourtant très-véritable, ce qui parut la quatriéme Kalende d'Octobre, aussi-tôt que le Soleil fut couché. On vit dans ce tems plusieurs
Arcs lumineux, qui lançoient quelque chose qui
ressembloit à des dards sans nombre & sans fin.
On voyoit comme des Villes fortifiées, des ba-
taillons de Soldats, & enfin des batailles,
puisqu'il paroissoit qu'on s'attaquoit mutuellement, & que les uns fuyoient ceux qui les pour-
suivoient, tournant en rond d'une maniere merveilleuse, &c.* » Quant au Phénomene de
» 1574. Gemma dit n'en avoir rien vû à cau-
» se des nuages.

» Nous avons eu depuis en l'année 1580.
» l'autorité de Michel du Moulin, devenu
» de lui-même un excellent Astronome, &
» encore plus fameux pour avoir été le maî-
» tre de l'illustre Kepler dans la science des
» Astres, lequel nous raporte que ces *Cos-
» mata*, qu'il compare à des palissades, ont
» été vûës sept fois dans le Païs de Wirtem-
» berg, par un nommé Bakneg, pendant l'es-
» pace de 11. Mois.

» La premiere fois tombe au même jour

» que la nôtre, c'eſt-à-dire le 6. de Mars.
» La ſeconde, le neuf d'Avril. La troiſiéme,
» le 10. Septembre, dans le même endroit
» où il l'avoit remarqué en Avril, & enfin
» le 26. Decembre & le 16. Février 1681.

» Il faut remarquer que cette derniere
» fois, de même que le 10. de Septembre,
» la lumiere ne parut pas auſſi brillante
» qu'elle étoit en effet, à cauſe que la Lune
» étoit en ſon Plein.

» L'ordre naturel nous conduit à l'an-
» née 1721. le 12. Septembre, où l'on vit
» par toute la France cette lumiere décrite
» par Gaſſendi ſous le nom d'*Aurore Borea-*
» *le.* Quoique cette lumiere fut aſſés élevée
» ſur l'horiſon & qu'elle s'étendit fort loin,
» paroiſſant même au Nord de Paris & de
» Roüen, cependant nous ne ſçavons pas
» qu'elle ait été aperçuë en Angleterre, au-
» deſſus de laquelle elle ſembloit être. Enfin
» depuis plus de 80. ans qu'on a commencé
» d'enregiſtrer les *Tranſactions Philoſophiques,*
» où l'on n'auroit pas manqué d'inſérer ces
» ſortes de cas extraordinaires, nous n'a-
» vons point de Mémoire de rien de ſem-
» blable dans notre Païs, (en Angleterre)
» ni dehors.

» La premiere que nous trouvons dans
» nos Livres, eſt de peu de durée. Elle fut
» vûë en Irlande par Monſieur Neve le 16.

L iij

» Mars 1707. N°. 320. *des Transactions Phi-*
» *losophiques.*

» Le 9. Août 1708. à minuit, il en fut vû
» une semblable à Copenhague, mais qui
» dura très-peu & d'une très-foible aparen-
» ce, qui fut communiquée à la Société
» Royale par Mylord Hereford, qui l'avoit
» observée : elle paroissoit à peu près com-
» me si la Lune eût été cachée derriere un
» nuage, &c.

Peut-être qu'on trouvera que j'ai été un
peu long dans le récit de ce Phénomene ;
mais outre qu'il y a plusieurs choses qui a-
partiennent à l'Histoire, ce fait peut donner occasion à plusieurs réflexions. En mon
particulier, je dirai qu'il est probable qu'on ait
pris autrefois ces sortes de Phénomenes, tels
qu'on les décrit, pour des combats prodigieux formés dans les airs par des esprits aë-
riens, lesquels étoient le présage de quelque grande guerre : non pas que je sois
tout-à-fait éloigné de croire, que ces feux
extraordinaires qui s'élévent de la terre, &
se répandent dans l'air, ne puissent influer
dans le tempérament des hommes & des animaux du Païs, & produire certains effets,
suivant la nature de ces feux ; & d'autant
plus que les Histoires nous marquent que
le plus souvent, ces feux ont été le présage
de quelques malheurs arrivés dans la suite aux
lieux où ils ont paru.

Quoi qu'il en soit, car je ne veux pas insister là-dessus, ne regardant ces choses que comme causes naturelles de certains effets, tout ce dont je suis bien aise, c'est d'avoir été confirmé dans l'idée que j'avois, que cette lumiere étoit la même qui est appellée par Gassendi, *Aurore Septentrionale*. Car en effet, on voit dans la description qu'il nous en donne, à peu près les mêmes choses que le sçavant M. Halley a observées ; & afin qu'on n'en doute pas, je rapporterai ce que Bernier en dit dans la Phisique de ce grand Homme.

„ * On voyoit du côté du Septentrion
„ une espece d'Aurore naissante qui s'élevoit
„ peu à peu, & qui étoit entremêlée par de
„ certaines verges, ou rayons perpendicu-
„ laires à l'horison. Je passe sous silence,
„ que dans ce tems-là même il parut quel-
„ ques petites nuées passagéres blanchâtres,
„ entre le Midi & le Couchant d'Hiver, &
„ que l'on vit naître au Couchant d'Eté une
„ rougeur claire en forme de Piramide, qui
„ avançoit vers le Couchant de l'Equinoxe,
„ laquelle paroissoit distinguée en trois au-
„ tres Piramides particulieres qui se confon-
„ dirent en peu de tems, & enfin disparu-
„ rent. Lorsque cette rougeur cessoit, la

* Abregé de Gassend. *Tome V. Chap. VII.*

„ blancheur Septentrionale se trouva élevée
„ de 40. degrés & davantage, c'est-à-dire à
„ la hauteur de l'Etoile Polaire, se formant
„ en Arc, & occupant à peu près 60. degrés
„ de l'Horison. On commença à distinguer
„ comme certains chévrons ou colonnes de
„ rayons, les uns plus blancs & les autres un
„ peu plus obscurs, larges d'environ deux
„ degrés, & tous perpendiculaires. De ma-
„ niére que tout ce côté-là paroissoit comme
„ canelé, &c. „ Je n'en dirai pas davantage
pour ne point ennuyer, parce que la description est quasi la même, à très-peu de
chose près, que celle de M. Halley, que
j'ai peut-être trop abregée. Ce Phénomene
que Gassendi vit en Provence, fut encore
vû à Paris & en plusieurs endroits de la France. Ce qu'il faut remarquer, c'est que cette
clarté a toûjours paru du côté du Nord.

J'ajouterai encore de plus, que non-seulement Monsieur Halley dit que cette lumiere Septentrionale a été vûë plusieurs fois
de même, & que la sienne est semblable à
celle que Gassendi décrit ; mais Monsieur
Maraldi de l'Observatoire de Paris, a rapporté qu'on avoit vû plusieurs fois cette apparition en peu d'années, pour ne pas dire presque tous les ans. Il y a quelques années qu'on
vit à Ville-Neuve S. George près de Paris,
une lumiere semblable, mais si claire qu'on

auroit pû lire à sa lueur. Comme je n'étois pas pour lors à ma Campagne * & que je ne pus pas l'examiner moi même, j'en demandai des nouvelles au Curé, homme de beaucoup d'esprit, lequel me dit que cette lumiere paroissoit s'étendre de l'Occident vers l'Orient, declinant un peu vers le Septentrion ; & ce qu'il y a à remarquer, c'est qu'elle parut deux ans consecutifs.

Enfin, s'il y a quelque petite difference dans les circonstances de ces effets, on peut dire que cela vient de la quantité plus ou moins grande, & de la disposition des vapeurs qui causent cette lumiere, lesquelles sont assez subtiles pour la produire, & en même tems assez glutineuses pour persévérer quelque tems sans se consommer. D'un autre côté, je suis assés de l'avis de Gassendi, lequel croit (sans cependant décider comme la plûpart des Cartésiens) qu'il sort quelquefois de la terre des vapeurs d'une nature à s'élever fort haut, & au-dessus de l'ombre que fait la terre, où elles sont éclairées par la lumiere du Soleil, & que quelques unes mêmes peuvent s'allumer & paroître comme des flammes brûlantes, lesquelles vapeurs courant çà & là, peuvent representer diverses formes & figures, telles qu'on les a décrites.

* L'Auteur avoit une Maison dans cet endroit.

Il n'y a point de doute que les vapeurs qui s'élévent beaucoup au-dessus des plus hautes montagnes, peuvent être éclairées par le Soleil, puisqu'il est rapporté que l'Empereur Adrien vit sur le Mont Cassius les rayons du Soleil à ses pieds, pendant que le bas de la montagne étoit couvert d'une nuit fort obscure. Tout le monde sçait sans Geometrie, qu'on voit de plus loin dans un lieu élevé, que lorsqu'on est dans un endroit plus bas, à cause de la rondeur de la terre.

Il nous est rapporté par Gassendi un Phénomene très-particulier, qu'il assure avoir consideré avec admiration. Voici la description qu'en fait Bernier. Il y a, dit-il, en Provence un Bourg appellé Rogon. La maison du Seigneur est bâtie sur une petite colline à double sommet. Le merveilleux consiste en ce que si quelqu'un, dans une nuit d'Hiver où le Ciel soit couvert & obscur, allonge le bras hors de la fenêtre les doigts tournés en haut, on voit incontinent des petites flammes adherentes au haut des doigts. Ces flammes périssent dans le moment qu'on retire le bras, & que la main n'est plus à l'air. Je ne sçai pas si on peut donner d'autre raison de cet effet, sinon que dans les circonstances de la saison, du tems couvert & nébuleux, en supposant aussi la situation du lieu : il y a apparence qu'il s'éléve dans ce tems, & non en d'autres, des exhalaifons fi épaiffes & fi graffes, qu'en mettant la main hors de la fenêtre, elles s'attachent aux doigts & s'enflamment à la chaleur, & qu'elles fe confument en un inftant, fi on retire le bras de l'endroit où eft la fource de ces exhalaifons graffes & fulphureufes, mais très-fubtiles.

Je veux ajoûter encore un fait plus merveilleux, qui m'a été raconté par le Gentilhomme même à qui il eft arrivé. Il étoit à la Campagne dans une de fes terres appellée *Peroufe*, lorfqu'un foir fortant de la porte de fon veftibule pour fe promener dans le Jardin, il aperçut qu'elle étoit environnée d'une flamme bleuâtre femblable à l'efprit-de-vin, fans que le bois de la porte fût en aucune maniere endommagé. Etonné de ce fpectacle, il s'approcha & paffa fon doigt par deffus, & une petite flamme onctueufe s'y attacha fans le brûler. N'en croyant pas à fes propres yeux, il apella fa femme & quelques domeftiques, qui, fans être prévenus par lui de ce qu'il voyoit, s'écrièrent d'abord : *Monfieur, la porte brûle*. Cela le perfuada alors, qu'il ne fe trompoit pas, & il marqua précifément le jour & l'heure de cet accident. Mais foit par hazard ou autrement, il reçut des nouvelles quelques mois après, qu'un fils qu'il avoit dans le fervice aux Antilles Françoises, étoit mort le mê-me jour & à la même heure que ce Phénomene avoit paru. Je laisse aux esprits forts à nier le fait. Quant à moi, quoique je n'en sache pas dire la raison, je crois constamment ce qui m'a été raporté par un Gentilhomme aussi véridique qu'ils'en puisse trouver. Cependant le plus court pour se tirer d'intrigue, est de nier quand on ne peut pas rendre raison d'un fait, parce que ceux qui se piquent de sçavoir, souffrent trop en avoüant qu'on ne sçait pas le *comment* ou le *pourquoi* d'une chose qui arrive.

C'est assés parler de ces choses terribles, comme sont les foudres, les éclairs, & les autres feux qui paroissent dans le Ciel, il faut nous adoucir un peu en parlant du miel & de la Manne, qu'on a mis avec beaucoup de raison parmi les Meteores de l'Air.

Il n'est pas douteux que les vapeurs qui s'élévent de la terre ne retombent dans le lieu d'où elles sont sorties ; car non-seulement nous le voyons des pluyes, mais encore de la rosée qui n'est autre chose qu'une vapeur très-subtile, qui s'étant épaissie à la fraîcheur de la nuit, retombe le matin sur les feüilles des herbes & des plantes.

Cependant il y a des arbres qui ont quelque chose de gras & d'onctueux qui transfpire sur les feüilles, & la rosée qui tombe un peu avant le lever du Soleil, se mêlant intimement avec cette séve grasse, elles forment ensemble ce qu'on appelle Manne. Quelques-uns de ces arbres sont sans doute le Frêne de Calabre & le Cédre de Sirie, & je ne doute point qu'il n'y ait plusieurs autres plantes qui fassent le même effet. J'ai lû dans une relation d'Afrique, dont j'ai oublié le nom de l'Auteur, qu'en plusieurs endroits de l'Afrique la terre est en Eté couverte de Manne, dont on fait un grand trafic en l'envoyant sur les côtes Occidentales du Païs, & qu'il arrive dans l'Arabie la même chose. De maniere que je tiens que la Manne est un composé de rosée & de la séve mielleuse de quelques herbes. Ce qui peut me le persuader encore, c'est que le miel n'est proprement que cette même séve plus subtile des fleurs que les Abeilles sucent, & qu'elles cuisent legerement dans une certaine bourse ou vessicule qu'elles ont au bas de leur gosier, & qu'elles vomissent ensuite après avoir bâti leurs Ruches, qu'elles composent de la partie la plus grossiere que les plantes transpirent, (entr'autres le Chêne,) dont elles envelopent leurs jambes, & qui leur fait la cire qui est la base de leurs Ruches. Ainsi je repéte que je suis porté à croire que la rosée du matin mêlée avec la séve épaisse & mielleuse de quelques plantes convenables, forment ensemble la manne & le miel, comme je viens de le dire.

Je ne parlerai point ici des vents, des pluyes, & des autres Meteores de l'air simple, d'autant qu'on traitera de ces choses séparément, & en leur lieu, dans la suite de cette Histoire, où le Lecteur les trouvera sans peine.

Fin de la premiere Partie.

HISTOIRE NATURELLE DE L'UNIVERS.

DEUXIE'ME PARTIE.

CHAPITRE I.

Du Globe de la Terre consideré en général.

Près nous être élevez dans les Cieux, pour parler de ce qu'on croit sçavoir des Astres qui sont éloignez de nous, il faut descendre & revenir sur celui que nous habitons, duquel nous devons avoir une connoissance un peu plus exacte.

L'Astre où nous vivons, & qu'on appelle *Globe terrestre*, est à la verité formé de terre, mais il y a dessus une si grande quantité d'eau, que les deux élemens ensemble forment un tout, appellé par les Anciens *Globus terraqueus*; c'est-à-dire, le globe de la terre & de l'eau. Il est même encore douteux, si la plus grande partie de la Terre n'est pas couverte d'eau, ou bien si cette partie de terre qui est découverte est en plus grande quantité. Quant à la quantité, je suis porté à croire la gradation suivante. 1°. Que la matiere premiere (que j'appelle aussi *Ether*) est d'une plus grande étenduë que tous les autres élemens corporels, d'autant qu'elle s'étend par tout l'Univers, dans l'air, dans l'eau, & dans tous les pores de la terre jusqu'à son centre. 2°. Que l'air, qui embrasse & environne le globe terrestre, est (sans doute) en plus grande quantité que l'eau & la terre. 3°. Et enfin que l'élement de l'eau doit être superieur à celui de la terre, par la raison du sistême des élemens. Cependant cela ne décideroit pas, & cette raison seroit foible & inutile, si la quantité de la terre sur laquelle l'eau repose étoit effectivement superieure. C'est pourquoi je dis, que quand même l'eau embrasseroit (comme on le croit) les terres qui sont à sec, elle seroit toûjours inferieure de beaucoup, si on la compare au globe terrestre, sur lequel les Mers & toutes les eaux réposent. Car le diametre de la Terre est sans contredit superieur à la profondeur de l'eau des Mers, lesquelles (excepté en très-peu d'endroits) ne couvrent la Terre que de quelques centaines de brasses. Mais si l'on considere la quantité d'eau des lacs & des rivieres, celle qui penetre dans le sein de la la Terre, qui comme nous verrons en eſt abreuvée quaſi par tout, & qu'on faſſe attention auſſi à la quantité d'eau réduite en vapeurs ſubtiles, qui eſt mêlée avec l'air dans cette region que nous appellons des vapeurs, & qu'on y ajoûte encore la quantité de cet élement dont la nature ſe ſert pour former tous les individus, les pierres mêmes & les métaux, en joignant toutes ces quantitez enſemble, je ſuis d'opinion que l'eau eſt ſuperieure en quantité à la Terre; quoiqu'il puiſſe être que celle-ci ne lui ſoit que peu inferieure. Mais cela peut ſuffire pour ſoûtenir mon ſiſtême, qui veut que la Terre ſoit le moindre élement en quantité, placé dans le centre de ſon petit tourbillon qui l'a fait tourner ſur ſon axe.

Je dirai auſſi que ce globe de terre & d'eau, pour lequel on fait tant de bruit, eſt fort petit comparé à l'Univers; puiſque ſon diametre n'eſt que de 3000. lieuës, & ſa circonférence d'environ 9000. Il eſt vrai que ce globe eſt plus grand que celui de la Lune, de Mercure, de Mars, & peut-être même de Venus; mais il eſt bien inferieur aux globes de Jupiter, de Saturne, & du Soleil. Et comparé aux vaſtes eſpaces de l'Univers, il n'eſt regardé par les Aſtronomes que comme un point mathematique, ou, pour mieux dire, comme s'il n'exiſtoit pas. Cependant l'homme, qui n'est qu'un point *de ce point*, se croit quelque chose de grand & d'important ? Oh vanité des vanitez !

Ce globe, suivant M. Newton, n'est pas tout-à-fait rond & spherique : mais sans parler des inégalitez qui forment ses montagnes, il prétend que sa figure est spheroïde ; c'est-à-dire, que le diametre qui passe par l'équinoxial & le centre, est de 4000. milles Anglois plus long, que celui qui traverse les deux Poles. Cependant cette petite difference ne se remarque point dans les Eclipses de la Lune, où l'ombre de la Terre paroît parfaitement ronde ; parce que dans une si grande distance, cette difference devient insensible, aussi-bien que les inégalitez de ses montagnes. Messieurs de l'Observatoire de Paris conviennent bien de cette difference du diametre, mais ils prétendent que le plus grand passe par les Poles, & non pas par l'Equateur. C'est une difficulté qui n'est pas encore bien décidée.

Il y a eû plusieurs des Anciens qui ont douté de la rondeur de ce globe. * On a même condamné en certains endroits, comme hérétiques, ceux qui croyoient avec Pithagore qu'il y avoit des Antipodes. Mais

* S. Augustin fit condamner cette croyance dans un Concile National.

on ne peut plus douter de la rondeur de ce Globe, ni des Antipodes, depuis que Ferdinand Magellan ayant paſſé ce fameux détroit, qui porte encore ſon nom, entra dans la Mer Pacifique, & pouſſa ſa navigation juſqu'aux Moluques, où il perdit la vie. * Le Vaiſſeau qu'il avoit monté ayant continué ſa route pour revenir, après avoir paſſé par le Cap-de-Bonne-Eſperance, arriva enfin en Eſpagne, où il a été conſervé longtems, & peut-être l'eſt encore dans l'Arſenal de Seville, en memoire de cette grande action, la plus hardie (pour ce tems-là) qui ait été exécutée, d'avoir fait le premier le tour de la Terre.

Ce chemin ayant été tracé une fois, eſt devenu aujourd'hui ſi commun, qu'à peine le regarde-t-on comme quelque choſe de merveilleux. Je ne veux pas obmettre une circonſtance remarquable : c'eſt que ce Vaiſſeau ayant toûjours ſuivi le cours du Soleil en partant d'Eſpagne, au retour, les gens de l'équipage comptoient un jour plûtôt; c'eſt-à-dire, qu'à leur compte il étoit un Jeudi, ce qui étoit en Eſpagne un Vendredi. Ce que l'on n'auroit pas ſi facilement remarqué, ſi la viande n'étoit pas défenduë ce jour-là ; & cela étoit arrivé à cauſe que ce Navire ſuivant le cours du Soleil, ces

* Ce Vaiſſeau s'appelloit *la Victoire*.

astre se couchoit tous les soirs un peu plus tard à ces gens qui voyageoient avec lui, quoique plus lentement ; mais retardant à leur égard, de quelques minuttes chaque jour, dans le cours de quelques années il se trouva un jour entier.

Du tems de Pline, que je voudrois pouvoir imiter de loin en quelque chose, l'on ne connoissoit pas la moitié de tout ce globe, & c'est en partie ce qui m'a excité à entreprendre cette histoire, comme un supplement à la sienne. L'on divisoit alors en trois parties les terres dont on avoit quelque connoissance ; c'est-à-dire, l'Europe, l'Asie, & l'Affrique : encore croyoit-on qu'il y avoit deux Zones qui étoient inhabitables, l'une qu'on appelloit Torride, & Brûlée, à cause de la grande chaleur du Soleil qui étoit toûjours vertical sur ces lieux. Sur quoi il sembloit qu'on eût une confirmation évidente, par les terres arides & sabloneuses que les Carthaginois & les Romains trouvoient au-delà du Mont Atlas. L'autre Zone étoit glaciale, à cause que le Soleil en étoit trop éloigné, & que la gelée & les glaces rendoient ces lieux trop froids & inhabitables. D'ailleurs les plus habiles Navigateurs n'osoient sortir du détroit de Gibraltar, qu'Hercule avoit marqué pour les limites (disoit-on) de la navigation, & qu'on appelloit les colonnes, qui étoient les deux Montagnes d'Abile, & de Calpe. S'ils paſſoient outre dans l'Ocean, ils n'oſoient pas s'éloigner des côtes, de maniere que l'on étoit comme enfermé dans la Mer Mediterranée, & dans la connoiſfance des Terres & des continens dont cette Mer baigne les bords.

Mais enfin le tems étant arrivé que Dieu avoit deſtiné à la découverte d'une grande partie de ce Monde, & à l'accompliſſement de cette eſpece de prophetie, que Seneque le Tragique avoit faite par ces Vers : *

> *Venient annis, ſæcula ſeris,*
> *Quibus Oceanum vincula rerum,*
> *Laxet, & ingens pateat Tellus,*
> *Tiphiſque novos detegat orbes,*
> *Nec ſit terris ultima Tule.*

C'eſt-à-dire; " il viendra un tems, mais " après de longs ſiécles, dans lequel l'O" cean ne ſera plus un obſtacle, & il ou" vrira ſes paſſages pour aller à une grande " terre. Un nouveau Tiphis découvrira des " mondes nouveaux, & Tule ne ſera plus " la derniere des Terres connuës.

Ce tems donc étant arrivé. Un Italien

* Dans la Tragedie de Medée.

(Genois de Nation) appellé Christophe Colombe, après avoir cherché en vain chez plusieurs Rois des secours necessaires & des Navires pour l'entreprise qu'il proposoit, promettant de découvrir un nouveau Monde, ce qu'on croyoit l'imagination & l'offre d'un Charlatan, trouva enfin chez une femme d'esprit, qui étoit la Reine Isabelle de Castille, ce que tant d'autres puissans Princes lui avoient refusé. Il partit des rivages d'Espagne le 3. Août 1492. pour cette grande entreprise, dont on prétend qu'il avoit déja eû quelque lumiere par un pilote Italien qui avoit été porté par la tempête dans les terres qu'il alloit découvrir, & qui mourut chez lui. Enfin, après avoir essuyé quelques dangers, le 11. Octobre de la même année, on découvrit la terre tant désirée. La premiere qu'il vit fut celle de Guanaham, une des Isles Lucayes, entre la Floride & l'Isle de Cube. C'est dans cette derniere Isle que les Espagnols débarquerent, & à laquelle ils donnerent le nom de l'Isle Espagnole, à cause qu'elle étoit la premiere dont ils avoient pris possession au nom du Roi d'Espagne.

Ce qui me paroît digne d'être remarqué, * c'est qu'environ ce même tems (cinq ans

* Histoire des Indes Orientales par Lopés de Castagneda.

auparavant le départ de Colombe) les Portugais, qui faisoient déja quelque commerce aux côtes de Guinée, avoient envoyé Barthelemy Diaz pour voir s'il y avoit un paſſage par Mer aux Indes Orientales, d'où les Venitiens tiroient alors, par la voye d'Egypte, les épiceries. Barthelemi Diaz découvrit le Cap des Tempêtes, qu'on appella enſuite de Bonne-Eſperance, afin d'ôter l'effroi que ce nom funeſte pouvoit donner aux Navigateurs. Et ayant pouſſé plus avant vers la côte Orientale d'Affrique, juſqu'à la riviere qu'il appella *de l'Infant*, parce que l'Infant de Portugal étoit le principal Promoteur de cette découverte, il s'en revint, & fit rapport de ce qu'il avoit vû & fait.

Enfin vers l'année 1495. (environ trois ans après le départ de Colombe,) le Roi Emmanuël de Portugal dépêcha Vaſco de Gama avec trois Navires, lequel ayant paſſé le Cap de Bonne-Eſperance, s'empara de la plûpart des côtes Orientales de l'Affrique, partie par amitié, partie par force, où il fonda les Colonies de Quiloa, de Mozambique, de Soffala, & de Melinde ; & pouſſant ſa navigation vers Calicut, il établit encore dans ces Côtes avec la terreur du nom Portugais, un commerce très-avantageux à ſa Nation, dont la Ville de

Goa étoit comme le centre. Ce que je trouve donc de plus remarquable en ceci, c'est que dans le même tems que les Castillans couroient vers l'Occident à la découverte du nouveau monde qu'on nomme l'Amerique, les Portugais par un chemin opposé alloient vers l'Orient, afin de nous donner une entiere connoissance des Pays qui étoient du côté Oriental, que l'on ne connoissoit que fort imparfaitement, particulierement les Royaumes de *Siam*, du *Pegu*, de *la Chine*, du *Japon*, & autres de l'Asie. L'Ocean ayant une fois ouvert ses barrieres, toutes les Nations poussées par le bruit des richesses des Pays déja découverts, coururent à l'envi pour acquerir des terres nouvelles. Nos François, toûjours aussi vifs que braves, ne resterent pas oisifs. Ils dresserent leur cours vers les parties plus Septentrionales, parce que les Espagnols & les Portugais s'étoient déja établis dans les parties Meridionales, où ces derniers avoient aussi occupé le *Bresil*. Les François donc s'emparerent du *Canada*, qu'on appelle aujourd'hui la *Nouvelle France*, comme aussi d'une partie des *Antilles*, mais ils n'ont pas trouvé dans l'un ni dans l'autre endroit les richesses que la fortune avoit donné aux Espagnols, & qu'ils avoient refusé quand Colombe vint les offrir à leurs Rois.

Ce n'est pas mon intention de parler des actions éclatantes, que les Nations qui firent ces découvertes ont faites dans ces lieux. Ceux qui en sont curieux n'ont qu'à lire les histoires qui en font le récit, & qu'on traitera de fables à l'avenir. Je dirai seulement qu'un autre Italien, nommé Americ Vespuce, Florentin, ayant côtoyé & reconnu pour les Espagnols, la plus grande partie des côtes de ces terres que Colombe avoit découvertes le premier, & s'étant approché plus qu'aucun autre du Pole Austral, fut assez heureux pour donner son nom d'Amerique à ce nouveau monde, & qu'il porte encore à present. L'on a divisé ce continent en deux parties ; c'est-à-dire, en *Amerique Meridionale*, où sont les plus grandes richesses ; & en *Septentrionale*, où l'on ne trouve gueres d'autres richesses, que des peaux de Castors, & de semblables animaux.

Les Provinces Meridionales les plus riches, sont possedées aujourd'hui par les Espagnols, à la reserve du Bresil qui est aux Portugais. Dans les terres qui sont entre les montagnes du Perou & la côte du Bresil, il s'y forme insensiblement un peuple civilisé, par les soins des Missionnaires Jesuites, qui se sont exposez à passer parmi les Nations Sauvages & inconnuës qui ha-

Tome I. N

bitoient ces lieux, pour leur enseigner la Sainte Religion Chrétienne, & pour les tirer de l'esclavage du Demon.

Les Provinces Boreales sont la plûpart entre les mains des François, qui n'y trouvant pas grand profit, les gardent plûtôt par honneur que par interêt, c'est pourquoi elles sont fort négligées : à la reserve du nouveau Mexique, que les Espagnols gardent actuellement, sans se vanter des biens qu'ils y trouvent. L'on croit qu'il y a par-delà, vers l'Occident, un autre continent qui n'est pas encore parvenu à notre connoissance ; & le peu qu'on en sçait n'est que par la relation des peuples voisins, & sur le rapport d'un illustre Voyageur. (*a*)

C'est une question de sçavoir si l'Amerique est la même chose que ce que Platon (*b*) appelle dans ses Dialogues l'Isle Atlantique, comme quelques Geographes le croyent ; ou bien si cette grande Isle, dont il parle, n'a pas été réduite en plusieurs petites Isles, telles que sont les Açores, celles du Cap-Verd, & les Fortunées qui sont dans la Mer Atlantique, comme Kirker semble le croire.

Il est vrai que l'Amerique Meridionale, tant par sa grandeur que par sa figure,

(*a*) Le Baron de la Hontan, Tome 1. pages 164. 165. & 166.

(*b*) Dans le Dialogue de Critias.

ressemble fort à l'Affrique, & que l'on pourroit dire que la partie Septentrionale peut ressembler à l'Asie; ausquelles parties Platon dit que son Isle Atlantique étoit égale en grandeur. Mais nous n'avons aucune notion bien fondée que l'Amerique ait été connuë par les Anciens, si ce n'est que l'on veuille dire qu'il y a déja 800. ans que les Danois avoient quelque commerce avec le Groenland, * que nos cartes placent au Septentrion de l'Islande, qui est la Tule des Anciens, & où ils bornoient leurs connoissances. Cependant ce commerce peu utile, qui étoit souvent interrompu, ou par les guerres, ou par les glaces qui regnent quasi toûjours dans ces Mers, ne nous a pas donné une vraye connoissance de cette grande partie du monde, puisque du tems de Colombe on ne pouvoit pas croire seulement qu'elle existât, tous les Princes de l'Europe lui ayant refusé les secours qu'il demandoit pour sa découverte, qu'on croyoit très-imaginaire. C'est pourquoi Fulvio Testi a chanté de lui & de Magellan ces beaux Vers :

Oh ! Tiphi di Liguria . . Colombe Genois.
Ch'ove non giunse mai mortal pensiero
Coi fortunati tuoi Legni giran gesti.

* Relation du Groenland, par M. le Vayer.

E tu, (a) che con ingiuria
Dei viaggi del sole il giro intero,
Del grand orbe terren correr sapesti,
Dite , &c.

Ce que nous avons vû de plus probable dans l'Histoire, c'est qu'Hannon Cartaginois étant sorti du détroit de Gibraltar, côtoïa l'Affrique jusqu'à la Montagne qu'on appelloit le *Chariot des Dieux*, qui est probablement ce que les Portugais ont appellé depuis *Sierra Liona*, d'où il revint faute de vivres, comme aussi épouvanté par les feux qu'il vit en quelques Montagnes, qui lui firent croire que ce Pays si proche de la Ligne brûloit entierement, ce qui acheva de persuader ceux qui avoient cette croyance, que les Pays aux environs de l'Equinoxial étoient brûlez par l'ardeur du Soleil, qui étoit toûjours vertical sur ces Terres. Il nous est encore parlé d'une autre expedition faite par un Grec, (b) nommé *Eudoxus*, qui ayant commencé sa navigation par la Mer Rouge, fit le tour de l'Affrique, & revint par le détroit de Gibraltar en Egypte. Mais ces deux expeditions ne nous disent rien de cette prétenduë Isle Atlanti-

(a) Magellan qui fit le tour de la Terre.
(b) L'Auteur est Possidonnius, cité par Strabon. Lib. 2.

que, soit qu'elle n'existât plus dès ce tems-là, s'il est vrai qu'elle a été détruite en plusieurs Isles ; ou bien en supposant que ce soit effectivement l'Amerique, elle me paroît trop éloignée des côtes de l'Affrique pour pouvoir être apperçûë. L'on rapporte aussi qu'un autre Vaisseau de Carthage ayant passé le détroit fut poussé par la tempête sur des rivages inconnus. Au retour, ceux qui étoient dessus ayant fait rapport de ce qu'ils avoient vû, cela donna tant d'émulation pour y courir, qu'il fallut que le Senat Carthaginois défendit sous peine de la vie à la jeunesse, envieuse d'honneurs & de conquêtes pour la Patrie, de sortir de la Ville pour une telle entreprise. Il se pourroit bien que le Pays inconnu où ce Vaisseau avoit abordé, fut une des Isles de la Mer Atlantique, qui pouvoit alors se trouver d'une plus grande étenduë qu'aucune de celles qu'on y voit à present, par les raisons que nous rapporterons en parlant des feux soûterrains.

Elien dit aussi, s'il est vrai qu'on veüille ajoûter foi à quelques restes d'anciens mémoires qui sentent plûtôt la fable que l'histoire, que Silenus avoit raconté à Midas, Roi de Phrigie, que l'Europe, l'Asie, & l'Affrique n'étoient qu'une grande Isle environnée par la Mer Oceane (& cela est vrai :) mais qu'il y avoit un autre conti-tinent, éloigné de notre monde, dont la grandeur étoit immense. Il y a encore plus, c'est que les Egyptiens prétendoient que ces grandes Regions dans l'ancien tems, avoient été soumises à leur Empire par leur Hercule, lequel cherchant la gloire par tout, & ayant entendu parler d'un grand Pays qui étoit dans la Mer Atlantique, y alla & le subjuga, & l'ayant trouvé plein de richesses il y fonda des Colonies, & laissa dans ces lieux son frere Pluton pour y regner à sa place ; lequel, parce qu'il demeuroit aux Antipodes, fut appellé Seigneur & Dieu des Enfers ; & à cause aussi des richesses immenses qu'il envoyoit en Egypte, il fut dit que Pluton étoit le Dieu des richesses. La maniere des Egyptiens étoit d'hono-rer du nom de Divinités, les personnes qui s'étoient distinguées par quelque talent extraordinaire & utile, croyans (ou faisant croire) qu'un des Dieux qu'ils adoroient s'étoit revêtu de la figure humaine, pour rendre la Nation heureuse ; c'est pour cela qu'ils donnerent le nom de *Mercure* à leur Roi Tot, qui étoit très-sçavant.

    * La Reine qui leur enseigna la maniere de cultiver les terres & de semer les bleds, fut appellé *Isis*, à qui les Grecs donnerent

* Voyez Plutarq. de Isid.

ensuite le nom de *Cerés*. Ils honorerent aussi du titre d'*Hercule*, qui signifie proprement la force Divine, ou de celui d'Osiris, ceux de leurs Rois qui avoient été ou grands Guerriers, ou bien-faisans envers leurs sujets. Car les Egyptiens n'étoient pas moins fabuleux, ni moins flatteurs que les Grecs, & il n'y a point de doute que ces derniers n'ayent appris d'eux l'art de forger des fables, & de donner le nom de Dieux à leurs Princes, & autres grands hommes, comme il paroît par leur Philosophie & Theologie mistique, qui renferme sous le voile de la fable à l'imitation des Egyptiens, & les sciences & les misteres de leur Nation. Quant à la flatterie, les Grecs ne sont pas les premiers qui ont donné le nom de Jupiter (qui est la même chose qu'Osiris) à quelques-uns de leurs Rois, comme par exemple à celui de Créte; d'autant que les Egyptiens dans l'Obelisque qu'ils éleverent en l'honneur de Ramessis en donnent une preuve, & on peut voir dans l'inscription que le moindre titre qu'ils donnent à ce Roi, est celui de fils du Soleil, (qui est Osiris,) & de Seigneur de l'Univers. Ce qui marque assez que la flatterie a toûjours été en vogue, & qu'elle a plû aussi de tous les tems.

Mais pour revenir de cette digression à

notre sujet, je dirai que Platon, dans le Timée, fait dire à Critias, un de ses Interlocuteurs, qu'un Prêtre Egyptien de la Ville de Saïs avoit appris à Solon en parlant de l'antiquité d'Athénes, que les Athéniens avoient resisté autrefois à un nombre infini d'hommes, qui étoient venus de la Mer Atlantique, & qui avoient inondé l'Europe & une partie de l'Asie. Que dans ce tems-là les Rois Atlantiques étendoient leur domination sur la plus grande partie de l'Affrique & de l'Europe, jusqu'à la Mer Thirrene. Et Elien que nous avons déja cité, dit sur le témoignage de Theopompe, que Silenus rapportoit à Midas, que les habitans de cet autre continent, s'étoient efforcez jadis de venir dans nos Isles, (il appelle Isles les Terres qui étoient alors connuës, comme on l'a dit ci-devant,) & qu'ayant passé l'Ocean, ils étoient descendus dans nos parties Boreales, qu'ils avoient soumises, y établissant des Colonies.

Mais quoique ces choses ayent tout-à-fait l'air de fables, propres à amuser un Roi ignorant, tel qu'on nous dépeint Midas; cependant je n'ai pû m'empêcher d'être étonné en lisant l'Histoire de la Conquête du Mexique faite par Cortés, où il est raporté que lorsque les Espagnols entrerent dans ce grand Empire avec une armée de

1000. hommes seulement, qui pouvoit être anéantie en un instant par les Mexiquains, qui étoient d'ailleurs guerriers, & leur Roi Moteçuma fort brave ; cependant ce Prince & la nation furent retenus d'exterminer les Espagnols, à cause d'une ancienne tradition qui couroit dans le Païs, laquelle portoit en substance qu'un des anciens Rois du Mexique, très-grand guerrier, avoit passé autrefois la Mer avec un grand nombre de Navires & de Soldats pour aller conquérir les Païs qui étoient au-delà, vers l'Orient, qui est l'Europe à leur égard. Que ce Roi avoit exécuté heureusement ce projet, y établissant un grand Empire & nombre de Colonies, avec promesse qui étoit passée à la posterité comme un oracle immanquable, que dans la suite des tems les deux peuples se réuniroient ensemble ; & que les enfans de ces Mexiquains qui avoient soûmis une partie de l'Europe, retourneroient quelque jour se réunir avec leurs freres & leurs familles. Cette tradition qui paroissoit se vérifier alors par l'abord des Espagnols qui venoient de l'Orient au Mexique, fut la cause, à ce que disent tous les Historiens, * que le Roi Moteçuma aussi-bien que ses Sujets, ménagerent d'abord les Espagnols comme leurs

*Histoire de la conquête du Mexique, par de Solis, Gomara, & autres.

descendans, desirant de les faire sortir du Païs par douceur, sans en venir à la derniere violence ; & ce ménagement fut cause que Cortés profitant du tems, parvint à la fin qu'il desiroit, & que la fortune lui préparoit. J'avouë que ce fait qui est raporté unanimement par tous ceux qui ont écrit sur ce Païs, m'auroit ébranlé sur l'ancienneté du monde, si l'Histoire sainte qui est sans doute la plus ancienne & la plus véritable de toutes, ne s'opposoit à ces fables & à tout ce que les Egyptiens peuvent dire de leur antiquité, qu'au raport de Diodore, de Pline, d'Herodote, & de plusieurs autres Auteurs, ils faisoient monter à plus de 50000. ans, se vantant de pouvoir raporter les actions de leurs Rois pendant tant de milliers de siécles, ajoûtant à cela le dénombrement des Eclipses & beaucoup d'autres circonstances qu'ils debitoient avec tant d'assurance, qu'il auroit semblé honteux de n'y pas ajoûter foi. Nous avons vû ce que Platon raporte de la croyance qu'on avoit de son tems. Aujourd'hui même il se trouve encore des Peuples qui s'attribuënt une profonde antiquité. Les Chinois dans leurs fastes, remontent hardiment plusieurs milliers d'années avant le déluge qu'ils n'ont jamais connu, non plus que ceux de Cachimire, lesquels se vantent outre cela d'une antiquité de plus de 30000. ans, suivant une Histoire de leur nation, où ils font voir aussi qu'ils ont régné autrefois sur tout l'Indostan. Monsieur Bernier aporta en France un Manuscrit de cette Histoire, * dont il a orné la Bibliotheque du Roi. Mais comme j'ai dit, tout cela n'a peut-être point d'autre fondement que la vanité commune à toutes les nations, qui exagérent & vantent leur antiquité & leurs exploits, c'est pourquoi il faut nous en tenir à des choses plus solides & plus autentiques, que la Bible nous dit avec certitude ; ce qui nous doit désabuser de croire que le monde soit plus ancien, & nous faire regarder comme des mensonges ces Histoires fabuleuses, aussi-bien que l'opinion d'Aristote & de quelques Philosophes anciens qui voudroient nous le persuader.

Ils disent, pour soutenir leurs mensonges, que les diverses révolutions du monde, les guerres que les Barbares ont causées par l'inondation de leurs peuples dans l'Europe & dans l'Asie, ont éteint la mémoire des choses passées ; que nos Histoires sont trop courtes, & qu'elles n'ont pas été conservées. Mais on pourroit demander aux Egyptiens, aux Chinois, & à toutes les autres nations qui se vantent d'une si profonde

* Bernier, Histoire du Mogol, & voyage de Cachimire.

antiquité, par quel privilége du Ciel leur Histoire s'est conservée si long-tems. L'Egypte elle-même n'a-t'elle pas été envahie par diverses nations. Les Persans sous Cambise l'ont réduite dans l'esclavage. Les Grecs, les Romains, les Arabes, les Mamelus, (quoique dans la suite;) & enfin les Turcs n'ont-ils pas réduit ce Peuple dans la derniere servitude & ignorance ? N'est-il pas à présumer qu'avant ce tems, cette nation a souffert les changemens que les autres ont éprouvé ? Les Chinois n'ont-ils pas été envahis plusieurs fois par les Tartares, qui régnent encore à present sur ce grand Empire? Les Grecs n'étoient-ils pas eux-mêmes des Sauvages du tems de leur siécle d'or, & lorsqu'ils furent assemblés à vivre plus civilement par Pheronée d'une part, & dans la suite par Cecrops, peu de siécles avant Platon ? D'où ont-ils donc tiré ces Histoires, si ce n'est du cerveau des Grecs fabuleux? N'y aïant donc rien de plus certain & de plus ancien que l'Histoire des Hebreux, quand même le S. Esprit n'en seroit pas l'Auteur, la raison veut que nous nous en tenions à elle, sans nous arrêter aux fables que la vanité des autres nations a inventées, pour se glorifier d'une antiquité inutile.

Il est vrai que le monde est sujet à des révolutions perpetuelles, & que ces changemens doivent avoir une cause. La première vient, sans doute, de ce que nôtre Tourbillon étant dans un mouvement perpetuel, rien ne peut être stable. Mais ceux qui croyent, que le mouvement des Astres peut contribuer à specifier ces changemens, en attribuant la cause au mouvement des Etoiles. Ceux qui nient que les Astres ayent aucun pouvoir à faire ces changemens, & qui à peine accordent quelque force au Soleil, parce que son pouvoir est trop visible, ne font pas réflexion que la multitude des Etoiles fixes est si grande, comme je l'ai dit, que si on les mettoit toutes ensemble elles formeroient un autre Soleil infiniment plus grand que celui que nous voyons. Et quoiqu'elles soient ainsi écartées les unes des autres, leurs exhalaisons & leurs influences ne laissent pas d'avoir une certaine force pour agir sur nous, comme un grand nombre de charbons ardens qui seroient répandus de côté & d'autre dans une chambre, ne laisseroient pas de l'échauffer, & d'y répandre les qualitez & les vapeurs de chaque charbon, ou odoriferant, ou malfaisant, ou d'une autre nature. C'est pourquoi Pitagore & plusieurs autres Philosophes avec lui ont prétendu, que la révolution de ce Ciel étoilé, qui suivant les Astronomes modernes se fait en 25. ou 30. mille ans, apportoit un changement universel sur notre globe, & que toutes choses seront de même au retour de certaines parties du Ciel sur certains lieux de la Terre. De maniere que dans 25. ou 30. mille ans tout seroit à peu près comme il se trouve aujourd'hui, & que par conséquent ce qui étoit il y a vingt-cinq mille ans est encore aujourd'hui, supposant que le monde puisse subsister ce tems. Ce que l'on ne doit point entendre de la maniere que Ciceron & d'autres railleurs le supposent avec lui, en disant que chacun se trouveroit précisément dans la même situation ; c'est-à-dire, que par exemple je serois à ma table, écrivant & composant les mêmes Ouvrages que je fais. Mais il faut prendre la chose plus sainement, & croire qu'il se peut faire que la plus grande partie de ce qui se remarque actuellement sur la Terre, puisse se trouver à peu près de même dans 25. ou 30. mille ans : je veux dire que la Mer auroit les mêmes limites, les empires, les mœurs, les climats, & toutes les choses en général seroient à peu près semblables : car le Ciel Etoilé se trouvera de même après un certain tems à l'égard de la Terre. Cependant les autres planettes, à qui on donne beaucoup de vertus, parce qu'elles sont plus proches de nous, ne feront pas dans la même situation; Dieu ayant ordonné de maniere le mouvement des astres, qu'il n'est pas possible que pendant une éternité (pour ainsi dire) tous les Astres se trouvent précisément de même qu'ils ont été une fois; tant à l'égard de leur lumiere que de leurs aspects, & particulierement de leurs Apogées, desquels dépend en partie le changement des choses d'ici-bas, & principalement de l'apogée de la Terre à l'égard du Soleil, * comme le feu Comte de Boulainvilliers l'a fort bien démontré dans son Histoire de l'Apogée du Soleil. De maniere que dans ce sistême, il n'est pas impossible qu'avec le tems cette partie du nouveau monde, l'Amerique méridionale, qui est à présent plus qu'à demi barbare, ne devienne très-civilisée, & qu'il ne s'y établisse quelque puissante Monarchie. Le feu Comte de Pagan prétend avoir choisi un lieu propre pour établir la Ville Capitale de la future Monarchie sur la Riviere des Amazonnes, dans l'endroit où ce fleuve se resserre, & il seroit veritablement fort propre pour la commodité de cette future Capitale, d'autant que cette Riviere qui prend

* Cette Histoire de l'Apogée du Soleil, de M. le Comte de Boulainvilliers, n'est pas encore imprimée, quoiqu'elle le merite.

son origine dans le Perou, parcourt la plus grande partie de l'Amerique Meridionale jusqu'à la Mer, par où elle peut communiquer avec l'Europe. Mais comme le mouvement du Ciel étoilé, & des Apogées se fait fort lentement, ces choses sont très-éloignées, & il ne faut pas esperer qu'elles arrivent bien-tôt, quoiqu'on en voye déja quelques commencemens, par les établissemens des Espagnols & des Portugais, comme aussi de nos François dans les parties Boreales de l'Amerique, & des Anglois & des Hollandois sur les côtes, toutes lesquelles Nations peu à peu y introduisent les mœurs, la Religion, & la Police de l'Europe.

La posterité aura peine à croire que des Nations belliqueuses, & qui mettoient ensemble des Armées de 60. & 80. mille hommes, ayent été subjuguées par une poignée d'Espagnols dans l'Amerique; ni que les Portugais & les Hollandois ayent fait en Orient, avec peu de monde, les exploits dont l'Histoire parle, ayant soumis & contraints tant de Rois & des Nations déja civilisées à vivre sous leur dépendance. Ce que je dis, afin que l'on voye que dans l'histoire ancienne des Chinois, des Egyptiens, & des autres Nations, on y trouve souvent des choses qui paroissent
in-

DE L'UNIVERS. 161

incroyables, quoiqu'elles soient très-certaines; comme, par exemple, on ne croira pas dans 1000 ans qu'une fille, (la Pucelle d'Orléans,) par sa valeur & par ses armes, ait délivré la France de l'invasion des Anglois qui s'en étoient rendus les maîtres, quoiqu'il n'y ait rien de plus certain.

Mais reprenant le fil de l'histoire & des découvertes que les Européens ont faites des Terres nouvelles; je redis encore que le tems étant venu que le monde entier ou la plus grande partie nous fut connu, & la navigation ayant été portée au plus haut point de perfection, par le secours de l'aiguille aimantée, qu'un Italien de la Ville d'Amalphi au Royaume de Naples avoit observée, & sans quoi on auroit pû difficilement faire des Cartes Marines; alors toutes les Nations Maritimes de l'Europe, poussées par l'avidité du gain, s'adonnerent à chercher & à découvrir des Terres nouvelles. Les Anglois & les Hollandois ont le mieux réussi, & ce qui est de plus admirable, c'est que dans la suite les Hollandois ont chassé les Portugais d'une partie de leurs établissemens, & attiré à eux le négoce le plus riche : & je crois qu'on peut donner à la Nation Hollandoise le nom de nouveaux Phéniciens, ayant poussé plus loin

Tome I. O

que tous les autres le cours de leur navigation, même au-delà du Japon.

Les plus grandes découvertes, après celle de l'Amerique, sont sans doute celles des Terres Australes.

Les Espagnols découvrirent à la verité dans la Mer du Sud, au-delà du détroit de Magellan, un Pays qu'on appelle *Terre de Feu*, & quelques Isles ausquelles Ferdinand de Quir, Portugais, donna le nom d'*Isles de Salomon*. Magellan passa jusqu'au 53ᵉ. dégré Sud, & le sçavant M. Halley a été jusqu'au 55ᵉ. & tous deux ont trouvé de la glace dans la Mer, & quelques Terres dont on a peu de connoissance. On n'en sçait même que ce que Ferdinand de Quir en raconte, parce qu'on a lieu de croire que ce sont celles dont ce Navigateur fait mention, & qui furent plûtôt reconnuës par un effet du hazard que de dessein premedité.

Il rapporte que le Navire du Capitaine Pelsart s'étant séparé des autres Vaisseaux de sa Compagnie qui alloient à la Chine & au Japon, fut emporté par la tempête vers le Sud, & que le 4. Juin 1629. vers le midi, on vit des Isles, & d'autres Terres plus étenduës. Depuis ce tems-là, les Hollandois ont découvert plusieurs endroits de la côte qu'on croit être un grand continent,

DE L'UNIVERS. 163
& auquel ils ont donné le nom de *Nouvelle Hollande*. Cette Terre est vis-à-vis des Moluques & les Isles de la Sonde, qui sont situées pour la plûpart sous le Tropique de Capricorne. Il y a longtems que les Portugais, & ensuite les Hollandois, trafiquent dans ces Terres de la Nouvelle Hollande; & plus à l'Orient sont les Isles que Quir & encore les Modernes appellent de Salomon sous le 15ᵉ. degré. Plus avant vers le Pole Meridional, est la nouvelle Zelande, & la Terre qu'on appelle de Diement, qui y aborda le premier. La Carpentaria, la nouvelle Guinée, & les nouvelles Philippines sont plus à l'Orient de la nouvelle Hollande, & elles ont été découvertes aussi dans le siécle précedent. Mais la derniere découverte, que je sçache, est celle que le Capitaine Dampierre, Anglois, fit d'une Terre qu'il nomma *Nouvelle Bretagne*, & qu'il découvrit en 1699. proche de la nouvelle Guinée, autrement Terre *des Papous*. * Il y a aux environs un grand nombre de Terres ou Isles, que l'on ne connoît pas encore trop bien, entr'autres toutes les Terres qu'on nomme du S. Esprit, qui ne sont pas loin de la nouvelle Zelande

* Recüeil de diverses relations de voyages aux Terres Auſtrales. Tom. 5. Voyez aux Terres Auſtrales.

O ij

qui est plus Australe. Ceux qui trafiquent dans ces Terres cachent par politique ce qu'il y a de bon, crainte que d'autres ne viennent leur enlever le profit qu'ils en tirent.

Je dirai néanmoins ce que j'ai pû tirer de quelques relations. Dampierre nous marque que les peuples de la nouvelle Bretagne qu'il découvrit, sont plus brutaux que tous ceux qu'il a vû en faisant le tour du monde. Qu'ils vont tous nuds, sans couvrir aucune partie de leur corps. Qu'ils sont plus sauvages que les Ours; & que leur pauvreté ne donne point d'envie d'en sçavoir davantage. Il nous donne même la figure de quelques poissons & de quelques plantes de ce Pays, qui suffisent pour nous faire connoître que la nature infinie se diversifie par tout dans ses merveilleux Ouvrages.

On attribuë aux Anglois & aux Hollandois la découverte de ces Terres Australes, particulierement aux Hollandois, qui sont plus à portée de faire des découvertes de ce côté-là, par la commodité que leur donne les grands établissemens, qu'ils ont dans l'Isle de *Java*, où est la Ville de Batavia, qui les rend en quelque maniere maîtres de ces Mers, & vis-à-vis de laquelle la nouvelle Hollande est située, aussi bien qu'une partie des autres découvertes que cette Nation industrieuse a faites vers ces endroits, qui sans doute leur apportent un grand profit.

Avec tout cela, il y a lieu de croire que nos François ont été des premiers qui ont découvert une partie de ces Terres. Et sans doute que si leur esprit étoit aussi fixe, que leur courage & leur valeur est grande, il y a longtems qu'ils seroient maîtres du monde entier, & en particulier de cette partie du monde, où l'on croit qu'il y a beaucoup de richesses.

* L'Histoire que j'ai, & qui a été presentée au Pape Alexandre VII. porte en substance ce qui suit.

En l'année 1605. une Compagnie de Marchands de Roüen, excitée par la renommée des richesses qu'on trouvoit dans les Terres d'Amerique, armerent quelques Navires, & en donnerent le commandement au sieur de Goneville, homme de cœur & de conduite, pour aller, à l'imitation des Espagnols & des Portugais, trafiquer aux Indes Orientales, dont la route étoit frayée. Ce Capitaine étant arrivé au Cap de Bonne-Esperance, les courans & les

---

*Memoire pour l'établissement d'une Mission dans les Terres Australes, présenté au Pape & à la *Propaganda fide*. Imprimé à Paris.

tempêtes de cette Mer orageuse le poussèrent vers le Midi. Il vit quelque tems après plusieurs oiseaux, qui lui marquoient que la Terre n'étoit pas bien loin. Il suivit leur vol, d'autant plus que son équipage étoit fatigué, & qu'il commençoit à manquer de plusieurs choses. Enfin il parvint suivant ses désirs à une Terre fort belle & fort peuplée, où il fut reçu des Habitans avec beaucoup de respect & d'admiration, ces peuples étant étonnez de voir ces grands Vaisseaux, aussi bien que ceux qui les montoient, lesquels reçurent d'eux pendant six mois toutes sortes de bons traitemens, & ils eurent le loisir durant ce tems d'examiner la côte & le pays interieur. Ces gens, dit la relation, sont bien faits, fort doux & sociables, vivans à peu près comme ceux de la Nouvelle France, mais avec plus de politesse. Ils ont leur Roi, dont la domination est fort legere, quoiqu'ils le respectent beaucoup. Ils vont à demi nuds. Leurs armes sont l'arc & les fléches, avec le Javelot. Leurs vivres sont la chasse, la pêche, & les fruits que le Pays leur donne en abondance. Leurs plantes & leurs animaux sont differens des nôtres, leur climat est chaud, & leurs richesses sont le bonheur d'une vie joyeuse & tranquille. Ils ne laissent pas neanmoins d'être Guerriers, faisant souvent des courses sur leurs ennemis, comme les Sauvages de l'Amerique: mais les conquêtes stables ne sont pas du goût de ces peuples. Ils vivent dans des cabanes, faites de bois & de feüilles de Palmiers & d'autres Arbres épais, en plusieurs petits cantons de 30. 40. & 50. Cases. Ils embelissent leur tête avec des plumages, & les femmes mettent des Bracelets & autres ornemens à la mode de leur Pays. Ce Capitaine amena en France le fils d'un de leurs principaux Rois, à qui le pere donna pour l'accompagner un homme de 35. à 40. ans, appellé *Namon*, qui mourut en chemin, lequel avoit promis avec serment au pere de le ramener dans 20. Lunes, ou mois. Le dessein qu'il avoit en envoyant ce jeune homme, étoit afin qu'il fût instruit de la maniere dont on faisoit les armes à feu, qu'il apprit à les tirer, & qu'il connût de quelle maniere se faisoient plusieurs autres curiositez, comme, par exemple, les miroirs & quelques autres bagatelles qu'ils admiroient, ce qui fut l'objet de la condescendance que le pere eut à lui laisser faire ce voyage. Enfin ils partirent chargez de beaucoup de presens pour le Roi de France, qui consistoient en tout ce qu'il y avoit de plus estimable dans leur Pays & inconnu dans le nôtre. Mais à leur retour ayant trouvé tout interrompu, par les guerres civiles qui regnoient alors en France, ce jeune homme, qui apprit fort bien la civilité Françoise, fut élevé près du Capitaine, qui plusieurs années après se trouvant proche de la mort, & se reprochant de laisser sans appui un jeune homme en qui il reconnoissoit du merite, lui donna sa fille unique en mariage avec tous ses biens. Ce sang ne s'est pas encore tout-à-fait éteint, & il subsiste actuellement dans la famille des *Paulmiers*, dont le chef a fait un petit discours sur la nature de ces Terres, qu'il dédie au Souverain Pontife, l'exhortant à établir une Mission dans cette cinquiéme partie du monde.

Ferdinand de Quir donne aussi une petite relation des Terres Australes qu'il a découvertes au commencement du siécle précedent, mais on ne peut pas sçavoir au vrai, si elles sont les mêmes où le Capitaine Goneville avoit abordé : * il dit seulement que leur situation est à 15. dégrez de latitude Australe. Peut-être que ce sont celles qu'il appelle, *Isles de Salomon*.

» Les Terres que j'ai frequenté, (dit-il
» dans sa relation) sont à la hauteur du
» 15e. dégré Meridional, & elles surpassent

* Elles en doivent être très-loin, celles du Capitaine Goneville, sont au Sud du 35e. degré.

» en fertilité celles de notre Espagne. Tout
» ce Pays fourmille d'habitans, les uns
» blancs, les autres bruns, & quelques-uns
» même de la couleur de ceux qu'on appel-
» le mulâtres, ou demi noirs. Les uns ont
» les cheveux noirs & longs, les autres
» fort crepus & épais, & d'autres d'un
» blond doré & éclatant. Cette diversité
» fait connoître que les Nations de ce grand
» Pays, ont beaucoup de commerce ensem-
» ble, & qu'ils sont sous differens climats.
» Ces gens sont simples, & n'ont point
» d'autres armes que des massuës, javelots,
» arcs, & fléches, le tout de bois ; & ils
» n'empoisonnent point leurs armes. Ils ca-
» chent leur honte, & sont curieux de la
» propreté. Ils sont traitables, & d'humeur
» gaye. D'un naturel plein de reconnoissan-
» ce pour ceux qui leur font du bien, & du
» plaisir, ainsi que moi-même l'ai experi-
» menté. Leurs maisons sont de bois, cou-
» vertes de feüillages de Palmiers. Ils ont
» de la potterie de terre, ils sçavent faire
» des Etoffes, & divers ouvrages agréables.
» Ils polissent le marbre, ils ont des flutes
» & des tambours, & ils se servent de cuil-
» leres de bois. Ils ont des lieux destinez
» pour les prieres, & des cimetieres pour
» ensevelir les morts. Ils ont des jardins
» qu'ils divisent en parterres, & en com-

Tome I. P

» partimens d'une maniere fort ingenieuse.
» Ils font beaucoup d'estime des coquillages
» de nacres, aussi peut-on dire qu'elles leur
» tiennent lieu de fer & d'acier ; puisqu'ils
» en font des scies, des couteaux, des coins,
» & autres instrumens semblables. Ceux
» d'entre eux qui habitent des Isles, ont des
» Barques si bien faites & si commodes,
» qu'on peut juger qu'ils ont commerce
» avec des Nations plus policées. La Terre
» donne avec abondance trois especes de
» racines, longues & grosses, dont on fait
» du pain, (comme dans l'Amerique avec
» la Cassave,) qui est très-agréable au goût,
» & fort nourrissant. Ce Pays a d'excellens
» fruits, & en grande quantité. Il y a six
» differentes sortes de Bananes, quantité d'a-
» mandes, & plusieurs sortes de noix, de
» même que des citrons & des oranges
» dont nous avons mangé. Ils ont certains
» arbres qu'ils appellent *Obios*, qui produi-
» sent des fruits semblables au coing. Ils ont
» aussi quelques fruits, sur-tout des pom-
» mes, de la nature des nôtres. Ils ont quan-
» tité de cannes de sucre, une infinité de
» palmes d'Inde, & beaucoup de cocos,
» d'où ils retirent toute l'année du vin &
» de l'huile, de la toile, des cordages, &c.
» en un mot tout ce dont ils ont besoin.
» Ils ont plusieurs sortes de legumes, d'a-

» nimaux, d'oiseaux, & de poissons de la
» nature des nôtres, & une infinité d'au-
» tres que nous n'avons pas. J'y ai vû de
» l'argent & des perles. L'autre Capitaine de
» nôtre Flotte m'a assuré d'y avoir vû de
» l'or. Lui & moi nous y avons vû de la
» muscade, de la canelle, du gingembre,
» du poivre, & on y pourroit trouver des
» clouds de gerofle, puisque cette contrée
» est si riche en Epiceries, & qu'elle est pa-
» rallele aux Isles de Ternate & de Rachiam
» qui les fournissent.

Ce Capitaine fait ensuite plusieurs observations sur les Ports, les Bayes, Fleuves & Lacs, sur la bonté de l'air, & rapporte les cérémonies dont il se servit pour
prendre possession de cette Terre au nom
du Roi d'Espagne, son maître. Il parle du
Roi Tamaco, qu'il nous peint comme un
homme grave, avisé, & fort civil, lequel
lui fit entendre plusieurs particularités des
Isles voisines & de la Terre ferme de *Ma-
nicolo*. Ils emmenerent quatre hommes du
Pays, dont un seul resta, les trois autres
s'étant sauvez. Celui-ci, après avoir appris
l'Idiome Espagnol, conta une infinité de
particularités de son Pays & des lieux voisins, où il avoit été, & où il se fait une
riche pêcherie de perles ; particulierement
de l'Isle de *Cicayana*, dont il étoit origi-

naire, où les hommes se peignent de rouge comme les Ameriquains, & les femmes usent d'habillemens de soye fort longs. Cette flotte reconnut encore jusqu'au nombre de 23. grandes Isles, ausquelles Ferdinand de Quir imposa des noms, & elle visita trois Provinces de la Terre ferme, qu'elle appella les Terres Australes du *Saint-Esprit*, que quelques-uns croyent être ce qu'on appelle à present la *Carpentaria, & la nouvelle Zelande*. Ce qui ne paroît pas vrai aujourd'hui, qu'on a plus de connoissance de ce Pays.

Les mêmes choses furent affirmées au Conseil d'Espagne par l'Amiral de la Flotte, Ferdinand Paès de Las-Torrès, & par plusieurs autres. En effet, suivant les relations les plus récentes que nous avons de Rome, par quelques Missionnaires qui ont approché de ces endroits-là, on sçait que ces Terres sont très-étenduës, & ils prétendent même que toutes les Isles qui sont autour de ce nouveau continent, & le continent avec elles, ne sont pas moindres que l'Europe & l'Asie ensemble. Ils disent au surplus que ces Pays sont très-riches, très-fertiles & très-policés. Ils vantent aussi la puissance de leurs Rois, & la douceur des peuples, qui apparemment ne sont pas ceux dont Dampierre parle, & qu'il peint fort brutaux. Ils difent que les Hollandois y font un grand trafic & qu'ils en tirent de grandes richeffes pour des bagatelles de nôtre Pays; ne fe mettant point en peine de la Religion, craignant que cela n'effarouche ces peuples & n'interrompe leur commerce. Qu'avec ces manieres d'agir, ils vivent en bonne intelligence enfemble, & avec beaucoup de douceur, cachant autant qu'il leur eft poffible aux autres Nations le profit qu'ils en tirent, crainte qu'on ne vienne le leur enlever. Que les manieres de ces Nations font affez femblables à celles des anciens Peruviens, Mexiquains & de quelques autres peuples policez de l'Amerique, tant dans l'efprit & les mœurs, comme dans la magnificence. Ils ajoûtent que les plantes, les animaux, & plufieurs autres chofes font differentes des nôtres. Enfin que c'eft un monde nouveau, tout different de l'ancien. Au furplus, que les habitans des differentes contrées font voir une varieté égale à celle que nous avons trouvée dans les Pays nouvellement découverts en Amerique. Ce qui, à mon avis, ne doit pas nous étonner, puifque rien n'eft fi different que les manieres des François & des Efpagnols, & celles des Italiens & des Allemands, ou des Turcs & des Perfans, que nous appellons Nations civilifées, c'est-à-dire, tirées de cet état heureux de l'innocence du siécle d'or, duquel ces Sauvages joüissent encore.

Quoique les Chinois disent que leur Empire s'étendoit sur toutes les Isles & les Terres voisines; il est constant néanmoins, que lorsqu'on a découvert ces Pays, ils n'en avoient aucune connoissance, quoiqu'ils n'en fussent pas fort éloignez.

Voilà les Terres qu'on a découvertes depuis environ 200. ans, & on peut dire que par le moyen de la navigation & du commerce nous avons une plus grande connoissance des Pays de l'Asie, qu'on n'en avoit du tems de Pline, où on ne connoissoit que fort imparfaitement cette partie du monde. A présent nous connoissons assez bien la Chine & le Japon, quoique les Terres de Jesso nous soient encore inconnuës. On a une semblable connoissance de la Cochinchine, du Pegu, de Siam, & de beaucoup d'autres Royaumes dont il est inutile de rapporter les noms. Les Voyageurs & les Marchands curieux, comme Thevenot, Bernier, Tavernier, Chardin, & plusieurs autres, & particulierement les Missionnaires Jesuites & ceux des autres Ordres, nous ont donné par leurs relations une connoissance aussi exacte qu'il est possible, d'une infinité de Pays qui étoient presque tout-à-fait inconnus à l'antiquité; cependant il nous reste encore beaucoup de choses à connoître, non-seulement des parties Boreales de l'Asie, que l'Empereur Moscovite a ajouté à son Empire, mais même des Terres Septentrionales de l'Europe, qu'il semble que les Romains n'ignoroient pas tout-à-fait, puisque leurs Poëtes les ont décrites comme la demeure de Borée & des Aquilons, & qu'ils ont attelé au chariot de Neptune les mêmes animaux que l'on y trouve à present. En effet, les Marchands qui poursuivent les Baleines jusques dans ces climats de glace nous disent, que dans les mois de Juillet & d'Août, la pluye qui y tombe n'est que de la neige. Qu'on n'y voit nager que des montagnes de glace qui se détachent des rivages. Qu'on n'y voit que des Ours des Veaux marins, des Baleins, aussi-bien que des animaux qui ressemblent aux hommes, que les Poëtes ont nommez *Tritons*, & plusieurs autres semblables monstres dont ils ont embelli leurs poësies. A peine a-t-on quelque lumiere des habitans du Groenland, & de ceux de la côte de la mer glaciale, qui habitent la plûpart du tems sous terre, qui sont les Troglodites Boreaux, comme il y en a d'autres dans la Zone Torride, dont Pline fait mention, qui habitent des cavernes. Nous connoissons encore fort peu l'intérieur de l'Affrique, & nous avons connu la verité de ce que Pline avoit dit de certains peuples, qu'il peint, avec son stile délicat, semblables à des Démons, disant d'eux qu'ils sont ; *aspectu horribili, subterraneas domos inhabitant, quorum cibus sunt serpentes, vox sibilus.* En effet, ce sont les Caffres, les plus laids, & les plus sales de tout le genre humain. Leur visage est affreux, ils mangent des serpens, particulierement certains gros lezards, & leur langage n'est proprement qu'un sifflement, qu'eux seuls entendent. Ils habitent les cavernes des montagnes, quand ils en trouvent. Ils s'entortillent les jambes des boyaux sales des bêtes qu'ils mangent, & l'on dit que si l'on passe sur une place où une femme, qui a ses maladies, se soit arrêtée pour quelque besoin, on court risque de prendre quelque mal, tant elles sont infectées & ardentes.

Pour varier mon sujet, je joindrai ici une description que le Chevalier Walter Raleigh, Anglois, fait dans sa relation de Guiane, de certains peuples de l'Amerique, qui sont aussi monstrueux, que ceux dont je viens de parler sont sales & dégoûtans. ».* Les Indiens, dit-il, Habitans du *Caora*, » ont la tête toute d'une piéce avec les é-

* Tome 2. des voyages de Coreal, page 225.

» paules, ce qui est également monstrueux &
» incroyable, mais je tiens presque la chose
» pour veritable. (Il y a apparence que ces
peuples ont le col extrêmement court, &
peut-être aussi les épaules extrêmement hautes, soit que la nature les ait fait ainsi, ou que
l'art & l'industrie y ayent quelque part,
comme au nez des Mores qu'on écrase en
naissant. Quoi qu'il en soit, le goût de ces
Nations éloignées est fort bizarre par rapport au nôtre, car elles font souvent leur
beauté de ce qui nous paroît effroyable.)
» On appelle ces peuples *Ewaipanomas*, &
» il n'y a point d'enfant dans l'*Aronaija*,
» qui n'assure ce que j'écris dans ma rela-
» tion; que leurs yeux sont sur leurs épau-
» les, & leur bouche dans la poitrine. Le
» fils du *Topia Wari*, que j'amenai avec
» moi en Angleterre, m'assûra que c'est le
» peuple le plus puissant, & le plus re-
» doutable de tout le Pays; qu'ils ont des
» fléches & des arcs trois fois plus grands
» que ceux d'*Oronocoponis*. Un *Iwawequeti*
» en prit un prisonnier, il y a un an, &
» l'amena dans l'*Aronaija*. Comme l'Indien
» vit que je doutois de la chose, il me dit
» que personne n'ignoroit cela, & que ce
» peuple monstrueux faisoit beaucoup de
» ravage chez ses voisins, sur-tout depuis
» quelques années. Si j'avois eû le bonheur

» d'apprendre ces particularitez avant mon
» départ, j'aurois pû faire ensorte d'ame-
» ner avec moi un de ces hommes extraor-
» dinaires. Lorsque je retournai à *Comana*,
» je m'entretins avec un Espagnol de beau-
» coup d'experience, qui après avoir appris
» de moi que j'avois été en Guiane & jus-
» qu'à la riviere de *Charles*, me demanda si
» j'avois vû plusieurs de ces Acephales, &c.
J'ajouterai encore à ceci une autre relation
qui est dans Coreal, faite par le Capitaine
Keymis. » Le Cacique me dit que la fable
» de ces Acephales étoit fondée, sur ce que
» ces peuples se font par artifice des épaules
» extrêmement hautes, mettant au rang des
» beautés du corps cette taille bizarre & dif-
» forme. Ces prétendus Acephales s'appel-
» lent en langue Caribe *Chiparemias*, & en
» celle de Guiane *Ewaipanomas*. Je n'ose
» presque pas rapporter ce qu'il raconte de
» certains autres Caribes, entr'autres qu'il
» y en avoit qui ont la tête fort longue,
» & presque semblable à celle d'un chien;
» qu'ils se tiennent le jour dans la Mer,
» comme les Amphibies, & n'en sortent
» que la nuit. Je n'ai garde d'exiger que le
» Lecteur ajoûte foi à de semblables recits,
&c.

Les anciens ont cru, comme je l'ai déja
dit, que les Terres qui sont aux environs

de la ligne (*a*) étoient brûlées du Soleil & inhabitables. Mais on sçait à présent que ces Terres sont très-fertiles, & que les herbes en certaines saisons se trouvent tous les matins couvertes d'une espece de manne, ou de miel, dont on fait un grand commerce; & que la manne qui tombe dans l'Arabie, & particulierement celle du Mont-Liban est fort nourrissante. On sçait aussi qu'il y a dans l'Affrique plusieurs grands Empires; Car outre celui d'Ethiopie, il y a ceux du Mono-Motapa & du Mono-Emugi, les Royaumes de Congo, de Gingiro, de Maccoco, & beaucoup d'autres moins considerables. Que dans celui de Maccoco il y a des Boucheries (*b*) de chair humaine, pour ragoûter les riches & les personnes de la Cour, qui trouvent la chair des Esclaves qu'ils engraissent, plus délicate que celle des bêtes communes. On sçait que le siecle précedent la Reine d'Angole combattoit à la tête de ses Troupes, & que les Hollandois, que le gain attire par-tout, l'ont vû (pour me servir des paroles de Vossius) s'ennyvrer du sang de ses Ennemis. Qu'il y a aux confins de Maccoco des Pigmées, comme dit Pline, non pas qui combattent avec les Gruës, mais avec les Elephans qui

(*a*) On parle de l'Affrique.
(*b*) Vossius de Orig. Nil.

qui sont communs dans leurs bois. Que ces petits hommes ont l'adresse de tuer ces grands animaux, & d'en vendre les dents à ceux de Congo, qui les vevendent ensuite aux Marchands Etrangers. Voilà à peu près tout le peu que nous connoissons du dedans de l'Affrique, d'autant que ces peuples cruels ne donnent pas une entrée facile aux Nations, & on n'en sçait, que ce que les gens de la côte avec lesquels on trafique nous rapportent. J'ai dit, que nous avons peu de connoissance des parties Boreales de l'Asie, parce que les Moscovites qui ont soûmis la plus grande partie de ces peuples, qu'on comprend sous le nom de Scithes & de Tartares, & qu'ils nomment *Nouvelle Siberie*, parce qu'elle est contiguë à l'ancienne, ne permettent pas aux Etrangers de penetrer chez eux, si ce n'est à condition de ne plus retourner dans leur patrie, & même on ne sçauroit rien de ce grand continent, si à la fin du siecle précedent nous n'eussions sçu par le moyen des Jesuites, que les Moscovites avoient eu guerre avec les Chinois, & qu'un de leurs Peres avoit été député pour Plenipotentiaire,* afin de moyenner la paix entre les deux Empires qui confinent ensemble, & la contestation entre ces deux Puissances n'étoit provenuë que

* Lettre du P. Werbiester.

sur le droit que l'un & l'autre prétendoient avoir sur la pêche des Perles qui se fait dans la riviere d'Amour, qui n'est pas loin de la Mer Orientale. C'est par ce moyen que nous avons sçû que les Etats du Czar Moscovite s'étendent à present, depuis la Mer Baltique jusqu'à la Mer Orientale, l'espace d'environ 2000. lieuës; mais sa domination n'est que sur des peuples pauvres & sauvages.

Ce que Vossius rapporte de la Reine d'Angole en Affrique, qui combattoit elle-même à la tête de ses Armées, me fait souvenir des Amazones dont l'ancienne Histoire a tant parlé. Sçavoir s'il y a eû, & s'il y a actuellement de ces femmes; & d'autant encore que la plus fameuse riviere de l'Amerique retient aujourd'hui le nom de riviere des Amazones. C'est pourquoi je m'arrêterai un moment pour examiner s'il y a eû autrefois un Royaume des Amazones, ou de femmes guerrieres.

Des Amazones.

Cette riviere, qu'on appelle des Amazones, me donne occasion de faire une petite digression, qui peut-être ne déplaira pas à quelques personnes. Il est vrai que ceux qui ont écrit l'Histoire des Indes Occidentales, disent tous unanimement que ce grand fleuve a tiré son nom, à l'occasion qu'Oreillanes voulant s'enfuir en Europe, avec les richesses qu'il avoit derobées dans le Perou, & s'étant embarqué sur un Vaisseau convenable, il fut attaqué plusieurs fois en navigeant sur ce fleuve, par les Nations Sauvages qui habitent sur ses bords, & principalement en un certain lieu, * où le Comte de Pagan a prédit qu'il s'établira un jour la Capitale d'une des plus grandes Monarchies du monde.

Parmi les peuples donc qui attaquerent Oreillanes dans son passage, on remarqua qu'il y avoit quantité de femmes qui tiroient des flêches sur son équipage également comme les hommes. Et c'est, dit-on, ce qui fit donner à ce fameux fleuve le nom de riviere des Amazones.

Mais ce n'est pas ce que nous cherchons à connoître, il s'agit de penetrer quelque verité, sur ce que les Poëtes ont dit des Amazones, telles que sont celles qu'Homere fait venir au siége de Troye, accompagnées de leur Reine appellée Pantasilée; ce qui se trouve en quelque façon confirmé par Quinte-Curce, qui rapporte qu'une de leurs Reines, nommée Talestris, vint

*Comte de Pagan de la riviere des Amazones.

trouver Alexandre pour avoir un enfant de ce grand Prince. Racontant au surplus, que la maniere de vivre de ces femmes étoit d'aller dans certains tems chez leurs voisins, pour en avoir des enfans, desquels elles tuoient les mâles & conservoient les femelles.

Il y a apparence que les Poëtes, à leur ordinaire, ont ajoûté beaucoup de mensonges à la verité; car d'ailleurs il n'y a point d'impossibilité que des femmes, particulierement celles des montagnes du Caucase, où l'on place leur Royaume, étant élevées durement comme nos Païsanes, eussent la force de manier les armes, & le courage de combattre; parce que l'éducation est une grande maîtresse, & que si quelques femmes ont eu l'inclination guerriere, plusieurs autres peuvent avoir aussi les mêmes dispositions. J'ai vû à Paris une femme qui avoit servi longtems à l'Armée, sans que jamais personne eut soupçonné son sexe, jusqu'à ce qu'ayant été blessée à la poitrine dans une action, le Chirurgien qui la pansoit le reconnut à sa gorge, & le Roi Loüis XIV. en étant informé, la fit sortir des Troupes, & lui assigna une pension honnête pour vivre. Je l'ai vûë habillée en homme avec une juppe courte qui ne lui venoit qu'à la moitié de la jambe, & elle étoit alors assez avancée en âge. Tout Paris l'a vûe comme moi, & on la regardoit avec une espece de respect & d'admiration. Il est donc possible que plusieurs femmes ensemble, pour se soustraire de la domination tirannique des hommes, ayent choisi une maniere de vivre qui convenoit à leur génie & à leurs pensées. De nos tems, (dans le siécle précedent,) Anne Ginga (*a*) Reine d'Angole, (dit Vossius) (*b*) a été fameuse. Elle vivoit encore en 1650. Elle a combattu & vaincu en plusieurs batailles les Portugais & ceux de Congo. Les Hollandois (pour me servir de l'expression de Vossius) l'ont vûe s'ennyvrer du sang de ceux qu'elle tuoit. Elle nourris-

(*a*) Elle mourut âgée de plus de 80. ans en 1660. ou 1661.
Cette Reine ayant été dépoüillée par les Portugais d'une partie de ses Etats, fit alliance avec les Hollandois, & avec leur secours elle chassa les Portugais de presque tout le Royaume d'Angole. Mais ayant éprouvé bientôt que le voisinage de ceux qu'elle avoit appellez ne lui étoit pas plus avantageux que celui des Portugais, elle traita avec ces derniers, se joignit à eux, & par sa valeur & par ses intrigues, non-seulement elle réconquit son Royaume, mais elle sçut se venger de ses ennemis, subjuga les *Giagas*, & se vit maîtresse & souveraine d'un Royaume de 400. lieuës d'étenduë au milieu de l'Affrique. *Pref. du Voyage, Hist. d'Abissinie, du P. Lobo. imp. à Paris* 1728.

(*b*) Vossius de Flumin. Orig. page 67.

soit

soit dans sa cour plus de 60. jeunes garçons très-robustes, habillez en femmes, & qui formoient son serrail. Elle au contraire s'habilloit toûjours en homme, & se faisoit appeller Roi d'Angole. L'on raconte de grandes actions de cette femme, que les Missionnaires avoient convertie à la foi Chrétienne, quoiqu'elle mena toûjours son train ordinaire. Il est probable que d'autres femmes de sa Cour imitoient leur Reine, & ne la laissoient pas aller seule dans les dangers, d'autant qu'elle avoit le courage fort guerrier, & qu'elle étoit même assez cruelle pour une femme. Mais il faut dire quelque chose de plus.

Le Pere Archange Lamberti, Missionnaire de *Propaganda fide*, qui a demeuré longtems dans la Colchide & la Mingrelie, aux environs desquelles Provinces les anciens Auteurs placent les Amazones, * rapporte que dans une irruption que les Habitans des environs du Caucase firent contre les Moscovites, où les Agresseurs furent défaits, l'on trouva parmi les morts presque autant de femmes que d'hommes. Et il ajoûte ces paroles : » les Cosmographes » mettent les Amazones dans ces quartiers, » & dans l'étenduë qui est entre le Pont

* Le P. Lamberti dans la relation de la Mingrelie & de la Colchide.

Tome I. Q

» Euxin & la Mer Caspienne, un peu plus
» vers cette derniere Mer. Je ne m'éten-
» drai point sur ce que dit Plutarque qu'el-
» les tinrent tête à Pompée lorsqu'il pour-
» suivit Mitridate, ni de ce que Quinte-
» Curce nous conte d'Alexandre & de la
» Reine Talestris. Je dirai seulement qu'on
» écrivit du tems que j'y étois, au Prince
» de Mingrelie, qu'il étoit sorti des peu-
» ples de ces Montagnes qui s'étoient divi-
» sés en trois bandes ; que la plus forte
» avoit attaqué les Confins de la Mosco-
» vie, & que les deux autres s'étoient jet-
» tées sur le Pays des Suaves & des Cara-
» colis autres Nations du Caucase ; qu'ils
» avoient été repoussés, & qu'entre leurs
» morts on avoit trouvé quantité de fem-
» mes. Ils apporterent même à Dadian les
» armes de ces Amazones, belles à voir,
» & ornées avec une curiosité de femmes.
» C'étoit des Casques, des Cuirasses, & des
» Brassars faits de plusieurs petites lames
» de fer couchées les unes sur les autres, de
» maniere qu'elles obéïssoient ainsi fort ai-
» sément au mouvement du corps. A la
» cuirasse étoit attachée une espece de cot-
» te, qui leur descendoit jusqu'à demi jam-
» bes, d'une étoffe de laine semblable à no-
» tre serge, mais d'un rouge si vif qu'on
» l'eût prise pour une belle écarlatte. Leurs

» brodequins, ou bottines, étoient comme
» des petites papillotes, non pas d'or, mais
» de leton, percées par dedans, & enfilées
» ensemble avec des petites cordes de fil
» de chevre, fort déliées, & tissuës avec
» un artifice admirable. Leurs fléches étoient
» de quatre palmes de longueur, peintes ou
» dorées, & armées d'un fer d'acier très-fin
» qui ne finissoit pas en pointe, mais large
» par le bout de trois ou quatre lignes,
» comme le taillant d'un cizeau. Voilà
» ce que j'ai appris des Amazones, les-
» quelles, comme disent ceux du Païs,
» sont souvent en guerre avec les Tartares
» Calmouques. Le Prince Dadian promit de
» grandes recompenses aux Suaves & aux
» Caracolis, (ce sont des Circassiens,)
» pour avoir une de ces femmes en vie, si
» jamais il leur arrivoit en une pareille ren-
» contre d'en avoir entre les mains, &c.

Ce récit convient assez avec ce que le curieux Chardin nous dit dans son voyage de la Colchide sur les Amazones, lesquelles ne sont pas loin de-là, comme on l'a vû ci-dessus. » J'ai eû, dit-il, un entretien
» assez long sur ce sujet avec le fils du Roi
» de Georgie. Il m'a dit entr'autres choses
» qu'au-dessus de Caxet, à cinq journées
» de chemin vers le Septentrion, il y avoit
» un grand peuple, qu'on ne connoissoit

» presque pas, à cause qu'il étoit comme
» enfermé dans les montagnes du Caucase,
» si ce n'est qu'il étoit presque toûjours en
» guerre avec les Tartares Calmouques. Car
» il faut remarquer que toutes les Nations
» qui habitent dans le Caucase ne sont ja-
» mais en paix ensemble, & l'on n'avance
» guére de la faire avec eux, parce que ce
» sont des peuples Sauvages, qui n'ont ni
» foi, ni loi, ni police. Cela oblige ce Prin-
» ce de se tenir presque toujours sur ses
» Confins, pour repousser leurs courses,
» qu'ils font à la façon des Tartares. Il di-
» soit, qu'il croyoit que ce devoit être un
» peuple de Scithes errans, comme les Tar-
» tares, les Turcomans, les Arabes, &c.
» Que leur coûtume étoit de déférer la
» souveraineté aux femmes, (comme le font
» les peuples d'Achin dans l'Isle de Suma-
» tra, & ceux de Borneo) & que ces Rei-
« nes se faisoient servir par des personnes
» de leur sexe, qui les suivoient partout.
» L'on comprend bien qu'il falloit qu'elles
» montassent à cheval, & qu'elles fussent
» armées comme les hommes, parce que
» dans l'Orient (& dans beaucoup d'autres
» endroits) les femmes montent à cheval
» aussi bien qu'aucun homme, & les Prin-
» cesses portent toutes des poignards au
» côté. Quant à la mutilation des tetons,

DE L'UNIVERS. 189

» on peut croire que c'est un mensonge des
» Grecs mêmes, sans craindre de blesser la
» verité. Ces peuples du Caucase, sont ces
» fameux Huns & Alains, & c'est aussi par
» une Nation d'Amazones que ce petit
» Royaume de Caket a été ravagé dans le
» tems present. La Geographie ancienne &
» moderne les place au même endroit. Au-
» jourd'hui bien des gens en content des
» nouvelles, & on me fit voir chez le Prin-
» ce un grand habit d'étoffe de laine d'une
» forme toute particuliere, qu'on disoit a-
» voir servi à une Amazone, qui fut tuée
» auprès de Caket durant les dernieres guer-
» res. On pourra bientôt avoir des nou-
» velles de ces célebres Guerrieres, parce-
» que les Capucins de Tefis doivent y aller
» établir une Mission, &c.

Par le recit de ces deux Auteurs, on peut
conclure qu'il y a dans ces montagnes du
Caucase des femmes guerrieres, & d'autant
plus s'il est vrai ce que le Prince de Georgie
disoit, *que ces peuples déferent la Royauté
à des femmes*, & point aux hommes, ainsi
qu'il arrive en quelques endroits de l'O-
rient, ce qui doit donner sans doute de
l'émulation & du courage aux autres femmes, qui ne laisseront pas aller leur Reine
seule aux dangers de la guerre, particulierement celles qui approchent sa person-

ne, ou qui aspirent à faire fortune. D'autres y doivent aller pour suivre leurs maris, ou leurs parens; d'autant plus qu'il y a apparence, que dans ces montagnes les femmes ne sont pas accoûtumées à la molesse de nos villes, mais qu'elles travaillent & labourent comme nos païsanes, sans craindre les fausses couches quand elles sont grosses.

L'on peut compter peut-être le surplus comme un embellissement de la Poësie, qui a voulu rendre agréable le tableau de ces femmes guerrieres, & qui nous les a dépeintes aussi comme très-belles & très-gracieuses, avec quantité d'autres agrémens qui rendent les Ouvrages des Poëtes si beaux, & ausquels seuls le mensonge agréable & la fiction sont permises. Particulierement d'avoir dit encore que ces femmes vivoient sans hommes, & qu'elles alloient en certain tems de l'année chez leurs voisins, pour faire des enfans avec eux. Voilà ce que j'ai crû pouvoir dire de plus sûr & de plus apparent, tant des Amazones, que des Terres que nous connoissons à présent, & qui sont au moins le double de celles qu'on connoissoit du tems que Pline écrivoit, ce qui m'a excité en partie d'entreprendre cet Ouvrage, dans lequel je tâcherai de ne rapporter que les choses les plus sûres & les plus averées par de bons Témoins oculaires.

J'ajouterai encore ceci aux Terres découvertes; c'est-à-dire, que pour les diverses Mers qui couvrent une partie de la Terre, à proprement parler il n'y en a qu'une, qui est l'Ocean, les autres Mers, comme la Baltique & la Mediterranée, n'étant que des branches de cette grande Mer, de laquelle nous aurons occasion de parler plus au long dans la suite.

Mais avant que de finir cet article, je dirai que nous ne connoissons pas encore parfaitement le Globe ou l'Astre de la Terre, & qu'on ne peut pas dire s'il y a plus d'eau qui couvre la Terre, ou bien plus de terre sur laquelle on puisse marcher à pied sec. Peut-être que le tems viendra que l'homme curieux sera encore satisfait sur cet article, quoique les lieux proches du Pole Austral doivent être aussi difficiles à pratiquer, que ceux du Pole Boreal, d'autant qu'on ne peut pas douter du rapport d'un Illustre Voyageur Anglois, * lequel ayant passé au-delà du 50e. degré Austral trouva de la glace dans ces Mers;

* M. Halley, premier Astronome d'Angleterre.

quoique cependant Americ Vespuce qui a été jusqu'au 55. n'en ait pas trouvé; mais peut-être que c'étoit dans une saison plus favorable. *

C'est ce que je puis dire en général de cet Astre où nous habitons, duquel j'ai lieu de soupçonner que si ses vapeurs ou influences parviennent aux autres mondes, il doit les infecter d'influences malignes, comme l'on dit que Saturne & Mars font à notre égard; étant persuadé que les vapeurs de l'astre de la Terre ne peuvent être que malignes & malheureuses, puisque ceux qui l'habitent sont eux-mêmes autant malins que malheureux. Car que peut-on juger des vapeurs de tant de feux que la Terre nourrit dans son sein, de tant de minieres de divers soulphres, arsenics, orpimens, & autres mineraux. Il n'y a qu'à voir combien d'animaux venimeux la Terre nourrit, combien de bêtes feroces & mal-faisantes, & sur-tout l'homme, lequel est sans doute le plus malin & le plus mal-faisant de tous les

* Frezier, dans sa relation de la Mer du Sud, parle des glaces qu'ils trouverent par les 58. degrez 40. minutes de latitude, & par les 68. degrez 22. minutes de long. Occid. Une de ces glaces, entr'autres, étoit si grande, qu'elle paroissoit comme une côte rangée de quatre à cinq lieues de long. *Tom.* 2. *pag.* 502. *&* 503. *Edit. d'Amsterd,* 1717.

animaux,

animaux, étant toujours dans une guerre continuelle avec ceux de sa propre espece, & qui plus est ne se pardonnant pas même souvent à lui-même ; toujours dans le tourment, & tourmentant les autres, soit ou les hommes, ou les autres animaux, n'épargnant pas même les arbres, desquels après en avoir cüeilli les fruits, il se sert pour faire du feu. Souvent il est plus cruel que les lions & les tigres ; plus vorace que les loups, & plus traître & plus venimeux que les viperes, & les scorpions. Mais parce que je parlerai de l'homme dans la suite de cet Ouvrage, & sans le flatter, comme on a fait jusqu'à present ; je repeterai seulement, que cet astre qui exhale tant de vapeurs malignes, dans lequel s'allument si souvent tant de feux, qui produisent dans l'air cette varieté de Meteores qu'on y remarque, cet Astre, dis-je, où il y a tant de tempêtes & d'agitation, ne peut être qu'extrêmement malin, comme il paroît par les choses qu'il alimente.

Mais laissant cela à part, nous remarquerons seulement qu'on trouve que ce Globe, pour peu qu'on creuse la Terre, est composé de plusieurs & differentes couches, ou lits de pierres, qui lui servent comme de cartilages pour l'affermir, & lui donner une solidité convenable, qui puisse resister aux

Tome I.   R

mouvemens que ce Globe doit faire. L'on observe en fouillant la Terre, qu'elle contient divers compartimens de pierres, & de fables, ou d'autres substances tenantes, soit métaliques, ou bitumineuses, ou d'autre propre à donner quelque consistance aux parties de la Terre. L'on prétend avoir remarqué en Angleterre, que ces lits differens sont placez suivant l'ordre de la gravité, & M. Derham veut avoir verifié ce fait, par ses experiences du 11. Avril 1712. Il fit creuser en divers lieux, & lorsqu'on eut tiré la premiere terre, on trouva de la glaise plus legere que le sable ; on trouva ensuite une autre espece de glaise sur laquelle l'eau court.

Que dans son champ qu'il creusa en trois lieux differens, après la terre commune, il trouva, sans trop creuser, un lit profond de seul sable, &c. Mais je croirois, avec le Docteur Leiph, que cette regle n'est pas bien sûre, pouvant arriver que de certaine terre grasse se forme quelque pierre dure, & cache ou quelque metal, ou mineral, qui pesera plus que le sable ou autre matiere qu'on trouvera après. Car suivant les dispositions des Terres, elles contribuent à former plûtôt une chose qu'une autre.

L'experience de M. Schenchezer confirmeroit mon opinion. Il dit avoir vû une mine de charbon de pierre formée de plusieurs couches, où il y avoit alternativement une couche de pierre & une autre de charbon, & au dessous de la plus profonde couche, on voyoit une marne cendrée pleine de coquillages *comme toutes les mines de charbon d'Angleterre.* Il y a même parmi le charbon des fragmens de coquillages blanchâtres, qui semblent avoir été calcinez par le feu. Ce qui prouveroit mon opinion que se faisant des générations nouvelles dans la terre, suivant les dispositions de la même terre, il est difficile de croire que l'ordre de gravité soit toûjours conservé ; en quoi consiste la dispute de ces Sçavans. Au reste, il est constant que les plus grandes parties du dedans de la Terre sont plus solides que la superficie qu'on cultive, & qu'on y trouve des pierres de diverses sortes, de differentes substances metalliques, qui avec d'autres semblables générations, desquelles je parlerai dans peu, rendent le globe de la Terre solide & résistant à tous les mouvemens qu'il fait, soit l'annuel, ou le diurne.

L'on voit même dans les chemins & dans plusieurs autres endroits où la terre s'éleve, aussi bien que dans ceux où elle s'éboule & se découvre, plusieurs couches de pierres, lesquelles, autant que je l'ai pû remarquer, sont ordinairement posées horisontalement,

& quelquefois verticalement. Ce qui me pourroit faire croire que le cours de la matiere étherée rase l'horison, coulant d'un Pole à l'autre, & que quelquefois les exhalaisons qui viennent du fond de la Terre sont assez vives, pour faire qu'en s'élevant vers le Ciel, elles disposent les couches des pierres vers le Zenith, suivant que ces exhalaisons petrifiantes montent du centre vers le Ciel.

Mais ces pierres qui sont dans la Terre & qui font une partie de sa consistance, nous invitent à chercher de quelle maniere, en sortant de son sein, elles s'élevent & forment des montagnes, qui montent si haut au-dessus de sa superficie, & de connoître par quelle vertu ces montagnes peuvent s'être formées de la maniere qu'on les voit.

Chapitre II.

Des inégalitez de la superficie de la Terre, ou des Montagnes; & de leur origine.

LE globe de la Terre n'a pas seulement les inégalitez que Messieurs Newton, Cassini, & Maraldi lui donnent par des experiences incontestables de Geometrie; il y a encore quelque chose de plus sensible au commun des hommes, c'est l'inégalité visible de sa superficie, formée par les montagnes grandes ou petites dont tout le globe terrestre est parsemé.

Une grande partie de ces montagnes sont placées de maniere, qu'il semble qu'elles ayent été mises les unes sur les autres, & que dans la suite étant glissées elles ont formé une espece de cascade. Les Anciens Philosophes ont dit en parlant énigmatiquement des montagnes, que ces enfans de la Terre s'élevant vers le Ciel paroissent vouloir l'escalader, d'autant qu'on remarque que les pointes des plus hautes sont presque toutes au-dessus des nuës: & qu'elles sont au surplus sujettes à être foudroyées, suivant ce beau vers d'Horace, si conforme à la verité,

Feriunt altos fulmina montes.

Ce sont ces considerations, qui ont donné lieu aux Poëtes d'inventer la fable des Geans fils de la Terre, qui avoient tâché de mettre montagne sur montagne pour escalader le Ciel, afin d'en chasser les Dieux; mais Jupiter qui les renversa à coups de foudre, les enterra sous les mêmes montagnes qui avoient été les instrumens de leur entreprise audacieuse, & sous lesquelles ils vomissent encore aujourd'hui des flammes de colere contre le Ciel, comme le Guarini l'a chanté du Geant que les Poëtes ont feint être renfermé sous le Mont Etna en Sicile.

La dove sotto alla gran Mole Etnea
Non sò se fulminato, ò fulminante.
Vibra il fiero Gigante,
Contro il Nemico Ciel fiamme di sdguo.

En effet, on voit la plûpart de ces montagnes si près les unes des autres, qu'on diroit volontiers qu'elles ont été entassées l'une sur l'autre, & qu'elles ont glissé dans la suite de la maniere qu'on les voit à present.

La plûpart de ces Montagnes sont des rochers fort durs, & avec peu ou point de terre fertile, de maniere qu'ils restent sans culture, si ce n'est en quelques endroits où il est resté de la terre, où la nature toûjours active produit quelques arbres sauvages, qui ont le loisir de croître sans être incommodez des habitans, parce que ces rochers ne fournissent pas de quoi repaître les animaux.

La nature a pourvû la terre de ces montagnes, comme elle a donné des os aux animaux pour se soûtenir: car sans ces pierres qu'on voit au dehors, & qui sont encore en plus grand nombre au-dedans du globe terrestre, il ne pourroit que très-difficilement se soûtenir & avoir une consistance propre à résister aux mouvemens dont il est emporté, puisqu'il ne seroit que simple poussiere, incapable de resistance aux mouvemens qu'il fait, ni à ceux de l'air, & il se dissiperoit par le mouvement ordinaire qu'il a sur son axe en 24. heures, sans parler de l'autre mouvement bien plus grand qu'il fait en un an autour du Soleil. En effet il n'est pas douteux qu'un seul de ces mouvemens seroit capable d'y apporter quelque confusion, si ce globe n'avoit, aussi-bien que les autres, une solidité capable de résistance, nonobstant laquelle nous voyons tous les jours, & nous le verrons plus au long, que le liquide de l'eau qui s'appuye

R iiij

dessus ne laisse pas d'empieter sur ce globe, couvrant peu à peu les parties qui n'en étoient pas couvertes ; mais nous ferons de ceci un Chapitre separé, parce qu'il est fort important de connoître les changemens qui arrivent à ce globe par la succession des tems.

La disposition naturelle des montagnes qui s'étendent souvent fort loin, la plus grande partie d'Orient vers l'Occident, suivant l'observation de Messieurs les Academiciens de Londres, (ce qui neanmoins n'est pas toûjours vrai,) a donné occasion au pere Kirker d'imaginer que cette longue suite de montagnes que l'on voit sur la terre, a quelque chose de semblable aux Zônes qu'on décrit sur la Sphere, y en ayant qui décrivent des lignes paralleles à l'Equateur, & aux autres cercles semblables ; d'autres au contraire, s'étendant d'un Pole à l'autre, semblent marquer des Meridiens. Il est vrai que cela n'est pas d'une précision geometrique, aussi ne faut-il prendre ceci que comme une apparence, qui ne laisse pas de faire voir qu'elle a quelque ressemblance avec la verité. Ainsi il ne faut pas croire que les lignes que ces montagnes forment, soient des lignes paralleles geometriques, ou qu'elles soient précisément dessous ou paralleles à l'Equateur, mais à peu près.

La premiere ligne que les montagnes forment n'est pas fort éloignée de l'Equateur, elle commence aux *Monts de la Lune*, & traversant l'Affrique elle s'étend jusques dans la Guinée où la Mer les couvre, hors quelques-unes, qui élevant leur tête hors des ondes forment des Isles. Une autre ligne presque parallele, est celle qui forme les *montagnes d'Atlas*, lesquelles vont se joindre de la Mer Atlantique à celles qui renferment l'Egypte. Dans l'Europe, on voit une autre ligne de montagnes, qui commence dans la Biscaye & s'écoule vers l'Orient, formant les fameux *Pirenées*; & s'étendant (moins hautes à la verité) dans les Sevennes, elles se joignent aux *Alpes* des Suisses, d'où s'étendant par la Macedoine & dans la Gréce, sous le nom de *Mons Argentaro*, qui s'en va par la Thrace, cette chaîne de montagnes se perd enfin dans la Mer Noire qui cache le reste. On pourroit dire avec quelque raison qu'elle reparoît ensuite dans l'Asie mineure sous le nom de *Taurus*, ou de *Caucase*, jusqu'à la Chine, d'une partie desquelles montagnes cette Nation a formé une portion de cette fameuse muraille, dans laquelle ce grand Empire paroît s'être renfermé; & suivant encore cette même ligne plus avant, elle semble reparoître dans les Isles du Japon,

& se termine enfin dans la terre de Jesso, où sont bornées nos connoissances. Il y a aussi des montagnes qui s'étendent depuis le Dannemarck, par la Suede & la Moscovie le long de la Mer glaciale, jusqu'à la Mer Orientale.

Ces cinq lignes, dont on pourroit dire, qu'elles enferment autant de Zones, sont coupées par d'autres lignes de montagnes, qui s'étendent pour ainsi dire d'un Pôle à l'autre, comme les Meridiens. Une des plus droites & des plus connuës est celle qui commence au détroit de Magellan, & qui traversant le Chili & le Perou, sous le nom de montagnes *des Andes* & *de las Cordeilleras*, s'étendent ensuite dans le vieux & le nouveau Mexique, & parcourent enfin l'Amerique Septentrionale, en montagnes plus ou moins hautes, jusqu'au Pole Artique. Il y en a encore une, qui commençant en Sicile, vient traverser l'Italie qu'elle coupe en deux, sous le nom *des Apenins*, & passant par les Alpes se joint aux petites montagnes de la Forêt noire, s'étendant par la Boheme & par le reste de l'Allemagne, & déclinant un peu à gauche dans les Monts de la Norvege, elle continuë jusques dans la Laponie, où la Mer cache une partie du reste de cette ligne.

Une autre ligne, semblable à un Meridien, commence par le Cap de Bonne-Espérance en traversant l'Afrique, & forme cette liziere, que les gens du Pays appellent *l'Epine du dos de la terre*, par la ressemblance qu'ont ces monts qui se suivent avec les vertebres des animaux, lesquels monts se joignent aux montagnes de l'Ethiopie & du Royaume de Sennar, continuant avec celles entre lesquelles passe le Nil, & vont se cacher dans la Mer, hors de laquelle quelques-unes levent la tête & se font voir, formant l'Isle de Chipre, & continuant dans l'Asie mineure, le long des côtes de la Mer Caspienne, s'unissent avec les monts *Riphées*, que l'on a appellez les *Ceintures de la Terre*. Comme le Globe terrestre est rempli d'une infinité de montagnes, les unes plus hautes, les autres plus basses, le Lecteur en considerant un grand Globe, où les montagnes sont bien marquées, (chose rare,) pourra former facilement d'autres cercles Meridiens, semblables aux précedens; & considerer en même tems que la direction des montagnes ne suit pas toûjours le cours du Soleil, mais qu'elles s'étendent encore très-souvent d'un Pole à l'autre, comme les Meridiens de la Sphere artificielle.

Je ne puis assez repeter ici (& l'on me pardonnera) que ces cercles, ou Zones, se doivent prendre non à la rigueur geometrique, mais par une espece de similitude, puisque quasi toute la Terre est remplie de ontagnes grandes ou petites.

L'on demandera peut-être de quelle maniere ces montagnes ont été produites ? le Pere Kirker avec plusieurs autres se tirent facilement d'embarras en disant, que Dieu en créant le Globe terrestre l'a formé raboteux, & avec les montagnes telles qu'on les voit. Mais quant à moi je ne suis pas tout-à-fait du même avis, étant d'une opinion qui peut-être paroîtra extravagante, au premier abord, à la plus grande partie de ceux qui liront mon Ouvrage. C'est que je suis porté à croire que les montagnes vegetent, & qu'une partie de celles que nous voyons à present ont vegeté sur la terre comme les arbres, & j'ai plusieurs raisons pour appuyer la croyance où je suis de la vegetation des pierres, & par conséquent les montagnes qui sont de pierres, quoiqu'elles soient beaucoup plus dures que le bois : mais cela ne fait rien à la chose. Ce qui surprendra peut-être le Spectateur, c'est qu'il n'est pas facile de comprendre qu'un rocher puisse s'élever, & vegeter à sa maniere, parce qu'on ne voit pas quand il se forme, mais bien quand il est déja formé. Car de même que celui qui verroit un morceau de corail aussi dur & brillant qu'il est, seroit étonné, n'en ayant point d'autre connoissance, si on lui disoit que c'est une plante qui vegete dans la Mer; semblablement aussi une personne qui voit une montagne toute faite & formée, a raison d'être surprise, quand on lui dit qu'elle n'est parvenuë à une telle grandeur qu'en vegetant comme un arbre.

Il faut donc faire réfléxion que la vegetation d'une pierre, ou d'une montagne, se fait par le moyen de l'humide mêlé avec des parties terrestres, lesquelles sont poussées par la chaleur, qui meut & enfle l'une & l'autre matiere ainsi mêlées, & que l'humide s'évaporant dans la suite, il reste le corps dur, lequel ne vegete plus. Pour mieux me faire entendre, considerons la vegetation d'un arbre; il ne croît que par l'humidité de la seve qui porte avec elle des particules terrestres, lesquelles restent accrochées l'une avec l'autre: mais aussi-tôt que cette humidité se dessèche, il ne reste que le tronc dur de l'arbre, qui n'est pas à la verité si dur que la pierre, mais cependant il l'est assez pour nous donner une idée que c'est de la même maniere que se fait la vegetation des pierres; c'est-à-dire qu'elles ne vegetent plus, lorsque l'humidité est tout-à-fait dessechée, & que la chaleur interne, qui l'agitoit auparavant ne peut plus s'étendre & se dilater, à cause de la résistance que lui fait la dureté & la consistance de la terre, qui domine dans ce corps trop ferme & trop dur. C'est pourquoi le corail, qui est une veritable plante, ne croît plus, & ne vegete pas davantage, quand la matiere terrestre qui le compose est parvenuë à un tel point, que prédominant sur l'humide sa consistance est trop dure, & qu'elle empêche que la chaleur active ne puisse plus dilater le peu d'humidité qui est encore dans cette plante, comme en plusieurs autres qui se petrifient, & dont nous parlerons dans l'article des plantes curieuses. Ceux qui verront une corne de bœuf, de cerf, ou d'autre animal, détachée de leur tête, à peine pourroient ils croire que ces cornes si dures ayent pû vegeter, néanmoins il n'est rien de si vrai.

Une des choses qui étonne le plus, c'est de voir que ces rochers sont très durs, & tout-à-fait denués de terre molle. Cependant cet étonnement cessera, lorsqu'on fera réflexion que toutes ces montagnes étoient couvertes de terre, mais que les pluies, ou les neiges en se fondant l'ont emporté avec elles dans les vallées, & que ces rochers pour la plûpart sont restez ainsi denuez de terre fertile. Ce qui paroîtra encore plus visiblement, si l'on fait attention que dans la plus grande partie de ce Globe, à peine trouve-t-on encore à quelques pieds de profondeur des terres labourables, & que l'interieur du globe de la Terre n'est composé d'ordinaire que de pierre ou de sable prêt à le devenir.

On est encore bien plus étonné, en considerant que plusieurs de ces montagnes s'élevent très-haut, & quelques-unes mêmes élevent leurs sommets au-dessus des nuës, ce qui fait qu'on ne conçoit pas comment cette terre a pû s'élever à une hauteur si prodigieuse.

Mais cet étonnement cessera dès qu'on voudra considerer, que cette élevation qui nous paroît si grande, parce que nous sommes fort petits en comparaison des montagnes, n'est à l'égard du globe de la Terre, que comme des porreaux, ou des louppes à l'égard de notre corps. En effet, qu'est-ce qu'une montagne, dont la plus haute à peine a trois ou quatre lieuës perpendiculaires, comparée à la masse du globe terrestre, dont le diamettre est d'environ 3000 lieuës. Un porreau est donc plus grand comparé à notre corps, que la plus haute montagne comparée au globe terrestre.

Il y a encore une raison qui donne lieu de croire que les montagnes naissent, c'est qu'elles sont sujettes à la destruction & à la mort. Pour peu qu'on ait voyagé & traverſé des montagnes, on voit cette verité. J'en ai vû, en paſſant les Alpes, qui par la vieilleſſe ſe réduiſoient en morceaux, à peu près de même que la chaux vive ſe rompt & ſe réduit en petites parcelles, lorſqu'elle reſte expoſée à l'air; j'ai vû, dis-je, de grandes montagnes crevées de la ſorte, qui pour ainſi dire pourriſſoient comme un corps mort, ſe réduiſant en petits morceaux, & ceux-ci avec le tems en d'autres plus petits, & pluſieurs déja réduits en pouſſiere devenus propres à être cultivez, & revenir ainſi au principe d'où la montagne avoit tiré ſon origine. Or ce qui arrive à quelques-unes, arrivera ſans doute à toutes avec le tems, & la terre reſteroit ſans montagnes, ſi d'autres ne ſe produiſoient à leur place, parce que la deſtruction & la corruption d'une montagne eſt ſuivie de la génération d'une autre.

Mais, me dira-t-on, nous ne voyons pas que les montagnes s'élevent comme vous le dites, & qu'elles vegetent ſur la terre. Je demande à mon tour quand une plante ou un arbre vegete, ſi l'on voit de quelle maniere il croît? Voit-on croître le poil de notre barbe, ou les cheveux, ou les ongles au bout de nos doigts? Non certainement, parce que cette augmentation ſe fait d'une
maniere

maniere si lente, qu'elle est imperceptible aux sens. Or la vegetation des montagnes se fait encore plus lentement, & il n'y a point d'âge d'homme, à moins d'y prendre garde de bien près, qui puisse l'appercevoir. Cependant pour rendre la chose plus sensible, je vais tâcher d'en donner un exemple.

Je suppose qu'une colline soit à present de la hauteur seulement de cinq cens pas perpendiculaires, plus ou moins. Je suppose encore, que la chaleur étherée qui est au-dedans de la terre la souleve peu à peu insensiblement, de maniere qu'elle s'éleve comme un porreau sur la peau de la main, & qu'en cent ans cette colline ne croisse en hauteur que de dix pas. Quel est l'homme qui a pu connoître cette difference au milieu d'une vaste campagne. Il croit sans doute que ce lieu a toûjours été tel qu'il est, & il meurt avec cette opinion. De même les enfans qui sont nez de lui, ou d'autres, voyent cette colline sans faire beaucoup d'attention. Cependant cette terre en mille ans est crûë de cent pas, & tous ceux qui sont nez dans ces mille ans, la laissent à peu près à leurs descendans, comme ils croyent l'avoir trouvée. C'est ainsi que les montagnes par le progrès du tems s'élevent à une hauteur si grande, pourvû qu'en croissant le dedans de la terre soit assez mou, & qu'elle ne se durcisse pas de façon que le feu, ou la chaleur éthérée qui agit & qui souleve la terre, ne trouve pas une résistance trop grande, car dans ce cas la montagne ne sçauroit croître. Il est en quelque maniere visible que les montagnes croissent, comme je l'ai dit, par l'esprit interne qui peu à peu souleve & dilate l'eau avec la terre, en ce que l'on voit que la plûpart des montagnes finissent en pointe piramidale, qui est la figure du feu.

Mais pourquoi chercher à donner des raisons sur un fait dont nous avons des experiences certaines, qui valent mieux que tous les raisonnemens humains. Auparavant de passer à ces preuves, je veux raconter ici une chose qui nous y conduira naturellement.

En allant à Montargis, je passai sur le bord de cette vaste plaine, au-delà du Village du Coudroit vers Fontainebleau, qui est toute parsemée de petits rochers, qui s'élevent de terre à la hauteur d'un médiocre arbrisseau, quelques-uns même plus bas, & d'autres plus haut qu'un homme. Je consideroix ces rochers avec attention, & je faisois là-dessus quelques réflexions, lorsqu'une personne qui étoit avec

moi m'interrompit, en me disant : » Mon-
» sieur, ces rochers que vous voyez, sont
» crûs ici comme les arbres, & ils ont des
» racines sous terre aussi profondes que ceux-
» ci en peuvent avoir. Je lui demandai
comment elle sçavoit cela ; à quoi elle me
répondit, que dans son Pays, qui étoit
vers la Champagne, il y avoit quelques
carrieres dont on tiroit de la pierre, &
qu'après en avoir tiré une quantité, l'on
trouvoit de l'eau qui empêchoit de foüiller
davantage ; mais qu'au bout de cinq ou six
ans la pierre revenoit de nouveau beaucoup
au-dessus de l'eau, & l'on attendoit qu'elle
fût assez élevée pour la couper encore, ce
qui continuoit depuis plusieurs centaines
d'années. (*a*) Par cette Histoire, on peut
voir qu'il y a des lieux, où la vegetation des
pierres est sensible. Par exemple dans la
Province de Kent, en Angleterre, (*b*) dans

(*a*) Dans le Rovergue, Généralité de Mon-
tauban, il y a des endroits d'où l'on tire l'Ardoise, qui vegete également comme ces pierres.
Quand on a creusé jusqu'à une certaine profondeur, & qu'on ne trouve plus que de l'Ardoise
trop mince & trop tendre pour les Ouvrages où
on l'employe, on abandonne le trou pendant 5.
à 6. ans. Au bout de ce tems on revient dans
le même endroit, & on y trouve de nouvelle Ardoise aussi bonne que la précedente. Ce qui se
continuë depuis un tems immémorial.

(*b*) Théâtre du monde du Pere Boussigault.

un lieu appellé Tender, il y a un rocher, d'où à mesure qu'on en ôte un morceau, soit qu'on le coupe avec le fer ou de quelque autre maniere, il vegete & repare la perte qu'il a faite. Je ne doute pas qu'il n'y ait auprès de ce rocher quelque reservoir d'eau, qui puisse lui fournir l'humidité, mêlée avec une matiere terrestre & saline, qui le fait croître à mesure qu'on en ôte quelque partie ; de même que les arbres repoussent les branches qu'on en coupe, par l'humidité de la seve qui fournit la matiere pour former un nouveau tronc. Il y a dans le Rovergue deux petits rochers, * qui ne sont à present qu'à une très-petite distance l'un de l'autre, quoiqu'ils fussent autrefois plus éloignez, lesquels croissent & s'approchent sensiblement ; je n'assure sur ce fait, que ce que j'ai oüi dire à gens du Pays même, où l'on dit par maniere de raillerie, qu'il y a une Prophetie qui prédit, que quand ces deux rochers se joindront entierement, les femmes perdront tout-à-fait la pudeur. Les railleurs ajoûtent, que cela n'est pas fort éloigné, puisque ces deux rochers ne seront pas longtems sans se toucher. Néanmoins je crois qu'on peut dire en faveur des Dames, que la Prophetie

* On les appelle *Rocus Cesaris*, & en langage du Pays *Roque-Ceziers*.

tout au contraire est très-bien faite ; c'est-à-dire, qu'on verra plûtôt les montagnes se joindre ensemble, que les femmes ne perdront cette pudeur qui leur est si naturelle, & à laquelle la tirannie des hommes les assujettit, dans la crainte d'en être importunées, ayant contracté avec elle une habitude qu'elles ne quitteront jamais.

Mais pour venir à des faits plus certains, je vais rapporter ce que le sçavant M. de Tournefort a observé de la fameuse caverne de l'Isle d'Antiparos, une des Isles de l'Archipel, qui prouvera encore plus clairement ce que j'avance, & je rapporterai mot à mot ses propres paroles.

*» Cette Isle, quelque méprisable qu'elle paroisse, renferme une des plus belles choses qu'il y ait peut-être dans la nature, & qui prouve une des plus grandes verités qui soit dans la phisique, sçavoir la vegetation des pierres. Nous voulûmes nous en convaincre par nous mêmes, &c. Et après quelques lignes, il fait la description de toute cette grotte, qu'il divise en deux parties ; c'est-à-dire, en ce qui se presente d'abord en haut, & ensuite dans ce que l'on voit lorsque l'on penetre dans l'interieur & le bas de la grotte.

*Relation d'un voyage fait dans le Levant, par ordre du Roi, Tome I.

» Une caverne rustique (poursuit-il) se
» presente d'abord... Ce lieu est partagé
» en deux par quelques pilliers naturels,
» (qui sans doute ont vegeté de bas en
» haut comme les autres qu'on verra,) sur
» le gros desquels, qui paroît comme une
» tour attachée au sommet de la caverne,
» par une pente rude, &c. On descend par
» un précipice horrible à l'aide d'une échel-
» le, &c. On continuë à se glisser, &c. &
» on trouve le reste d'une échelle que M. de
» Nointel, autrefois Ambassadeur de Fran-
» ce à la Porte-Ottomane, y avoit fait
» planter, mais comme elle étoit à demi
» pourrie, on en fit apporter une neuve...
» Après tant de fatigues & de précipices
» évités, on entre dans cette admirable
» grotte. Les gens qui nous conduisoient
» comptoient 150. brasses de profondeur,
» (notez bien,) depuis la caverne superieu-
» re dont j'ai parlé, jusqu'à l'Autel qui est au
» fond de cette caverne. Et autant depuis
» cet Autel, jusqu'à l'endroit le plus pro-
» fond dans lequel l'on puisse descendre.
» Le bas de cette grotte, sur la gauche,
» est fort scabreux, à droite il est fort uni,
« & c'est par-là que l'on passe pour aller à
» l'Autel, ainsi appellé depuis que M. de
» Nointel y fit célébrer la Messe. De ce
» lieu là, la grotte paroît avoir 40. brasses

» de hauteur sur 30. de large. La voûte est
» assez bien taillée, relevée en plusieurs
» endroits de grosses masses arrondies, les
» unes hérissées de pointes semblables à la
» foudre de Jupiter, les autres bossuées ré-
» gulierement, d'où pendent des grappes
» de festons & des lances d'une longueur
» surprenante. A droite & à gauche, ce
» sont des rideaux & des napes qui s'é-
» tendent de tous sens; & dans les côtez,
» des espèces de tours cannelées, vuides
» la plûpart, comme autant de ca-
» binets pratiquez dans ces endroits de la
» grotte. On distingue parmi ces cabinets
» un gros pavillon, formé par des produc-
» tions qui representent si bien le pied,
» les branches & les têtes des choux-fleurs,
» qu'il semble que la nature nous ait voulu
» montrer par-là, comme elle s'y prend
» pour la vegetation des pierres. Toutes
» ces figures sont de marbre blanc bien
» transparent, cristalisé, qui se casse pres-
» que toûjours en biais, & par differens
» lits comme la pierre Judaïque. La plû-
» part même de ces pierres sont couvertes
» d'une écorce blanche, & raisonnent com-
» me de la bronze quand on frappe dessus.
» Sur la gauche, un peu au-delà de
» l'entrée de la grotte, s'élèvent trois ou
» quatre pilliers, ou colonnes de marbre,

» plantées comme des troncs d'arbres, sur
» la crête d'un petit rocher. Le plus petit
» de ces troncs a 6. pieds 8. pouces de hau-
» teur, sur un pied de diametre, presque
» cilindrique, & d'égale grosseur, si ce n'est
» en quelques endroits où il est comme on-
» doyant, arrondi par la pointe, & placé
» au milieu des autres. Le premier de ces
» pilliers est double, & n'a qu'environ qua-
» tre pieds de haut. Il y a sur le même
» rocher quelques autres pilliers naissans,
» qui sont comme des bouts de cornes.
» J'en examinai un assez gros, & qui peut-
» être fut cassé du tems de M. de Nointel,
» il represente veritablement le tronc d'un
» arbre coupé en travers; le milieu, qui est
» comme le corps ligneux de l'arbre, est
» d'un marbre brun tirant sur le gris de
» fer large d'environ trois pouces, enve-
» loppé de plusieurs cercles de différentes
» couleurs, ou plûtôt d'autant de vieux
» aubiers, distinguez par six cercles con-
» centriques, épais d'environ deux ou trois
» lignes, dont les fibres vont du centre à la
» circonference. (notez tout cela.) Il sem-
» ble que ces troncs de marbre vegetent,
&c.

On peut voir dans le voyage de M. de
Tournefort les figures qu'il a fait dessiner
de cette admirable grotte. Il me suffit d'en
avoir

avoir fait le recit, pour faire remarquer plusieurs choses. La premiere, c'est qu'il assure dans sa Relation, qu'on ne voit point dans cette Grotte d'eau qui distile pour pouvoir former ces choses par des congelations, comme on le remarque dans plusieurs autres grottes dont nous parlerons. Je sçais qu'on peut dire que l'eau ne distile plus, mais qu'elle a formé ces rochers. A cela je demande, à mon tour, par quelle distilation s'est-il pû produire tant de montagnes, & de petits rochers qu'on voit sur la terre.

La seconde remarque très-importante qu'il faut faire, c'est que ces vegetations ne peuvent pas avoir été formées par des goutes d'eau qui aïent distillé du haut de la grotte, comme le prétendent ceux qui nient cette vegetation ; car ces goutes, qui se seroient écartées en tombant, n'auroient jamais pu former ces troncs & ces choux-fleurs qu'on y voit, particulierement les vegetations que l'on remarque le long des murs de la grotte, qui semblent y avoir vegeté de la même maniere que font les herbes contre une muraille. Au surplus ces colonnes, semblables à des troncs d'arbres, ne peuvent pas avoir été produites de la chute des goutes d'eau, par la raison que je viens de dire, ayant au reste toutes les

Tome I. T

marques de la vegetation des plantes, par les cercles concentriques, & par les fibres qu'on voit dans ces arbres, qui ne different des naturels, que parce que les uns font de bois, & ceux-ci de marbre, qui ont cependant vegeté d'une maniere semblable, & par la même vertu qui fait vegeter les plantes. Il est vrai qu'on pourroit mettre en doute les vegetations de ce lieu qu'on appelle *l'Autel* ; mais les autres vegetations parlent pour celles-ci. L'on voit de plus dans la grotte superieure cette espece de colonne, dont la ressemblance approche assez de celle d'un homme, qui a poussé du bas de la terre & qui ne touche pas à la voûte de la grotte, comme elle feroit, sans doute, si elle avoit été formée par distilation.

Il y a aussi une autre observation à faire, qui confirme fort l'opinion où je suis de croire que les terres poussées par le feu, (ou par cet esprit étheré qui fait vegeter,) s'élevent vers le haut. C'est qu'on remarque dans cette caverne, ce qu'on voit en plusieurs autres dont nous parlerons, que le dedans en est creux & vuide de terre, & qu'elle est composée de plusieurs grottes l'une sur l'autre, dont la plus profonde, qui est la derniere d'où sortoit une exhalaison très-forte, est un abîme profond & impraticable, où personne n'ose descendre,

& où on verroit peut-être des choses extraordinaires si l'on pouvoit y aller. Il faut donc concevoir que la terre de cette montagne étoit assez molle & humide quand les exhalaisons centrales ont commencé à agir, puisqu'il est remarquable que toute la croupe de la montagne, où sont ces vegetations, est semblable au Talc ; marque assez évidente que l'humide prédominoit avant qu'il s'évaporât, & qu'il eût donné lieu à la secheresse de dominer à son tour, & c'est alors que la vegetation a cessé ; car comme je l'ai dit, aucune vegetation ne se peut faire qu'autant que l'humidité domine un peu sur la partie terrestre, avec laquelle elle est mêlée intimement, & c'est ce qui a empêché la montagne de croître encore: ou bien parce que la matiere convenable, qui pouvoit la faire monter plus haut, a manqué. J'ajoûterai, pour verifier cette opinion, ce que le même Auteur rapporte d'une grotte qui est située dans l'Isle de Milo. * » A quatre milles de la Ville de
» Milo (ou Melos,) dans un lieu fort
» escarpé vers le Sud, se voit une grotte
» d'environ quinze pas de profondeur, où
» les eaux de la Mer penétrent lorsqu'elle
» est agitée. Cette grotte, qui a près de 15.
» ou 20. pieds de haut, est toute incrustée

* Tournefort, Tome 1. page 198.

T ij

» d'Alum fublimé, auffi blanc que la neige
» en quelques endroits, rouffâtre en quel-
» ques autres, & doré comme les fleurs
» du fel armoniac calybées; cette couleur
» jaune vient fans doute de quelque mélan-
» ge de fer, ou d'ocre. Ces incruftations
» ne brûlent point dans le feu, & laiffent
» une efpece de roüille après qu'elles font
» confommées. Tous les rochers qui font
» au-tour de la caverne, font revêtus de
» femblables concrétions; il y en a beau-
» coup qui ne font que du fel marin fu-
» blimé, auffi doux que la fleur de farine.
» L'on y voit des trous où l'alum paroît
» tout pur & comme friable, mais d'une
» chaleur exceffive: ces concrétions fermen-
» tent à froid avec l'huile de Tartre. Par-
» mi ces concrétions, on trouve deux for-
» tes de fleurs très-blanches, deliées com-
» me des brins de foye. Les unes font al-
» lumineufes & aigrelettes, les autres font
» tout-à-fait infipides & pierreufes. Les fi-
» lets allumineux n'ont que trois ou quatre
» lignes de long, & font attachez à des
» concrétions d'alum; ainfi ils ne different
» pas de l'alum de plume: mais les filets
» pierreux font plus longs, un peu flexi-
» bles, & fortent de ces rochers. Il y a
» beaucoup d'apparence que c'eft la pierre
» que Difcoride compare à l'alum de plume;

» quoiqu'elle soit, comme il dit, sans goût
» & sans astriction. Le même Auteur la dis-
» tingue de la pierre Amiante.

» Quoi qu'il en soit, il semble que cette
» concrétion soit une vegetation de la roche
» même, car on trouve des paquets de ces
» filets, qui ont perdu leur flexibilité (no-
» tez bien) & se sont durcis, & qui sont
» devenus pierres, sans pourtant que la di-
» rection des filets se soit confondue ou
» effacée. Cela pourroit donner de nouvel-
» les lumieres, pour faire connoître la ve-
» getation des pierres, que j'ai proposé dans
» l'Histoire de l'Académie des Sciences. La
» même direction des fibres paroît sensi-
» blement dans toutes les especes d'Amian-
» te, & sur-tout dans celui des Pirenées, &
» dans celui de Smirne. Ces pierres sont
» très-dures pendant un certain tems, &
» rayées suivant leur longueur, ensuite el-
» les se décomposent d'elles-mêmes par je
» ne sçai quelle raison, & leurs filets se
» détachent les uns des autres par portions,
» comme s'ils avoient été colez ensemble, &
» qu'ils vinssent à se décoler. On remarque
» aussi très-sensiblement la même direction
» dans la pierre d'où l'on tire ce beau plâ-
» tre d'Espagne. Cette pierre est très-com-
» mune en Provence. J'ai des morceaux de
» plâtre de Mont-martre, où il y a de sem-
» blables concrétions.

» La flexibilité de ces pierres de Milo,
» qui ne font proprement que des embrions
» pierreux, peut servir à rendre raifon
» d'une pierre merveilleufe, que M. Lau-
» thier, Secretaire du Roi & fameux Avo-
» cat au Confeil, a confervé longtems dans
» fon cabinet. Cette pierre qui étoit fort
» dure, de la qualité du grais, quarrée, de
» près de deux pouces d'épaiffeur, & en-
» viron d'un pied de long, avoit une cer-
» taine flexibilité, qui la faifoit plier fenfi-
» blement, quand on la tenoit par le mi-
» lieu en équilibre fur la main, &c.

Quant à fçavoir comment ces exhalaifons peuvent être affez fortes pour élever
ainfi la terre à une fi grande hauteur, comme on le remarque dans plufieurs montagnes, cela ne doit pas paroître étonnant;
puifque cette action fe fait d'ordinaire peu
à peu, & prefque infenfiblement. Car pour
les élevations foudaines, elles n'arrivent
que lorfque les exhalaifons font violentes
& accompagnées de feux fouterrains, qui
rompent tous les obftacles qui pourroient
les empêcher de s'exhaler.

Mais parce que je fçais qu'il y a des perfonnes affez obftinées, qui prétendent abfolument que ces vegetations proviennent
des goutes d'eau qui fe diftilent peu à peu
des rochers, & que celles de l'Ifle d'An-

tiparos, dont nous avons parlé, peuvent avoir été faites de cette maniere, quoique l'exemple que j'ai rapporté des petits rochers qu'on trouve dans la plaine de Fontainebleau (& plusieurs autres de nature semblable) puisse prouver assez qu'ils ne se font formez que par des vegetations, que l'on voit clairement qui sont sorties de la Terre, je veux m'appuyer encore sur ce fait du témoignage de l'illustre Listerus, * qui nous donne la description d'un grand nombre de colonnes semblables à la pierre qu'on appelle Etoilée, d'une figure cannelée, qu'on voit sortir de la Mer à peu de distance des côtes d'Irlande, du côté qui regarde l'Ecosse, lesquelles sont un peu differentes de ce que M. Redding a désigné dans les Transactions Philosophiques de la Societé Royale de Londres; & que M. Foley décrit comme il s'ensuit, du lieu même où sont ces colonnes sortant de la Mer, où il n'y a point de goutes d'eau qui distilent des rochers, comme le parti opposé le prétend.

» Ces colonnes, dit-il, sont presque » exagones, & plusieurs sont pentagones ; » mais pourtant avec des côtez fort inégaux, » assez semblables au cristal naturel de ro- » che. Elles s'élevent toutes vers le haut,

* De Orig. de Lapid. part. 3. fol. 75.

T iiij

» comme si elles étoient appuyées sur leur
» propre baze. Elles sont differentes en
» grosseur, y en ayant quelques-unes qui
» ont jusqu'à deux pieds de diametre, &
» depuis le haut jusqu'en bas, elles s'éle-
» vent plus de trente pieds hors de la terre.
» Mais on ne sçait point jusqu'à present
» quelle peut être la profondeur que ces
» colonnes ont au-dedans de la terre, car
» elles sont faites de plusieurs jointures fort
» legeres & fort differentes, & elles appro-
» chent de la nature de la pierre étoilée,
» dont j'ai parlé au long dans les Actes
» Philosophiques de l'Académie de Lon-
» dres.

» Il y a comme un bois de ces colon-
» nes, (composé de plus de cent mille de
» ces arbres de pierres,) qui sont entremê-
» lées ensemble, & dont quelques-unes
» même se touchent, sans pouvoir sçavoir
» combien il y en a encore de couvertes
» par la mer, parce qu'elles s'éloignent peu
» à peu de la côte en s'avançant vers la
» haute Mer. On en voit aussi plusieurs sur
» la montagne qui borde le rivage & qui
» penche sur la Mer, & l'on remarque que
» ces colonnes conservent le même ordre
» & la même figure qu'ont celles qui sont
» dans l'eau. Quoique ces colonnes soient
» si près l'une de l'autre qu'elles semblent

» se toucher, néanmoins elles sont sépa-
» rées & distinctes, (comme les arbres
» d'un bois,) & dans les endroits où el-
» les sont entieres & égales, elles paroîs-
» sent former un bâtiment de marbre blanc
» assez beau.

» Voilà (dit l'Auteur) un illustre exem-
» ple de la nature Plastique, & de ses Ou-
» vrages encore dans les pierres, &c.

Je ne sçai pas ce qu'on pourra dire sur la vegetation de cette espece de colonnes, qui ont vegeté dans la Mer, comme les rochers que l'on voit répandus de tous côtez sur la terre.

Qui pourra dire qu'un si grand nombre de colonnes ayent été bâties ainsi depuis plusieurs milliers d'années, & que la Mer a inondé ces lieux dans la suite des tems.

Pour moi, je croirois volontiers que les feux soûterrains conjointement avec l'E-ther, en soulevant ainsi les terres que la nature avoit préparées par le moyen du mê-me feu, ont contribué, avec la salure de la mer, à leur formation & à leur accroissement.

Quant à la rondeur de ces colonnes, je suis d'opinion de croire que la pression de l'eau qui environnoit cette matiere vegetable, a contribué à leur figure, & les flots de la Mer ont pu contribuer à former les differens angles qu'elles ont pour la plûpart.

Mais pour revenir à ce que nous disions ci-devant de la formation des montagnes par les exhalaisons soudaines & violentes, je rapporterai pour un exemple de celles qui se sont élevées en un instant, ce qui arriva près de Pozzolo l'année 1538. Le Pays des environs de cette Ville, qui est plein de feux soûterrains, fut agité pendant deux ans consécutifs, par de grands tremblemens de terre. Enfin le 29. Septembre 1538. il se fit sur les deux heures du matin une grande ouverture dans la terre, d'où il sortit tout à la fois tant de feu, tant de pierres, & tant de cendres, qu'en peu de tems il se forma une montagne, qui non-seulement couvrit tout le territoire & les maisons voisines de l'endroit où la terre s'étoit ouverte, mais les cendres qui s'étendirent plus loin couvrirent encore tous les environs, enterrant les arbres, les animaux, & les vignes prêtes à donner une belle vendange. Il est à remarquer que la Mer voisine recula, laissant sur le sable aride une grande quantité de poisson, & qu'au surplus on voyoit jaillir de pas en pas (chose notable) plusieurs sources d'eau chaude. * L'Auteur Italien de qui

* Jul. Cesar Capuccio des Antiq. de Pozzol. pag. 164.

j'ai tiré le récit de ce fait, veut qu'on imagine que le feu qui est sous cette terre pourroit en tout tems faire la même chose. Mais ce qui me paroît digne de remarque, c'est que sur cette nouvelle montagne, on voyoit déja, du tems que l'Auteur écrit, de très-beaux jardins, qui avec la douceur du climat, forment & représentent une espece de Printems continuel, qui est aussi entretenu par les douces exhalaisons du feu que la terre renferme dans ses entrailles.

Jerôme Borgia, * qui mit en vers latins cet événement, & qui dédia son Poëme au Pape Paul III. dit qu'il se trouva, aussi bien que l'Auteur précedent, sur les lieux pendant les trois jours que cette exhalaison jetta pierres & cendres ; & que la montagne s'éleva jusqu'à la hauteur de 30. stades, c'est-à-dire de plus d'une lieuë, qui est la hauteur de plusieurs grandes montagnes : mais celle-ci n'est pas si haute à présent, les vents, les pluyes, & les autres accidens de l'air l'ayant diminuée considérablement.

L'on pourra m'objecter que ce n'est pas la même chose des montagnes dont nous parlons. J'en conviens. Mais je rapporte cet exemple pour montrer que ce que l'exhalaison violente fait en deux ou trois jours,

* Poëme de Jerôme Borgia. Description de la montagne de cendres formée à Pozzolo.

elle peut le faire insensiblement, & peu à peu, en deux ou trois mille ans. Un autre Auteur * ne donne pas à cette montagne plus de mille pas de hauteur, & il dit que de son tems elle exhaloit du feu & de la fumée par deux endroits, dont l'un étoit placé sur le milieu du mont, & l'autre tout-à-fait au bas de la montagne, proche le lac Averne qui en est voisin. Quoi qu'il en soit, on peut dire qu'Antiparos étant une des Isles de l'Archipel, & peu éloignée de Santorin, où nous verrons que la Mer renferme tout proche des feux très-considerables sous ses eaux, il y a lieu de croire que ces montagnes, ces vegetations, & ces antres profonds qu'on y trouve, ont été formez par la forte évaporation, ou de ces feux soûterrains, ou de l'Ether qui est l'origine du feu, qui ayant trouvé la matiere disposée à recevoir ses impressions, l'a formée de la maniere que je l'ai décrit.

 Ceci se confirmera encore, par le rapport que nous fait M. de Tournefort d'une grotte qu'il a vûë dans l'Isle de Candie, & qu'il a examinée avec beaucoup d'attention.

„ On y voit, dit-il, plusieurs écritures „ faites avec du charbon, par exemple: *Padre Francesco Maria Pesaro, Capucino. Frater Taddeus Nicolaus*, „ & tout contre

* Portio.

» 1539. Plus loin 1444. On lit dans un
» autre endroit, moitié Espagnol, moitié
» Italien: *A qui fu el eſtrenne Signor Zan-*
Como, Capitano de la Fanteria 1526. On
» trouve plusieurs autres marques dans l'al-
» lée, entre-autres celle-ci, *Jeſus Maria*, en
» figure, qui nous parut de la façon de quel-
» que Jeſuite. Nous obſervâmes les dates
» ſuivantes, 1495. 1516. 1560. 1579. 1699.
» Nous écrivîmes auſſi 1700. en trois en-
» droits differens, avec de la pierre noire. Par-
» mi ces écritures il y en a quelques-unes
» tout-à-fait admirables, qui confirment le
» ſiſtême que j'ai propoſé il y a quelque tems
» de la vegetation des pierres. Celles du la-
» byrinthe croiſſent & augmentent ſenſible-
» ment, ſans qu'on puiſſe ſoupçonner
» qu'aucune matiere étrangere leur vienne
» de dehors. Ceux qui ont gravé leurs noms
» ſur les murailles de ce lieu qui ſont de
» roche vive, ne s'imaginoient pas ſans dou-
» te que les traits de leurs cizeaux duſſent
» ſe remplir inſenſiblement, & devenir re-
» levez dans la ſuite du tems d'une eſpece
» de broderie, haute d'environ une ligne
» en quelques endroits, & de près de trois
» lignes en d'autres.

» De ſorte que ces caracteres, de creux
» qu'ils étoient, ſont préſentement rehauſ-
» ſez en bas relief. La matiere en eſt blan-

» che, quoique la pierre d'où elle fort foit
» grifâtre. Je regarde ce bas relief comme
» une efpece de calus formé par le fuc
» nourricier de la pierre, extravafé peu à
» peu dans les endroits creufez en gravant,
» tout de même que fe forment des calus
» aux extrêmitez des fibres des os caffez, &c.
* Ce n'eft pas feulement dans ces endroits
où les pierres croiffent vifiblement. Celles
dont la Ville de Barcelone & la plûpart de
fes édifices font bâtis, ont été prifes dans
la campagne du Montjoüi, (appellé par
les latins *Mons Jovis*,) & ces pierres renaif-
fent continuellement, quoique on en coupe
tous les jours une grande quantité pour les
bâtimens de la Ville.

L'on peut encore ajoûter à cela qu'il eft
vifible qu'en plufieurs champs, foit de
bleds ou de vignes, où l'on trouve nombre
de pierres, qu'on a beau les ôter pour en
nettoyer ces terres, on en voit renaître fans
ceffe. Et quoique ce ne foit pas proprement
une veritable vegetation comme celle des
arbres, qui femble fuppofer une racine;
cependant on y voit une génération nouvelle, qui doit nous faire connoître que
cette même génération & production qui
fe fait dans ces petits morceaux de pierres,

* Journal des Sçavans page 83. & le Pere Bouf-
figault, Théâtre du monde.

peut & doit se faire en des pieces plus grandes, telles que sont les montagnes, & les rochers, grands ou petits; dont la vegetation nous surprend & nous paroît incroyable, parce que nous ne les voyons, & ne les considerons que lorsque ces rochers sont déja durcis.

Mais cela ne doit pas nous étonner en considerant les os de notre corps, lesquels, quoique fort durs, ne laissent pas de vegeter & de croître dans les Enfans, & de se nourrir dans les adultes, comme le reste du corps.

Au reste je laisse au Lecteur judicieux de considerer que l'esprit agent, quand la terre est molle, peut en former diverses images; & il est à croire que cette grotte d'Antipatos n'a pas été formée depuis peu de jours.

Je ne doute pas qu'on ne trouvât, si l'on pouvoit penetrer dans l'interieur de la plûpart des montagnes, des grottes, des vegetations, & bien d'autres choses extraordinaires. Mais, à mon avis, une des plus remarquables vegetations, est celle qu'on a trouvé depuis 40. ou 50. ans dans la Savoye. Il faut donc sçavoir que le grand chemin de Lion à Turin étoit bien plus long autrefois. Les Romains mêmes qui n'étoient arrêtez par aucune difficulté, l'avoient pourtant été en trouvant une montagne (ou qui paroiſſoit telle) d'une grandeur exceſſive, qui s'étendoit juſques ſur les bords d'un précipice horrible, de maniere que cela les avoit contraints de former un chemin plus long. Mais de nos jours un Berger en cherchant une de ſes Chevres, qui à ſa maniere ordinaire étoit monté au plus haut de ce rocher. Ce Berger, dis-je, étant monté dans l'endroit le plus haut de ce roc, il apperçut que ce qu'on croyoit le corps maſſif d'une montage, n'étoit qu'une vallée pleine d'arbres ſauvages, de ronces, & d'épines, environnée du rocher, qui avoit exterieurement toute la figure d'une montagne. Cette découverte étant faite & publiée, elle ne fut pas négligée par Madame la Ducheſſe de Savoye pour lors Regente, & Mere du Roi de Sardaigne d'aujourd'hui, * qui ordonna de faire ſauter une partie de ce mur, afin de pouvoir pratiquer un chemin plus court & plus commode, comme en effet elle l'a exécuté, & je trouvai en 1681. à mon ſecond voyage en France, qu'on achevoit de perfectionner ce chemin, par où je paſſai alors. Or il eſt

* L'Auteur parle ici du Roi de Sardaigne. mort en 1732. après avoir abdiqué la Couronne le trois Septembre 1730. à ſon fils Charles-Emmanuël, qui regne aujourd'hui.

cer-

certain que cette espece de mur, qui avoit plus de deux lieuës de tour, n'a pû s'élever à une hauteur très-considerable que par une vegetation de la terre, qui étant molle alors, a été poussée en haut par l'esprit universel qui meut & forme toutes choses. L'humidité s'étant entierement consommée dans la suite, cette vegetation s'est enfin endurcie, & on croyoit que c'étoit une montagne fort considerable, quoique à proprement parler ce n'en fut qu'une espece de croûte; cependant elle a été cruë telle depuis deux ou trois mille ans, & peut-être davantage. De dire par quelle raison la terre du milieu n'a pas vegeté, & pourquoi l'autre l'a fait en forme de cercle plûtôt qu'autrement, je ne sçai si l'on peut dire rien de plus probable, sinon que la terre vegetable étoit molle & disposée dans cet endroit, où elle a produit cette vegetation, & non pas ailleurs.

Cet évenement m'oblige de repeter encore ce que j'ai avancé ci-devant; que si l'on pouvoit voir interieurement tout ce qui paroît montagne ou rocher, & qu'il y eût un trou par où on pût entrer, je ne doute pas qu'on y remarquât beaucoup d'autres choses, qui ont été produites par le même esprit ou exhalaison qui a formé la montagne; c'est-à-dire des grottes, des

Tome I. V

vegetations, & beaucoup d'autres curiositez naturelles.

Je pourrois apporter plusieurs autres exemples de ce que je dis, cependant pour ne pas ennuyer le Lecteur par la multiplicité des faits, je n'en rapporterai que quelques-uns, & de nature differente, afin que les curieux puissent examiner la diversité des manieres dont cet esprit formateur se sert dans ses Ouvrages.

J'ai lû, & même traduit il y a longtems un manuscrit Espagnol de la Bibliotheque du Roi, qui porte pour titre: *Chronique de la Catalogne*, où il est parlé d'une caverne singuliere qui est dans la montagne du Canigon, & je dirai en peu de mots ce dont je me souviens.

Au-dessus de l'entrée de cette caverne, il y a plusieurs figures en bas relief, qui ont quelque ressemblance à des hommes, ce qui n'est pas l'ouvrage de la sculpture, mais celui de la simple nature qui a fait ce bas relief, qu'on peut regarder, comme une espece de vegetation. Les gens du Pays disent pour faire peur aux gens qui voudroient y entrer, & particulierement à leurs enfans, que cette caverne a été enchantée du tems que les Mores possedoient l'Espagne, & que pour en deffendre l'entrée ils y ont mis en garde sur la porte par art magique, les hommes qu'on y remarque, lesquels sont vivans quoiqu'ils semblent de pierre, & toûjours prêts à paroître ce qu'ils sont en effet, si quelque audacieux vouloit penetrer dans cette caverne, qui est une retraite de Dragons, & de plusieurs autres bêtes épouvantables.

Mais des personnes aussi hardies que curieuses, méprisant ces fables, se mirent en état de visiter cette grotte, & ayant fait provision de flambeaux & de tout ce qu'ils jugerent necessaire pour leur dessein, ils entrerent dedans, & trouverent que cette caverne s'étendoit bien loin; qu'elle étoit presque par tout large & spacieuse, se resserrant néanmoins dans quelques endroits, s'étendant en d'autres, formant dans les côtez des salons, des chambres, & des cabinets, dont les murs étoient en plusieurs lieux incrustez de grandes piéces de cristal de roche, qui comme des miroirs rendoient à la lueur des flambeaux un éclat merveilleux, & après avoir parcouru ainsi près d'un quart de lieuë sans trouver d'autre obstacle qu'un grand nombre de Chauvesouris qui venoient se présenter à la lumiere, en considerant la diversité des ouvrages de la nature, qui formoit en plus d'un endroit des pilastres, ou des colonnes, ou des corniches rustiques de diverses figures, ils furent arrêtez dans leur course par un lac d'eau très-claire & limpide, qui paroissoit plus loin former une riviere; ils côtoyerent néanmoins ce lac qui en étoit comme la source, jusqu'à une certaine distance, où ils trouverent un passage sec qu'ils traverserent: mais ayant rencontré sur les bords de ce lac un grand amas de fumier fort noir, ils resterent en suspens, craignant que ce ne fussent les excrémens de quelque terrible Dragon habitant de cette grotte, contre lequel ils ne se trouvoient pas assez forts pour combattre, & encore moins pour resister à son haleine venimeuse. Cette idée, fomentée par l'horreur du lieu tenebreux, les fit résoudre à rebrousser chemin, quoiqu'on remarquât cependant que cette grotte s'étendoit encore plus loin, & que la curiosité les excitât d'en voir davantage. Mais la peur que ce fumier leur avoit imprimée, ne leur permit pas de connoître que ces ordures fussent l'ouvrage des Chauvesouris, qui étoient en grand nombre dans ce lieu obscur; lesquelles allant boire dans ce même endroit, par un instinct particulier, qui est commun aussi aux fourmis pendant qu'elles sont sous terre, elles rendoient leurs excrémens toutes d'accord dans ce même lieu, afin de ne pas salir & infecter cette grotte, qu'elles avoient choisie pour leur demeure. Faute de cette connoissance & déja saisis de la peur, contens de ce qu'ils avoient vû, ils s'en retournerent par le même chemin hors de la grotte, & publierent chez eux ce qu'ils avoient remarqué, que l'Auteur décrit plus amplement que je ne fais.

*Il y a à la Chine une caverne dans l'interieur d'une de ses montagnes, où l'on remarque, dans une vaste étenduë, non-seulement de grandes allées, mais aussi sur les côtez de très-belles galleries, & au milieu d'un certain espace de terrain uniforme, la nature y a bâti une espece de Palais, qui sans doute a vegeté du fond de la terre. Cet édifice est d'une architecture particuliere, dans laquelle la nature a observé des dimensions fort proportionnées. Mais ce qui est de plus admirable, c'est qu'on trouve dans cette grotte de petites campagnes remplies d'herbes & de differens arbres, & que ce lieu est orné de ruisseaux & de fontaines jaillissantes, qui semblent inviter les gens à s'arrêter & à joüir de la beauté de ce lieu solitaire. Cet endroit est orné aussi de differentes figures d'hommes & d'animaux, que la nature ouvriere y a fait vegeter en forme rustique. Mais ce qu'il y a de plus particulier, c'est un grand nombre d'Idoles faites par art humain, & la

* P. Martini Atlas Sinic.

chronique du Pays raconte qu'un ancien Roi de la Chine fort devot, se retiroit souvent dans cette agréable solitude pour y mediter tranquillement sur les choses divines, suivant la Doctrine de sa Religion.

Il ne faut pas être étonné de ce récit d'un Pays éloigné, quand nous avons en France quelque chose de pareil.

Les caves de Rancogne, qui sont entre Monderone & la Rochefoucaut, offrent un spectacle assez semblable.

* » L'on croiroit (dit l'Auteur de la rela-
» tion,) que la nature a voulu imiter ces
» Princes, qui s'étudient de ramasser dans
» leurs cabinets les plus rares piéces du
» monde, & qu'elle a dressé un cabinet
» de curiosités dans ces grandes caves, qui
» ressemblent plûtôt à des salles superbes
» d'un grand Palais, qu'aux grotes d'un
» rocher champêtre. Les curieux se plai-
» sent d'y aller voir des statuës d'hommes
» au naturel, des bêtes, des colonnes fort
» hardies, des Autels élevez, des meubles
» bien rangez, des habits proprement tail-
» lez, & des milliers de curiositez où l'art n'a
» jamais mis la main. L'entrée en est fort
» étroite, & il n'y a point d'autre jour que
» celui des flambeaux qu'on y porte pour
» se conduire, &c. Il faut remarquer qu'il

* P. Boussigault Théât. du mond. 1. partie.

est difficile que ces figures ayent pû se former autrement que par une espece de vegetation, d'autant que la plus grande partie sortent du mur. Ce qu'on doit dire aussi de tout ce que l'on voit de rare dans la plûpart des autres cavernes.

Mais afin de voir la difference de ces petrifications, & en combien de manieres la nature agit differemment, je ferai encore ici l'histoire de quelques autres grottes, où des choses semblables se sont formées par la distillation des eaux petrifiantes, afin qu'on ne croye pas que j'affecte plus une opinion qu'une autre, & que je ne parle que des choses qui conviennent au sistême de la vegetation des pierres. Car je repete que la nature a differentes manieres d'agir. Voici donc ce que je rapporte en faveur de l'opinion contraire.

» Dans le Duché de Brunswick, il y a
» une caverne, où l'eau, qui tombe des
» rochers, a fait par hazard des figures fort
» curieuses. La caverne est partagée en six
» grottes, qui se communiquent les unes
» avec les autres par des allées fort étroites.
» Et toutes six renferment des merveilles
» naturelles qui attirent la curiosité des
» gens. Le Duc de Brunswick y est entré
» plusieurs fois avec des Seigneurs. Outre
» le ruisseau d'une eau claire & pure qui

» coule continuellement dans le fond des
» grottes, & qui en se petrifiant a formé
» plusieurs bassins de pierre, qu'on croi-
» roit avoir été taillés avec le cizeau, on y
» voit la figure d'une fille, celle d'une de-
» mi-lune de forteresse; un Autel, des Moi-
» nes, un jeu d'orgues avec tous ses tuyaux,
» une tête de cheval, une table garnie de
» plats & de mets, une langue de bœuf, une
» espece de fourreau de fusil, des pirami-
» des qui rendent un son éclatant comme
» l'airain, quand on frappe avec un bâton,
&c. Peut-être que ces figures ne sont pas si bien exprimées qu'on l'assure, car on exagere & on en dit toujours plus qu'il n'y en a.

Je vais donner encore une exemple de ces congellations, dans le récit que je vais faire de la grotte d'Arci, suivant la description que M. Perrault nous en a donné, dans son Livre *de l'Origine des Fontaines*.

De la Grotte d'Arci.

» PRès de la Ville de Vermenton, en
» Bourgogne, il y a une caverne qu'on
» appelle d'Arci, à cause, je crois, du voi-
» sinage de ce lieu. Elle est fameuse dans
» le Pays par les congellations fréquentes
» & admirables qui s'y voyent en quantité.
» L'entrée de cette grotte est formée par
une

» une grande arcade, qui tient à une longue
» suite de rochers escarpés, & assez hauts,
» qui bordent le cours de la petite riviere
» de Cure. L'entrée n'est pas difficile d'a-
» bord ; mais quand on a marché 15. ou 20.
» pas, le terrain qui s'éleve sous la voûte
» oblige à se baisser pour passer dessous, &
» pour descendre subitement sur le vrai
» terrain de la grote. Elle paroît d'abord
» de la largeur de 8. ou 10. toises, & à
» mesure que l'on avance, la voûte sem-
» ble s'élever de 20. 25. & 30. pieds, soit
» qu'en effet elle s'éleve ou que le terrain
» se baisse, ou tous les deux ensemble. Il
» y a deux chemins pour aller dans le fond,
» qui se réjoignent à 30. ou 40. toises par
» delà. Celui de main gauche est plus diffi-
» cile, à cause des pierres ou congellations
» qui ferment le passage, & qui ne laissent
» qu'une petite ouverture qui oblige à se
» baisser beaucoup & à ramper en plusieurs
» endroits. L'autre est plus ouvert & à
» moins d'embarras ; si ce n'est que le
» fond sur lequel on chemine est comme
» par tout ailleurs fort inégal, à cause des
» pierres qui y sont à toute sorte de hau-
» teur, & qui font broncher ceux qui ont
» attention à regarder les singularitez de
» ces lieux, & à cause aussi d'une terre
» grasse, humide, & inégale en hauteur,

» qui est entre ces pierres. L'élevation, la
» largeur, & la longueur de ce lieu font
» un écho ou retentissement fort agréable,
» qui fait durer longtems le bruit qu'on y
» fait, & qu'on entend comme rouler bien
» loin dans la profondeur de cette obscure
» caverne, qui n'a point d'autre lumiere
» que celle qu'on lui procure avec des
» flambeaux. L'eau qui distile de cette voûte
» s'y est congelée peu à peu en pierre blanche,
» comme du plâtre, & en plusieurs endroits
» transparente ; c'est ce qui la rend toute
» ornée de congellations, qui font des poin-
» tes ou culs de lampes de toutes grosseurs,
» & qui descendent en bas les unes plus,
» les autres moins, avec une diversité ad-
» mirable. Les côtez de la grote en sont
» ornés aussi, où s'étant assemblées elles
» font des avances de tems en tems sur le
» chemin qu'elles interrompent, & quand
» on les considere de près, on y remarque
» des rustiques merveilleux, qui représen-
» tent des rochers, des montagnes, des
» plaines &c. semblables à celles qu'on
» fait dans les grotes artificielles des jardins,
» mais qui n'ont point, sans comparaison, la
» beauté ni le génie de celles-là. Les con-
» gellations qui pendent de la voûte descen-
» dent quelquefois jusqu'à terre, où s'a-
» massant & se joignant ensemble elles font

» pareillement des corps & des rustiques,
» quelquefois il semble que ce soient de
» ces Chapelles qui sont dans quelques Pa-
» roisses, où il y a des sepulcres de Nôtre
» Seigneur, ou de celles où l'on voit atta-
» chez & pendus à l'entour des bras, des
» jambes, des têtes, des mains de cire, &
» autres marques de devotion. Il semble
» aussi que ce soient des linges de service,
» comme chemises, calleçons, chaussettes,
» & autres qu'on ait étendu pour sécher.
» Quelquefois il semble encore que ce soient
» des piéces de drap ou de serge qui seroient
» attachées en plusieurs rangs à cette voû-
» te, l'une près de l'autre, & que le vent
» feroit mouvoir & se mêler ensemble.
» D'autres fois ce sont comme des petites
» pierres couvertes de petites ondes, de
» même que l'eau qui coule & qui s'échape
» de côté & d'autre entre des pointes de
» rochers. Enfin on y voit des ressemblan-
» ces de tout ce qu'on peut imaginer, soit
» d'hommes, d'animaux, de poissons, de
» fruits, &c. L'on y voit des colonnes, que
» l'on diroit cannelées, posées sur leur pied
» d'estal, qui s'élevent jusqu'à la voûte, ou
» plûtôt qui en descendent (car c'est delà
» que l'eau a commencé à les former.) J'en
» ai remarqué une dont le pied d'estal ne
» ne touchoit point à terre, & il est assez

X ij

» difficile de concevoir pourquoi ce pied
» d'estal est plus gros que la colonne, puis-
» que le tout s'étant fait par l'eau qui des-
» cendoit par la voûte, il falloit que le bas
» fût plus menu que le haut, comme aux
» pointes qui en descendent. Mais je crois
» que la grosseur de ce pied d'estal vient du
» rejailliffement des goutes qui avoient tom-
» bé à terre à l'entour de cette colonne,
» lesquelles s'attachant à sa partie basse l'a-
» voient renduë plus grosse que le haut.
» Ces colonnes ont plus de 15. pouces de
» diametre, & 15. ou 20. pieds d'hauteur.
» J'y ai remarqué une congellation plus
» étrange que celle-là ; c'est une portion de
» colonne attachée à la voûte, à laquelle
» portion de colonne tient une maniere de
» dôme, dont cette colonne est comme la
» lanterne. Ce dome est de 5. à 6. pieds de
» large, creux par dedans comme une cou-
» pe, & tout ondé aussi bien dedans com-
» me dehors. Il est ainsi suspendu en l'air à
» six pieds de terre, sans être soûtenu par
» autre chose que par cette maniere de lan-
» terne à quoi il est attaché. Parmi ces con-
» gellations qui sont entre les côtez de la
» voûte, il y en a une à main droite qu'on
» remarque particulierement : ce sont cinq
» ou six gros tuyaux, de 5. ou 6. pieds de
» haut, & de 8. ou 10. pouces de diame-

» tre, creux par dedans, & arrangez d'ali-
» gnement l'un près de l'autre, sans se
» toucher pourtant. Quand on frappe ces
» tuyaux avec un bâton, ils rendent des
» sons differens & fort agréables, que l'é-
» cho de la grotte fait durer longtems, &
» pour cela on les appelle des Orgues. Il y a
» par endroits aux côtez de cette voûte,
» sur la gauche, des manieres de cabinets &
» cellules, où on entre avec quelque pei-
» ne; j'entrai dans un, où il y avoit une
» espece de siége & de table, tout de con-
» gellation, avec un petit bassin dans lequel
» il tomboit de l'eau fort claire & fort
» agréable à boire. Environ ce lieu, ceux
» qui nous conduisoient (car je n'étois pas
» seul,) nous firent remarquer une pierre
» de congellation, élevée de terre d'envi-
» ron un pied & demi, en forme de bor-
» ne ou pain de sucre, comme il y en a de
» semblables en plusieurs autres endroits de
» cette grotte. Sur le haut de cette borne
» tomboit des gouttes d'eau de tems en
» tems, comme seroit la durée d'une seconde;
» ils nous dirent qu'ils ne s'étoient apperçus
» de cette congellation nouvelle, que de-
» puis deux ou trois ans. Je ne vis guéres
» tomber d'eau de la voûte en d'autres lieux
» qu'en ceux que je viens de dire, quoi-
» qu'il y eût de l'humidité à la plûpart de

» ces pointes ou culs de lampes. Et de fait
» le chemin sur lequel nous marchions n'é-
» toit point moüillé, ni gâcheux, comme
» il l'est ordinairement dans les caves. Ce
» n'est pas qu'il n'y ait de l'eau en abon-
» dance en quelques endroits, comme en-
» viron 30. toises après être entrez, où l'on
» me fit remarquer beaucoup d'eau qui for-
» moit un étang d'environ vingt toises de
» longueur, & 5. ou 6. de largeur. Je crois
» que cette eau vient de la riviere dont j'ai
» parlé, qui n'en est éloignée que de 50.
» ou 60. toises. Vers le bout de cette grot-
» te, autant qu'on pût y avancer, il se
» trouve aussi de l'eau répanduë dans diffé-
» rens bassins, formez par l'inégalité du
» plancher & des pierres de congellation qui
» le composent, ce qui fait de la difficulté
» au passage, & enfin l'empêche tout-à-fait,
» en se laissant couvrir entierement par
» l'eau qui y est. Jusqu'à cet endroit, il y a
» une longueur d'environ 300. toises, & l'on
» ne sçauroit dire si elle se termine au
» bout de ce dernier lac, à cause de la
» grande obscurité qui ne peut être surmon-
» tée par la lumiere des flambeaux. Cette
» eau aussi-bien que celle du premier étang
» est fort claire, de telle sorte qu'on s'y
» jetteroit dedans si l'on n'en étoit pas aver-
» ti ; mais le peril n'en seroit pas grand,

» parce que sur ses bords l'eau n'est pas
» profonde. Toutes ces congellations sont
» fort blanches, & les figures qu'elles for-
» ment sont raboteuses. Cette blancheur
» n'est qu'une petite croûte tendre comme
» du sucre que l'on met sur du fruit, &
» facile à emporter. Quand on casse quel-
» qu'une de ces pointes, elle se trouve
» percée par le milieu d'un bout à l'autre;
» la matière interne est jaunâtre, & un peu
» semblable à du cristal, ou du talc de plâ-
» tre. Il y a un endroit de cette voûte où
» il n'y a point de congellation, & où elle
» paroît de pierre fort unie, couverte d'une
» petite broderie de matière fort brune &
» de relief, comme les traces que font les
» vers dans les arbres entre le tronc & l'é-
» corce: dans cet endroit la grotte s'éleve
» & s'élargit extraordinairement, en forme
» d'une grande salle; aussi l'appelle-t-on la
» *salle du bal, ou de M. le Prince*, qui a
» voulu lui donner son nom lorsqu'il visi-
» ta les curiositez de cette grotte, comme
» disoient nos guides. Il y avoit autrefois
» des chauve-souris dans ce lieu, cependant
» on n'en voit plus, & elles ont été chas-
» sées je ne sçai pas comment, &c.

Le Lecteur curieux peut voir dans le livre du sçavant M. Perault le reste de cette description, d'autant que nous en avons dit ce qui convient à notre sujet, c'est pourquoi nous passerons à autre chose.

J'ai rapporté exprès des exemples de ces deux manieres de congellations, afin que le Lecteur ne soit point gêné, & qu'il pense à sa mode; mais, quant à moi, je crois qu'il est aisé de voir par toutes ces relations, que la nature peut operer differemment pour aller à la même fin, puisque les hommes mêmes peuvent faire une chose semblable en plusieurs façons differentes.

Pour ce qui est de sçavoir comment ces vegetations & ces antres vastes peuvent se former, je ne crois pas qu'on puisse dire autre chose, sinon que cela se fait par le mouvement de l'esprit étheré qui meut la matiere, & les dispositions qu'elle a en elle pour être mûë plus ou moins facilement à former certaines choses. Afin de donner une exemple sensible, je dis que si l'on fait fondre de la cire au feu, & qu'on la jette ainsi toute chaude dans l'eau froide, il s'en forme diverses figures d'arbres, de maisons, & même des figures d'hommes, ou d'animaux, & plusieurs autres differentes, qui proviennent de l'esprit de feu qui s'étoit mêlé dans la cire en la fondant, lequel veut s'échapper par la fraîcheur de l'eau qui fait coaguler la cire. La même chose arrive, mais pas si bien, si au lieu de cire vous jettez dans l'eau du plomb fondu. Je croirois donc volontiers, que l'esprit étheré, qui est après Dieu le grand ouvrier de la nature, étant renfermé dans la terre molle, en voulant s'échaper il la dilate de differentes manieres, suivant qu'en certains endroits elle est plus molle ou plus dure; d'où il en resulte les diverses figures qu'on voit dans ces cavernes.

Quant aux grottes que cet esprit étheré forme, il est évident que cet esprit voulant sortir & se mouvoir, il souleve la terre encore molle, comme on l'a dit; & quand il trouve trop de résistance dans la partie superieure, il s'écoule çà & là, comme une espece de vent, & forme ces grottes, desquelles cet esprit sort quelquefois par les côtez, ou autres endroits, par où il se peut faire un passage plus facile, laissant dans les montagnes qu'il forme, des fentes & des crevasses, par où il sort d'embarras. De maniere qu'on peut dire, que la forme diverse de la matiere y a beaucoup de part, & que c'est ce qu'on appelle hazard.

Par exemple, il y a à la Chine une montagne inaccessible & fort étenduë, qui empêche le chemin d'une Province à une autre: mais la nature (aidée peut-être par l'art) a creusé à travers de cette montagne, un très-grand nombre de cavernes, lesquelles par des chemins tortus se communiquent l'une à l'autre, & après quelques mois de chemin que cette montagne empêchoit de faire, l'on peut aller d'un bout à l'autre des deux Provinces. La nature a pourvû aussi à la lumiere qui étoit necessaire pour pouvoir marcher dans ces lieux, en laissant des fentes en divers endroits du même rocher, qui servent comme de fenêtre & de soupiraux pour donner entrée à l'air & à la lumiere dans ces cavernes. Les Romains ont imité la nature en faisant ce fameux chemin qui va droit de Rome à Brindisi ; car ayant trouvé auprès de Naples une montagne, Appius, alors Consul, qui fit faire ce chemin, ordonna de creuser la montagne de la longueur presque d'un mille, afin qu'on allât droit à Naples, & delà à Brindisi sans aucun détour : c'est la fameuse voye *Appia.*

Je ne veux pas obmettre de parler d'une autre montagne de la Chine, qui a encore quelque chose de plus merveilleux que les précedentes, & qu'on appelle le *Mont des Hirondelles,* parce qu'on y trouve plusieurs Hirondelles mortes lorsqu'il pleut. L'on rapporte même qu'elles sont de pierre, parce qu'apparemment elles sont petrifiées ; & l'on dit au surplus que leur figure

DE L'UNIVERS. 251

est telle, qu'on distingue jusqu'au sexe de ces animaux. Mais, à mon avis, on nous donne ici du merveilleux, & je croirois seulement possible que cette pluye est si froide & si chargée de salpêtre, par conséquent à demi glacée, que lorsqu'ils en sont moüillées, ces oiseaux en meurent, & ils restent à terre durcis par la gelée & non pas changez en veritable pierre, à moins qu'avec le tems ces animaux ne prennent quelque chose de semblable en séjournant sur la terre : peut-être aussi que les exhalaisons de cette terre peuvent produire cet effet de petrification, puisque nous voyons même diverses rivieres & étangs qui petrifient le bois. Je dirai à ce propos, qu'il y a dans la terre de Montmirel, en France, certains endroits qui petrifient le bois qui reste quelque tems sur la terre. Les Seigneurs du lieu m'ont assuré ce que j'avois oüi dire ; mais que ce n'est qu'en certains lieux, comme je l'ai dit, que cet effet arrive. Il faut donc que le Philosophe curieux considere les forces de la nature, & qu'il s'arrête là, sans passer plus avant dant le merveilleux des choses qu'on nous raconte : car la simple pluye ne produira jamais des oiseaux de pierre, non plus que des grenoüilles vivantes, comme quelques-uns le prétendent, ce que nous examinerons en particulier dans la suite de cet Ouvrage.

J'aurois pû grossir ce chapitre d'une multiplicité de faits, qui confirmeroient de plus en plus la verité de la vegetation des pierres; mais j'ai cru que tant de preuves deviendroient ennuyeuses, & que le peu d'exemples qui ont été rapportez étoient suffisans pour donner au Lecteur une idée convenable des operations de la nature, dans la formation des rochers, des montagnes, aussi-bien que dans la production des differentes vegetations, dont on voit leur interieur orné, quand on peut penetrer au-dedans. Tout ce que je puis ajoûter à ce que j'ai dit sur ce sujet, c'est que je ne serois pas entêté de mon opinion, s'il n'y avoit qu'un exemple de la vegetation des montagnes; mais si l'on considere tout ce que j'ai rapporté, peut-être qu'on verra que la chose est au moins douteuse, & que la nature peut agir en differentes manieres.

Après avoir parlé de la formation des montagnes, il faut à présent faire le récit de ce que quelques-unes ont de remarquable & de digne de la curiosité d'un Philosophe.

Il y a une petite montagne proche de la Ville de la Tolphe, dans le voisinage Rome, dont on rapporte quelque chose d'extraordinaire. Le fait est qu'on assûre que dans une grotte de cette montagne, il se trouve quantité de gros serpens qui ont la vertu de guérir la lepre, & autres semblables pustules inveterées, qui rongent la chair des hommes, & contre lesquelles maladies tous les remedes de la medecine sont inutiles.

A cet effet, l'on donne de l'Opium au Malade, & lorsqu'il est endormi on l'expose tout nud dans cette grotte. Les serpens viennent & léchent les ulceres du malade, qui en peu de tems est guéri. Je ne puis dire autre chose sur cet article, sinon que la chose est publique, & que j'ai vû dans l'Eglise de Nôtre-Dame des Monts, à Rome, un Tableau, *Ex voto*, donné par un homme qui apparemment avoit été exposé dans la grotte de la maniere que nous l'avons dit, lequel s'étant reveillé (le somnifere étant peut-être trop foible) & se voyant environné de ces serpens d'une grosseur monstrueuse, il fut saisi de peur comme on peut se l'imaginer; tout ce qu'il pût faire dans cet état, ce fut d'implorer la Vierge à son secours, & les serpens s'enfuirent; ce qui pourroit confirmer ce que la renommée raconte de cette grotte, où peu de gens veulent être exposez. Sans vouloir décider si les serpens s'enfuirent ou par miracle, ou par leur nature craintive; il est toujours certain que cet homme mit ce vœu en reconnoissance de la grace qu'il avoit reçûë, & de ce qu'il n'étoit pas mort de frayeur. Ce qu'on peut dire de cette grotte, c'est qu'elle est fort chaude, & qu'elle excite la sueur qui peut contribuer à la guérison. Quant aux serpens, c'est qu'ils ne sont pas ennemis de l'homme, particulierement quand on ne leur fait aucun mal ; & qu'au surplus le pus de ces ulceres est peut-être agréable à leur goût, puisqu'ils le léchent, & qu'ils en attirent le poison, qui cause la maladie ; comme le chien qui léche les playes. J'ai vû près de Paris, un homme d'esprit qu'on appelloit le Medecin *de Chaudrai*, parce qu'il faisoit sa résidence dans ce Village, qui a guéri plusieurs playes invéterées, sans autre remede qu'en les faisant lécher par des chiens. Je puis dire de plus, qu'il y a des serpens qui sont amis de l'homme, & qui ne lui font point de mal. On en vend à Rome de cette espece, qui sont fort gros & longs, qu'on appelle *Cervions*. Je me souviens que dans mon enfance on m'en achettoit un tous les ans, avec lequel je joüois & me divertissois ordinairement, comme j'aurois fait avec un autre animal domestique, ce que je ne ferois peut-être pas à present.

On trouve certaines montagnes, dont quelques personnes tirent de grandes consequences, & je crois à propos d'en dire quelque chose. Par exemple : entre Reole & St. Macaire, * en France, dans la Paroisse de Sainte Croix, il y a une jolie maison bâtie sur une montagne, qui n'est que de coquilles d'huitres, aussi naturelles que celles qui sortent de la mer. Les Philosophes tâchent de penetrer les causes d'une si étrange production, sçavoir si c'est la mer qui a poussé ces écailles dans le canal de la Riviere, qui se débordant par après les a jettées dans ce lieu, où elle s'est déchargée de ce fardeau qui a formé cette montagne : ou si la terre peut se convertir en coquilles de mer ; ou bien, si ce qui passe à nos yeux pour un miracle de la nature, n'est pas l'ouvrage des hommes qui ont voulu nettoyer le canal de la riviere; ou que par quelqu'autre occasion qu'on ne sçait pas, ces écailles ont été amassées dans cet endroit. Pour éclaircir ce point difficile, je raporterai l'exemple de ce que tout le monde voit encore à Rome.

Il y a dans cette Ville, proche la porte S. Paul, une montagne qui n'est gueres moins considérable, que celle qu'on appelle

* P. Boussig. T. du mond. De l'Europe pag. 285.

Montmartre, près de Paris. Cette montagne n'est formée que de pots cassés, de tuiles, & autres morceaux de terre cuite, que les Latins appellent *testa*; c'est pourquoi on apelloit ce mont *Testaceus*, & depuis par corruption *Monte Testaccio*, connu de tout le monde. On ne doit pas croire que la nature ait produit cette Montagne de pots cassés, car cela est contre l'ordre naturel; mais la tradition porte, que dans ce lieu on fabriquoit tous les pots & les tuiles pour le service de la Ville de Rome, qui étoit alors bien plus peuplée que Paris. Comme il sortoit toûjours des fournaises de ces poteries & tuilleries, quelque quantité d'ouvrage cassé, & par consequent inutile, la Police avoit assigné un certain terrein pour jetter les débris, qui, dans la suite de plusieurs siécles, ont formé par leur amas cette montagne que l'on voit encore aujourd'hui. C'est à peu près (du moins à mon avis) ce que l'on doit dire de certaines montagnes d'huitres qu'on voit en certains endroits, ou que l'on trouve en creusant la terre; car la nature ne produit pas ces sortes de montagnes, ni sur la terre, ni au dedans de son sein; mais il faut dire qu'elles y ont été amassées par quelque occasion, & que si on les trouve dedans la terre, c'est que ces huitres ou autres choses,

dans

dans la suite des tems ont été enterrées & couvertes par la même terre qui est tombée dessus, ou que l'on y a mise.

Je ne laisserai pas de dire, que l'air qui circule dans cette montagne de pots cassés à Rome, & où le soleil ne penetre pas, cet air, dis-je, est si froid, & forme un vent si subtil & si penetrant, qu'on ne peut pas le souffrir long-tems. Le maître d'une vigne voisine, dont les murs confinoient à cette montagne, avoit pratiqué un petit caveau qui recevoit l'air de ce mont, dans lequel en y mettant le vin ou les fruits, en moins de demi-heure ils devenoient si froids, qu'il n'y avoit pas de glace qui en pût faire autant, & le fruit étoit couvert d'une espece de bruine très-fraîche, ce qui, tout ensemble, donnoit beaucoup de plaisir, & d'autant plus que le vin & les fruits ne perdoient rien de leur bonne qualité, & c'est dans un païs chaud, comme celui de Rome, en Esté un très-grand delice.

Ce vent froid de cette montagne de pots cassés, me fait souvenir de la montagne de Besula au Monomotapa, laquelle lorsqu'il fait le plus chaud, soufle un vent très-frais dans une Ville voisine; comme nous n'avons pas beaucoup de relation avec ce païs-là, je n'en puis pas dire autre chose, si

Tome I.   Y

non que nous avons auſſi dans le voiſinage de Rome, proche de la ville de Ceſi, une montagne qui produit le même effet; d'où les plus riches habitans de Ceſi conduiſent l'air frais par des canaux de terre dans leurs maiſons, qu'ils rafraîchiſſent autant qu'ils veulent, en ouvrant des robinets faits à cet effet : la raiſon de cela eſt que cette montagne eſt creuſe au dedans, comme j'ai dit que le ſont la plûpart des montagnes; l'air donc qui eſt dedans eſt très-frais, comme celui du mont Teſtaccio. Quand le Soleil du Midi donne deſſus, ſes rayons entrent au-dedans par les fentes, ou bien ils échauffent la montagne & rarefiant l'air qui eſt au dedans, la chaleur le chaſſe au dehors en forme de vent, ce qui fait le même effet que le feu feroit à une Eliopile. Ceux donc qui cherchent leur commodité, comme je l'ai dit, ont pratiqué des tuyaux dans cette montagne, pour conduire ce vent chez eux dans les heures les plus chaudes du jour. Il y a une choſe aſſés particuliere à remarquer, c'eſt qu'après le coucher du Soleil, lorſque l'air eſt rafraîchi, ſi l'on preſente des linges au-devant des trous de cette montagne, l'air qui rentre de nouveau dans l'endroit d'où il eſt ſorti, les pouſſe contre ces ouvertures, y ayant pour ainſi dire un flux

DE L'UNIVERS. 259

& reflux perpetuel; la chaleur qui pousse l'air au dehors forme le flux, & la fraîcheur qui repousse l'air à remplir le dedans cause le reflux : Ce flux & reflux d'air merite d'être remarqué, & cette connoissance peut servir en d'autres occasions pour rendre raison de certains effets de la nature.

Je ne puis, & je ne veux pas obmettre la relation que nous fait le Philosophe Bernier* de certaines montagnes de l'Indostan, & autres semblables, où on trouve diverses saisons, particulierement d'un côté ou d'un autre de la montagne.

„ Pour ce qui est, dit-il, de nôtre
„ voyage de Bember jusqu'ici, (à Kache-
„ mire,) ce m'a été une chose assez surpre-
„ nante, de me voir dès la premiere nuit
„ que nous partîmes de Bember, & que
„ nous entrâmes dans les montagnes, pas-
„ ser d'une Zone torride à une temperée;
„ car nous n'eûmes pas plûtôt monté cette
„ affreuse, haute, noire, & pelée monta-
„ gne de Bember, qu'en descendant de
„ l'autre côté, nous trouvâmes un air su-
„ portable, plus doux, plus frais, & plus
„ temperé : mais ce qui me surprit da-
„ vantage, c'est de m'être trouvé tout d'un
„ coup comme transporté des Indes en

* Suite des Memoires du Mogol. Voyage de Kachemire. Tom. 3.

„ Europe ; car à voir la terre entierement
„ couverte de toutes nos plantes & arbrif-
„ seaux, excepté l'Hissope, le Tin, la Mar-
„ jolaine & le Romarin, je m'imaginois
„ d'être en quelqu'une de nos montagnes
„ d'Auvergne, au milieu d'une forêt de
„ toutes nos especes d'arbres, de Sapins,
„ de Chênes verds, d'Ormes, de Platanes,
„ & j'en étois d'autant plus étonné, que
„ dans ces campagnes brûlantes de l'Indos-
„ tan d'où je venois, je n'avois presque
„ rien vû de tout cela. Ceci entr'autres cho-
„ ses me surprit à l'égard des plantes, qu'à
„ une journée & demie de Bember, je
„ trouvai une montagne qui en étoit cou-
„ verte des deux côtés, mais avec cette
„ difference que dans le côté de la monta-
„ gne qui étoit exposé au midi, vers les
„ Indes, c'étoit un mélange de plantes In-
„ diennes & Européennes, & dans celui
„ qui étoit exposé au Nord, je n'en re-
„ marquai que d'Européennes : Comme si
„ le premier côté eût participé de l'air &
„ de la temperature de l'Europe & des In-
„ des, & que celui qui étoit exposé au
„ Nord eut été tout Européen.

„ A l'égard des Arbres, (ajoûte-t'il,)
„ j'admirois cette suite naturelle de gene-
„ ration & de corruption ; j'en voyois en
„ bas dans ces précipices, où jamais hom-

„ me ne fût, des centaines qui tomboient
„ ou étoient tombés les uns fur les autres,
„ morts & à demi pourris de vieilleſſe, &
„ d'autres jeunes & frais qui renaiſſoient du
„ pied de ceux qui étoient morts. J'en voyois
„ même quelques-uns de brûlés, ſoit qu'ils
„ euſſent été frappés de la foudre, ſoit que
„ dans le cœur de l'Eté ils ſe fuſſent en-
„ flammés, ſe frottant les uns contre les
„ autres, (je croirois plûtôt en fermentant
„ lorſqu'ils commençoient à pourrir,) étant
„ agités par quelque vent chaud & furieux,
„ d'autant plus que les gens du païs diſent
„ que le feu s'y prend de lui-même quand
„ ils ſont devenus vieux & ſecs, &c.

Quant à cette nouvelle generation, il eſt conſtant que pourvû que l'Ether formateur trouve de la matiere, il ne la laiſſe point oiſive, mais il en forme toûjours quelque compoſé.

Pour ce qui eſt de la temperature de l'air, c'eſt choſe commune & connuë que l'air eſt plus frais & plus temperé ſur les montagnes que dans le bas, où la quantité de ces vapeurs échauffées & agitées, cauſent la chaleur, particulièrement dans ce païs brûlant de l'Indoſtan : & cette temperie d'air, aſſez ſemblable à celui de la plus grande partie de l'Europe, eſt la cauſe de la vegetation de cette grande quantité de plantes qui y viennent, d'autant qu'elles ont besoin d'un air temperé pour subsister. Quant à la montagne dont parle Bernier, il n'est pas étonnant qu'elle ne produise dans l'exposition qui regarde le Midy, où elle reçoit de plus les Vents chauds de ce climat, que les plantes communes du païs, & non pas celles d'un autre: mais pour ce qui est de l'autre côté exposé au Nord, il ne peut pas, suivant les apparences, recevoir ces Vents chauds, qui sont arrêtés par la hauteur de la montagne même, qui joüit par consequent de ce côté-là de vents plus temperés qui lui viennent du Nord; ainsi il est fort naturel que les herbes & les plantes d'Europe y puissent venir, quoiqu'il soit douteux que nos arbres fruitiers y viennent, d'autant qu'il ne parle dans sa relation que des arbres steriles, tels que sont l'Ormeau, le Pin, & autres semblables.

Au reste, il est sensible que plus on monte sur une montagne, plus l'air y devient moins chaud; ce qui est un effet, comme je l'ai dit, des vapeurs humides qui boüillent (pour ainsi dire) à l'ardeur du Soleil, lesquelles vapeurs sont sans comparaison moindres au haut des montagnes, & le changement paroît encore plus grand lorsqu'on sort d'un endroit fort chaud, pour entrer dans un autre temperé; comme il arrive quand on entre dans une cave lorsqu'il fait bien chaud, où l'on s'imagine trouver un air plus froid que celui qu'il fait ordinairement en hyver, quoique cela ne soit pas vrai.

En general plus on monte sur une montagne, plus le froid est grand, & même la plûpart sont couvertes de neiges & de glaces perpetuelles, parceque les vapeurs humides & terrestres, étant en moindre quantité & plus subtiles, elles ne s'échauffent pas tant & ne boüillonnent pas de même; & c'est de ce boüillonnement de vapeurs grossieres, que vient aussi le sentiment de la chaleur. C'est pourquoi les tems humides sont ordinairement moins froids, même en hiver; à quoi les vents qui soufflent alors, contribuent beaucoup.

Je continuërai à rapporter historiquement ce que quelques montagnes ont de particulier.

La montagne de Hanete proche de Maroc, une des plus hautes de celles qui sont connuës sous le nom d'Atlas, est si froide & si remplie de glace, quoique dans un climat brûlant, qu'elle est presque inhabitable par tout. Il y a des montagnes sous la Zone Torride où il ne neige point, &

cependant on y ressent un froid mortel. Dans quelques autres, ce froid n'est sensible que jusqu'au milieu de la montagne, & au sommet on y joüit d'un air fort temperé; ce qui peut venir, à mon avis, de ce que les corpuscules salins, auxquels nous verrons qu'on doit attribuer le sentiment du froid, ces sels, dis-je, ne s'élevent pas à la hauteur de ce lieu: On experimente en montant dans d'autres, toutes les saisons à l'excès; telles que sont le Pic de Tenerif, les Andes & les montagnes du Chili. Ce qui peut arriver quand ces montagnes renferment des feux dans leurs entrailles, & que ces feux comme à Tenerif ne se rendent sensibles qu'en certains endroits, où la montagne est moins épaisse. Les Chinois, observateurs exacts de leur païs, raportent qu'il y en a une fort haute dans la Province de *Quang-sy*, sur le sommet de laquelle on ne peut pas demeurer longtems sans être gelé: Et dans *Quan-tung*, sous le même parallele, il y en a une autre aussi haute, où l'on joüit d'un printems perpetuel, sans aucun changement de saison; sur quoi il ne seroit peut-être pas difficile de rendre raison, si l'on rapportoit les circonstances de l'exposition de cette montagne printaniere; car l'exposition à certains Vents & à certain Soleil y fait beaucoup

beaucoup. Celle de *Co-ki-eu*, dans la province de *Honan*, est de même que la précedente.

Il y en a quelques-unes qui sont fort saines, & dans d'autres on est surpris de maladies en certains tems seulement ; comme est celle de *Pao* en *Suchuen*, où on ne sçait ce que c'est que la fievre, excepté en Mars & Avril, dans lequel tems, si on en est attaqué, d'ordinaire on n'en réchape pas. Celle de *Vili*, en *Queicheu*, a toûjours son sommet couvert de nuages, de même qu'en Italie celle de Radicoffani entre Rome & Sienne : Les montagnes qui sont entre l'Egypte & l'Ethiopie, ont cela de particulier, qu'en Eté l'Hiver regne dans le côté qui regarde l'Ethiopie, parce que dans ce tems les pluïes font un deluge terrible dans ce païs, qui cause l'inondation du Nil en Egypte, où l'air est alors tranquille ; & dans le côté de ces montagnes qui regarde l'Egypte, le Printems y regne, cette inondation ne faisant que temperer l'air. Il en arrive de même à plusieurs montagnes de la côte Orientale & Occidentale d'Affrique : mais cela se remarque clairement dans l'Indostan, en cette longue liziere des montagnes de Gate, où pendant que les pluyes & les tempêtes regnent d'un côté, on trouve dans celui qui lui est op-

Tome I.   Z

posé une serenité tranquille, tout y fleurit, les fruits y meurissent doucement, de maniere que dans ce passage d'un jour ou deux, on trouve un autre Ciel, un autre climat, & un autre monde, comme on l'a dit en parlant de Cachemire.

Il faut donc, pour rendre raison de ces choses, avoir égard à l'exposition du côté de la montagne, & aux autres circonstances que nous ignorons.

Le projet qu'un celebre Sculpteur & Architecte proposa à Alexandre, de faire du mont Athos la figure de ce fameux conquerant, qui d'une main tiendroit une Ville assez grande, & de l'autre une Urne, d'où sortiroit une Riviere qui coule sur cette montagne ; ce projet, dis-je, me fait souvenir que ce qui fut méprisé pour lors, par l'impossibilité qui paroissoit dans l'execution d'un dessein si hardi, s'est trouvé exécuté depuis chez les Chinois, qui ont taillé artistement quelques montagnes qui representent quelques-unes de leurs Idoles. Celle qui a la figure de leur Dieu Fô, est fameuse sur toutes les autres ; ce Faux-Dieu est assis les jambes croisées, avec les mains & les bras croisés de même dans son sein, suivant la coûtume des Chinois : On en distingue les yeux, le nez & la bouche dans un éloignement de plus de deux milles, & toute la figure entiere a plus de 15. ou 20. lieuës. Quand je lûs autrefois dans la relation d'un voyageur qui disoit simplement que les Chinois avoient des statuës si grandes, qu'on les voyoit de plusieurs lieuës & qu'on en distinguoit même le nez & les yeux à quelques milles de distance, je crus alors que c'étoit une hiperbole ordinaire à ceux qui vantent une nation; mais après avoir vû dans la suite cette circonstance chez le Pere Martini *, j'ai connu que ces statuës étant de grandes montagnes, il n'étoit pas étonnant qu'on les vît de plusieurs lieuës loin : Ce que je dis, afin qu'on connoisse que le défaut des circonstances rend souvent incroyable ce qui est une verité constante & fort naturelle.

Les Montagnes ont aussi quelquefois naturellement des figures differentes : Par exemple, il y en a une dans le Dauphiné qui ressemble à un pain de sucre renversé, dont la pointe sert de base & le fort est en haut. On pourroit dire qu'il faut que l'évaporation qui a formé cette montagne, ait été si violente, qu'elle aye élevé presque en un instant une grande quantité de terre; & peut-être qu'une grande partie de cette

* Atlas Sinicus.

montagne est creuse au dedans. Au reste, il ne faut pas croire qu'elle soit précisément comme un pain de sucre, & que sur une pointe fort mince se soûtienne la masse d'une très-grande montagne; mais ne l'ayant pas vûë, j'ai sçû par des gens du païs qui la connoissent, qu'elle a à la verité cette figure, parceque la plus grande partie de la montagne est en haut ; & ce qui me le persuade, c'est qu'on ne peut pas monter dans sa partie la plus élevée, étant inaccessible, comme on l'appelle. Il faut donc prendre les choses par le bon endroit, & non pas à la rigueur.

Il y en a une autre semblable à la Chine, à laquelle on donne le nom de *Pic*, qui signifie *pinceau*, parce qu'elle se dilate dans le haut comme les soyes d'une grosse brosse. Cette nation, aussi curieuse que superstitieuse, remarque dans ses montagnes diverses figures, comme celle de *Ma-gan*, qui represente une Selle de Cheval, ce que signifie le mot *Ma-gan*. Une autre qui a la forme d'un angle aigu ; une qui represente la figure d'un limaçon ; une autre qu'on appelle l'*Ourse celeste*, à cause qu'elle a sept pointes disposées de même que cette constellation : Mais celle de Hu-tung est tout-à-fait remarquable, parce qu'elle ressemble à un homme qui baisse la tête, ce qui ne peut provenir que par la raison que j'ai déja dite, de la disposition de la matiere & de l'esprit interne qui la meut, comme nous l'avons fait remarquer par l'exemple de la cire fonduë qu'on jette dans l'eau, dont la chaleur interne forme diverses figures au hazard.

Il y a près de Montpellier, par-de-là la Maguellone, la montagne de la Baleine qui represente fort bien ce poisson. Le mont Roland, près du détroit de Magellan, est entierement semblable à une cloche.

Il y a une montagne dans la Perse, près du chemin d'Ispahan, qui est assés particuliere. * » Cette montagne (dit Char-
» din) a cela de remarquable, & que je
» n'avois pû croire jusqu'à ce jour que je
» l'ai vû moi-même, c'est qu'à mesure qu'-
» on en approche, elle paroît d'une gran-
» deur & de figure differente. Le sommet
» ou la pointe est toûjours en face, & l'on
» diroit qu'elle tourne du même côté, &
» à mesure qu'on se tourne pour la regar-
» der. J'ai regardé, ajoûte-t'il, ce mont
» de toutes parts, & ç'a été toûjours la mê-
» me vûë.

Cet enchantement naturel peut venir, à mon avis, de la ressemblance des diver-

*Relation du voyage de Perse.

ses vûës & perspectives, la nature ayant fait quelque chose de semblable à ce qu'on voit dans un lieu, qu'on retrouve dans l'autre, pareille en cela à certains tableaux ingenieux, où l'art fait voir divers objets dans le même tableau, suivant les lieux d'où on les regarde.

Je n'entreprendrai point de faire le récit de plusieurs autres montagnes qui représentent des images differentes. Ce seroit un détail fatiguant & même inutile, puisque le lecteur peut imaginer sans crainte dans leur figure, toute la varieté qu'il est possible d'y concevoir. Mais quoique je coure risque de me rendre ennuyeux, je ne puis neanmoins m'empêcher de parler de quelques autres montagnes qui paroissent meriter l'attention des personnes curieuses. Par exemple, il y a à la Chine une montagne qui est fort venteuse en Eté, & point du tout en hiver; ce qui arrive, à mon avis, par une raison semblable à celle de Cesi près de Rome; c'est-à-dire, que la chaleur rarefiant l'air renfermé dans ses grottes, le fait fluer au dehors, & par cette raison le vent qui sort de cette montagne est fort sensible en Eté, & se fait sentir fort doucement, ou très-peu en Hiver. On voit une autre montagne dans le même Royaume, qui a la figure d'un homme, & qui a cela de plus, qu'elle change de couleur, suivant le tems qu'il doit faire. Ce qui peut arriver, sans avoir rien de surnaturel, par l'interposition des vapeurs plus ou moins subtiles qui s'élevent & qui l'environnent, qui doivent sans doute donner à connoître les differens états de l'air à ceux qui le considerent, comme on le remarque dans les eaux de la mer, dont la couleur est differente, suivant que le Ciel est trouble ou serein.

Il y a une montagne dans la Province de *Xen-si*, où on entend un bruit effroyable lors qu'il doit pleuvoir ou faire quelque orage : ceci arrive apparemment à cause que les vapeurs qui s'élevent dans ses cavernes dont elle doit être fort remplie, ayant de la peine à sortir, elles font, comme des vents renfermez, le bruit qu'on entend dans cette montagne à 30. stades loin.

Il y a aussi à la Chine la montagne de *Mingu*, dans laquelle il est défendu de battre le tambour, ou de faire aucun bruit. On prétend dans les Annales Chinoises qu'un certain Roy y perit avec une partie de son armée, par rapport au bruit qu'on y fit en passant, lequel fit élever des tempêtes & des tonnerres épouvantables : Il y en a une semblable qui est rapportée par Bernier dans son voyage de Cachemire,

Z iiij

dont il fait la description. On rapporte la même chose en France d'un lac qui est sur une des montagnes d'Auvergne, autour duquel en faisant du bruit, ou en jettant une pierre dedans, il s'éleve aussi-tôt des tempêtes & des tonnerres terribles. J'ai demandé à plusieurs personnes du païs si le fait étoit vrai, & toutes m'ont assûré qu'il étoit très-veritable. La chose étant ainsi, j'ajoûterai seulement à mon rapport historique, qu'il n'est pas impossible que l'agitation de l'air avec certaines dispositions des environs, ne puissent produire cet effet, & que comme la voix qui se reflechit forme des échos, de même l'air grossier agité avec vehemence produit des vents & des tempêtes.

Le mont Olire dans la Thessalie fait aussi un bruit semblable au tonnerre quand le vent soufle, & qui épouvante ceux qui l'entendent; sur quoi il faut dire, que ce mont étant rempli de cavernes dans lesquelles le vent s'engoufre, cet air agité produit le bruit qu'on entend. Il y a aussi sur cette montagne grand nombre d'arbres de Pins, dont les pommes s'entrechoquant par le vent, cela contribuë à produire un bruit plus grand & plus horrible.

L'on rapporte que dans les endroits où vient la casse, dont les bâtons pendnat aux branches, quand le vent soufle dans les lieux où il y a beaucoup de ces arbres, on entend un tintamare effroyable, qui n'est causé que par les tuyaux de casse que les vents battent les uns contre les autres. On entend un semblable bruit, & par la même cause du vent, sur le mont *Du Puid*, dans les Pirennées ; tout bruit provenant de l'agitation de l'air, ou de la collision des corps qui font celle de l'air.

C'est sans doute par une semblable cause, que provient le bruit qu'on entend dans un certain rocher d'Egypte*, qui semble à ceux qui l'entendent de près, celui d'un moulin à vent, qui tourne incessamment ; le seul vent peut faire ce bruit, puisque suivant la relation, le rocher est creux en plusieurs endroits.

Le mont Athos en Gréce, est comme le Parnasse, le sommet est ordinairement couvert de neige, & le reste de la montagne est très-fertile.

Il y a une montagne en Angleterre dont on parle comme d'une chose merveilleuse. C'est que si l'on jette de son sommet quelque matiere legere, telle qu'un bâton, une planche, ou quelqu'autre chose semblable, rien ne tombe en bas, excepté les choses

*Relation d'Egypte, pag. 379.

fort pesantes, comme les pierres : Cet effet arrive à tous les corps legers qu'on jette par une fenêtre un peu haute, que l'agitation de l'air emporte loin. On dit au surplus que cette montagne est d'une hauteur si grande, qu'elle s'éleve au-dessus des nuës, & néanmoins il y a dans son sommet une source d'eau qui ne sort point de son bassin, parce qu'elle se perd sans doute par quelques canaux qui sont dans les terres qui l'environnent, & il n'est pas merveilleux qu'on trouve dans cette fontaine du poisson, comme des Truites & autres semblables, les premiers œufs, qui ont formé ces poissons étant venus de quelque endroit où il y en a, & d'où la source en question tire son origine.

Il y a encore à la Chine la montagne de *Gan-gi-en*, qui, dit-on, s'éleve au-dessus des nuës, où il y a une fontaine fort medecinale ; la Reine *Xayanga* y fit bâtir un temple à l'honneur de l'Esprit (comme ils le croyent) qui réside dans cette montagne, en memoire de ce qu'elle avoit été delivrée d'une terrible maladie par la vertu de ses eaux.

Quoique j'aye assez parlé des montagnes & des cavernes, je ne veux pas neanmoins finir ce chapitre sans dire quelque chose de certaines grottes qui se présentent encore à ma memoire, & qui sont fort singulieres. On rapporte qu'il y a à Sassenage en Dauphiné, des grottes qui donnent des indices des bonnes ou des mauvaises saisons de l'année. Ce qui peut être comme en Egypte, où l'on juge de la fertilité du païs, par le plus ou le moins de croissance du Nil; semblablement par l'humidité de ces grottes, qui est le fondement de la fertilité du pays, on juge de l'année future, & cela en certains tems, & avec des circonstances que l'on ne dit point & que j'ignore.

Il y a des grottes en Savoye, à saint Martin, semblables à celles de Rancogne en France, qui sont pleines de toutes sortes de figures au naturel.

On voit en Hongrie une Caverne semblable à celle du lac Averne dans le Royaume de Naples, dont la puanteur, qui est apparemment de soulphre ou de quelque autre matiere semblable, fait mourir les oiseaux qui passent par-dessus, si grande est la malignité des exhalaisons qui sortent de ce lieu.

Dans le Finlande, il y a une caverne qui retentit si fort le bruit qu'on fait à son ouverture, qu'il étourdit ceux qui l'entendent; ce qui ne peut provenir que de la repercussion de l'air qui est dans les tours & les retours de cette caverne.

Je finirai en faisant remarquer qu'il y a près de Valence, en Dauphiné, des cavernes qui s'étendent fort loin sous terre, & sur lesquelles le Rhône passe sans y pénétrer, ce qui fait voir que la terre est pleine de ces grottes ou cavernes soûterraines. Il y en a plusieurs à Rome, qui sont très-longues, qu'on appelle *Catacombes*, où les premiers Chrétiens se retiroient pendant les persecutions des Empereurs ennemis du Christianisme, & on en tire beaucoup de Corps Saints. Il est vrai qu'on ne peut pas assûrer si ces grottes son faites par la nature ou par l'art; mais moi qui ai visité ces lieux plusieurs fois, je suis porté à croire que la nature les a commencées, & que l'art, peut-être aidé de la nature, a pû prolonger plus loin ces cavernes, qui vont se rendre dans les champs.

Mais, sans m'en appercevoir, je tomberois tout de bon dans l'inconvenient d'ennuyer le lecteur, qui peut imaginer sans crainte un plus grand nombre de Montagnes & de Cavernes en toutes sortes de païs, que je n'ai pas raportées jusqu'à present.

CHAPITRE III.

Des Plaines.

Toute la surface de la terre n'est pas remplie de montagnes, il y a entr'elles de vastes plaines, qui par leur fécondité fournissent la subsistance necessaire aux hommes & aux animaux. Néanmoins toutes les montagnes ne sont pas entierement pierreuses & infertiles, d'autant qu'il y en a plusieurs qui sont très-abondantes en herbes & en arbres de differentes especes: tout ce qu'on pourroit remarquer à ce sujet, c'est qu'il me semble que les montagnes ne sont tout-à-fait steriles, que lorsque toute leur humidité a été consommée par une longue vieillesse, & qu'étant entierement durcies dans l'interieur, les vents & les pluyes ont emporté le peu de terre fertile qui restoit encore sur leur superficie. Malheur general attaché à la vieillesse d'être aussi horrible qu'infécond.

Les Plaines non seulement sont entretenuës dans la fécondité, par les pluyes & les rosées qu'elles reçoivent, & qu'elles conservent dans leur sein; mais de plus, les Rivieres & les Ruisseaux qui les arrosent, & qui les penétrent de toutes parts, contribuent à les rendre fertiles. Etant évident que sans humidité il n'y a point de vegetation, ce qui fait en grande partie l'aridité des vieilles montagnes; car les collines qui sont encore dans leur jeunesse, produisent comme tout ce qui est jeune.

Il n'est pas besoin de faire l'histoire de toutes les plaines, d'autant que generalement parlant elles n'ont rien de singulier que le plus ou le moins d'étenduë, & je crois qu'il est suffisant pour nôtre sujet de parler seulement de celles qui sont les plus remarquables. Telles sont, par exemple, plusieurs plaines arides & sabloneuses de l'Affrique, qui sont au delà du mont Atlas, qu'on appelle *Deserts de Barbarie*, & beaucoup d'autres qui sont répanduës dans plusieurs endroits de cette partie du monde. Il semble que le Ciel regarde ces lieux avec des yeux de feu, & qu'il ait pris soin de les dessecher, de maniere que dans le trajet de plusieurs centaines de lieuës on ne voit que des sables affreux, qui ne sont jamais arrosés de pluyes favorables. Il n'y a point de chemins frayés ni stables, & de même que sur la mer, on s'y conduit par la vûë des aftres ou de la bouſſole. On y eſt expoſé à des tempêtes qui ne ſont pas moins perilleuſes; car lorſque les vents ſouflent, ils enlevent & tranſportent le ſable dans l'air, qui retombant ſur la terre en forme de pluye ſéche, enterre avant la mort ceux qui ſont aſſez hardis pour s'expoſer à ce danger. Mais que ne peut l'avarice & l'avidité du gain? des marchands avides ne laiſſent pas de paſſer ces ſables deſerts, pour tranſporter le ſel & pluſieurs autres marchandiſes dans les lieux où il y a quelque habitation & où la terre eſt moins ſterile. Il faut porter des vivres & même de l'eau, car ſans cette précaution, on coureroit riſque de mourir de ſoif, puiſqu'à peine trouve-t'on en douze ou quinze jours de marche quelques mauvais puits d'eau à demi ſalée. Il eſt vrai qu'on ſçait en general les ſaiſons & les tems où les vents dangereux ſouflent, mais nonobſtant ces connoiſſances on y eſt ſouvent attrapé, & des caravanes entieres ont été enſevelies ſous des montagnes de ces ſables, que les vents tranſportent de côté & d'autre. Ces deſerts arides ont fait croire aux Cartaginois & aux Romains, que tout ce qui étoit au-delà du mont Atlas, n'étoit pas digne d'être ſoûmis à leur Empire, & que tout y étoit brûlé & inſesecond; ce qui n'est pas, comme je crois l'avoir dit, puisque le dedans de l'Affrique est en beaucoup d'endroits très-fertile, que le miel & la manne y couvrent souvent les herbes & la terre, & qu'elle a au surplus de grandes Rivieres qui rendent plusieurs de ses Provinces fertiles & agréables. Les Plaines desertes du Biledulgerid ne sont pas si affreuses, les palmiers & les dates y viennent en abondance. Il y a des personnes qui disent, pour rendre raison de ces plaines sabloneuses, que ces païs étoient autrefois couverts de montagnes, qui par une succession de plusieurs siécles s'étant consommées, & pour ainsi dire étant mortes, elles se sont réduites en une poussiere aride & sabloneuse, à peu près comme nous voyons que la pierre appellée *Grès* se réduit facilement en sable, en la frapant un peu fort : * d'autres prétendent que l'Occan coupoit autrefois l'Affrique en deux parties, & que les passages de la mer étant bouchés, elle a laissé ce sable dont son fond est ordinairement formé. Pour apuyer cette opinion, ils font observer que la mer Rouge

---

* Dans la Geographie ancienne de Samson, il y a une Carte où il met la mer qui coupe l'Affrique en deux grandes Isles, suivant le rapport de Platon.

se desseche insensiblement peu à peu dans ses bords, de maniere qu'à peine reste-t'il un canal navigable dans le milieu ; de façon que par la suite des tems cette mer n'existera plus, & il ne restera que le sable de son lit qui formera un desert, lequel joindra l'Affrique à l'Arabie, & par consequent à l'Asie. Mais Dieu seul sçait si aucune de ces deux opinions est veritable : Il est certain, & nous le montrerons par des experiences, que les parties de la terre & de l'eau changent de situation. Il est très-assuré aussi, comme je l'ai dit, que les montagnes se réduisent en poussiere. Néanmoins de sçavoir si quelqu'une de ces deux causes est celle qui produit ces deserts sablonneux, c'est ce que nous ne pouvons pas déterminer.

Un des plus grands & des plus fameux & même fort singulier, est celui qui est entre le Tibet & la Chine, qu'on appelle le *Desert de Xamo*, lequel s'étend pendant quelques centaines de lieuës, depuis les montagnes de l'Indostan & du Tibet jusqu'au dedans de la Tartarie, en forme d'une bande de la largeur de plusieurs lieuës. Ce desert est dans une Zone beaucoup plus temperée que celle de l'Affrique. On ne croit pas que la mer ait pû s'étendre de la manière dont on voit ce desert designé dans les Cartes, c'est-à-dire comme un canal extrémement long & fort étroit. Au surplus on ne voit aucun vestige de montagnes qui se soient réduites en sable, & il pleut dans ces lieux.

Mais pour continuer nos recherches, je dirai qu'il y a encore plus, c'est que non-seulement dans la Laponie, mais dans la plus grande partie de la Suede, païs très-aquatique, à cause de ses lacs nombreux, on trouve dans ces lieux froids des deserts qui ne sont pas moins dangereux que ceux d'Affrique. Car les vents qui regnent dans ces païs emportent le sable dans l'air, qui en tombant couvre les fosses remplies de neige & fait perdre la trace des chemins, ce qui met en grand danger ceux qui s'en écartent, particulierement les chasseurs qui courent ordinairement les bois & les plaines, à qui il arrive souvent qu'en croyant marcher sur une terre ferme & solide, elle s'enfonce sous eux, & ils perissent dans des précipices. Il ne fait pas moins dangereux pour ceux qui sont sur les monts appellés *Felices*, parceque dans le fort de l'Eté la chaleur y est si grande, qu'il n'y a point d'homme qui puisse tenir le pied sur une pierre qui aura été exposée au Soleil sans se brûler, ni marcher long-tems à pied nud sur les sables : les arbres qui y fleurissent, mûrissent leur fruit en un mois ou deux. Ce que je rapporte pour faire voir la diversité de la nature des lieux.

Le long de la mer Caspienne, depuis Astracan jusqu'à Tarki, il y a des deserts pendant un grand trajet de païs, malgré le voisinage de la mer, & qu'un grand nombre de Rivieres fort poissonneuses passent à travers ces endroits : mais on ne doit point être étonné de cela, dès qu'on sçaura que les eaux de ces terres sont salées, mal saines & dégoûtantes à boire, & que la terre même trop remplie de sel n'est pas fort fertile. De maniere que lorsque le Czar de Moscovie entreprit en 1723. de faire la guerre à plusieurs nations situées vers ces endroits-là, ses troupes étoient suivies d'une flotte qui rasoit les bords de la mer Caspienne, & qui étoit chargée de vivres & de provisions pour l'armée de terre.

Le Pere Alphonse d'Ival rapporte dans sa relation du Chili, que ce vaste trajet qui est entre les montagnes du Perou & le Bresil, (pour parcourir lequel il faut environ trois mois,) quoique très-fertile en herbes & en animaux, est cependant à demi inhabité. Ce qu'on doit attribuer à ce

A a ij

que le peu d'habitans qu'on y voit sont la plûpart errans, sans aucune habitation fixe & stable. Mais ce grand païs qui est compris sous le nom de *Paraguai* deviendra bien autre, suivant les apparences, puisqu'il commence déja à se remplir de peuples chrêtiens ; car les bons Peres Jesuites rassemblent tous les jours ces nations errantes, & les arrêtent dans des belles Villes & Bourgades qu'ils font bâtir, leur donnant, outre les lumieres de l'Evangile, les loix qui peuvent contribuer à leur bonheur. Comme leurs Missions s'étendent jusques à la Riviere des Amazones, il faut esperer que le reste de cette grande partie du monde, qui avoit été negligée des Espagnols & des Portuguais nous sera enfin connue, & que tous ces peuples qui ont vêcu jusqu'à présent plus en bêtes sauvages, qu'en hommes raisonnables, deviendront civils & policés.

Il est à remarquer que si les hommes n'avoient pas le soin d'abbatre les arbres & de cultiver la terre, elle ne seroit plus qu'un bois épais & une vraie demeure de bêtes sauvages : On en a vû un exemple, entr'autres, dans les forêts de la *Nouvelle France*, qui couvroient des trajets immenses de terre, & rendoient ce païs plus froid, que depuis qu'on en a abbatu une grande quantité, & qu'on s'est mis à cultiver. Elle est à present plus découverte qu'auparavant ; l'air, que les neiges, les glaces & les vents froids rendoient glacial autrefois, est à present beaucoup plus doux & en un mot le climat est à peu près semblable à celui de Paris. Enfin, si la terre n'étoit point cultivée, & qu'on n'eut pas le soin d'en arracher les ronces, les épines & les autres herbes inutiles à la nourriture des hommes, ils éprouveroient dans toute son étenduë la malediction prononcée dans le Paradis Terrestre contre nos premiers Peres & toute leur posterité ; car la terre ne produiroit que ce qui seroit plus convenable aux animaux, & laisseroit mourir de faim leur Roi.

On trouve des Forêts d'une étenduë immense dans ces terres sujettes à la Moscovie, qu'on appelle des *Siberiens* & des *Samoyedes*. La Forêt *Hercinie* étoit fameuse autrefois, mais on n'en trouve que peu de restes dans les *Ardennes*, & ce qu'on appelle aujourd'hui la *Forêt Noire*. Les Forêts des *Czeremisses*, qui signifie *habitans des bois*, sont fort vastes. Il y en a nombre d'autres dans l'Affrique & dans l'Asie ; mais comme ce sont des productions communes de la nature, je ne m'y arrêterai pas davantage.

Il y a une infinité de Plaines qui meritent d'être remarquées par quelque autre singularité, mais on apprendra cela dans la suite de cette histoire.

Quant à la generation de ces sables, je tâcherai d'en donner aussi une origine probable, lorsque je parlerai de la maniere dont je crois que le sable se produit.

CHAPITRE IV.

Des Feux que la terre nourrit dans son sein.

L'On ne peut pas bien connoître tout ce qui arrive sur la superficie de la terre, si l'on n'a quelque connoissance de son interieur, & nous avons cette obligation au Pere Kirker de nous avoir ouvert les yeux sur une chose si importante ; c'est pourquoi après avoir parlé des Plaines & des montagnes qui sont sur la superficie du globe terrestre, il faut penetrer aussi dans son interieur.

Ce Globe, qui est formé visiblement de terre & d'eau, ne laisse pas de nourrir dans ses entrailles un feu effectif, materiel & brûlant, que l'Eter excite par sa vertu active & mobile ; & comme l'air s'insinue par tout, & que ce feu ne pourroit pas subsister sans cet element, il en résulte que ces quatre Elemens ou principes sont mêlés ensemble & forment nôtre Globe, & que tout ce qui se produit en lui tient de ces quatre substances.

Comme de ces quatre substances, l'eau,

la terre & le feu corporel, sont visibles & sensibles, je ne veux pas sortir des choses que les sens nous montrent, ni changer les idées ou les manieres de parler auxquelles on est accoutumé; c'est pourquoi je me servirai de ces mêmes principes.

J'ai donc dit que le feu qui est nourri dans les entrailles de la terre, est un feu effectif, & non imaginaire, parce qu'il est facile de le faire avoüer aux sens; car en parcourant les diverses parties de la terre, nous trouverons presque par tout des marques d'un feu sensible & brûlant, qui sort d'un grand nombre de montagnes. Pour épargner au lecteur curieux la peine de rechercher lui-même tout ce qu'on a écrit sur cette matiere, je vais donner ici un détail de la plûpart des feux que nous connoissons, laissant à sa discrétion d'en mettre plusieurs autres que j'ignore. Je suivrai en grande partie dans mon rapport historique les memoires du Pere Kirker, à qui nous devons principalement cette judicieuse observation, & lequel, par la commodité de ses confreres les Peres Jesuites qui sont répandus par toute la terre connuë, a pû être informé facilement de la verité de ce qu'il a écrit, que j'ai tâché néanmoins de verifier encore par un grand nombre

nombre de relations de voyages, qui rapportent unanimement les mêmes choses.

Je dis donc que par la quantité des volcans, des montagnes ou autres lieux, par lesquels comme autant de cheminées s'exhalent les feux qui sont dans le sein de la terre, il y a lieu de croire avec certitude qu'elle nourrit dans son sein quantité de feux effectifs, sans compter ceux qu'on ne voit pas, & qui en differens tems se font connoître, comme nous le verrons dans le cours de cette histoire. Mais pour venir aux faits & épargner les paroles, je vais commencer par les feux dont nous avons connoissance en Europe.

C'est une chose connuë qu'auprès de la ville de Naples, le Mont Vesuve jette souvent des flammes, & presque toûjours une fumée sulphureuse, qui se fait assés sentir à ceux qui montent sur cette montagne, quoique de loin elle ne paroisse pas toûjours telle: L'on sçait aussi qu'il y a dans les Isles *Eoliennes* qu'on appelle à present Isles *de Lipari*, qui sont à quelques lieuës de la côte, deux de ces Volcans; l'un dans l'Isle de *Stromboli*, & l'autre dans une petite Isle voisine, qu'on appelle le *Volcanello*, ou le petit Volcan, parce qu'en effet il est plus petit que celuy de *Stromboli*.

Je crois que je ne déplairai point au

lecteur de donner ici un abregé des differens embrasemens du Vesuve, & dans quel tems ils sont arrivés. Ce que je trouve d'abord de fort remarquable, c'est qu'il n'y a point de memoire, ni dans les historiens, ni dans les Poëtes, que cette montagne ait jamais jetté de feu avant le regne de l'Empereur Titus ; ce qui fait voir que ce feu se nourrissoit dans les entrailles de la terre, comme plusieurs autres, sans paroître ; ou qu'il s'exhaloit par quelqu'autre endroit. De fait, depuis que ce mont vomit des flammes, les Isles Eoliennes qu'on appelle à present de Lipari, qui brûloient auparavant presque toutes, se sont en partie éteintes. Ce fut donc sous le Regne de Titus, que le feu, que cette Montagne couvoit dans son sein, éclata pour la premiere fois avec tant de violence, que non-seulement les deux Villes *d'Hervelana* & de *Pompea* furent ensevelies sous les pierres & les cendres qui en sortirent, & au-dessous desquelles en creusant, on en trouve encore aujourd'hui les vestiges ; mais même la ville de Naples en fut fort endommagée. C'est dans cette occasion qu'on perdit le fameux Pline, qui commandoit alors la flotte des Romains à Miséne, lequel courut à cet embrasement avec sa curiosité ordinaire, & fit aprocher son vaisseau le plus près du lieu qu'il fut possible, pour mieux considerer un spectacle si étrange & si nouveau; comme il étoit pour lors âgé, & qu'au surplus il étoit incommodé de la poitrine, il fut tout d'un coup surpris par la malignité des vapeurs épaisses & sulphureuses, qui furent la cause qu'il tomba malade & mourut au bout de peu de jours; ce qui a donné lieu de dire qu'il s'étoit fait descendre dans le creux de la montagne, où les flammes l'avoient suffoqué & réduit en cendres. C'est donc dans ce tems-là, que cette bouche d'Enfer parut pour la premiere fois. Elle fut tranquille pendant un assez long tems, puisqu'on ne nous marque point qu'elle ait fait paroître depuis d'embrasement notable qu'en 471. mais celui-ci fut si violent, que les cendres en allerent jusqu'à Constantinople, comme pour annoncer par ce prodige la destruction de l'Empire, qui arriva presque immediatement après par l'inondation des Gots. Le troisiéme incendie considerable, rapporté par Baronius qui en fait l'histoire, est arrivé en 681. Cet Auteur raconte que plusieurs fleuves de soulphre & de bitume sortirent de ce gouffre, & coulerent jusqu'à la mer, dont on en voit encore les marques à present. Il y en a eu plusieurs autres moins considerables de-

B b ij

puis ; mais après avoir été quelques centaines d'années comme assoupi, il a recommencé avec plus de fureur que jamais dans le siecle passé. La premiere fois en 1631. Ensuite en 1638. Enfin en 1690. il jetta une si prodigieuse quantité de torrens de flammes & de matieres sulphureuses, avec une si grande abondance de pierres & de cendres, joint à des tremblemens de terre si épouvantables, que la ville de Naples, de Benevent, & plusieurs autres dans ce dernier événement coururent grand risque d'être entierement détruites, produisant encore au surplus la peste qui y a duré fort long-tems, & que je vis presque se communiquer à Rome, dans un voyage que je fis en Italie peu après que cela fut arrivé.

 Voilà en peu de mots l'histoire de ce Volcan, qu'on croit avec beaucoup de raison communiquer par des canaux soûterrains aux Isles de Lipari, qui sont vis-à-vis, parceque dans le même tems que le Vesuve est le plus en fureur, (comme il arrive quelquefois,) les Volcans de ces Isles marquent aussi la leur à proportion.

 L'on a encore les mêmes raisons pour dire que tous ces Volcans ont par-dessous la mer quelque communication avec les feux du Mont Etna, qui comme le plus grand fait aussi un ravage plus considerable,

Cette fameuse montagne est incomparablement plus haute que le Vesuve, puisqu'elle a, suivant les dimensions de quelques Mathematiciens, environ 10. ou 12000. pas geometriques de hauteur perpendiculaire. La partie inferieure de la Montagne & les Vallées qui l'environnent, sont très-fertiles & très-abondantes : Ce qui est commun à toutes les terres voisines des Volcans, parceque ces feux internes, lors qu'ils sont accompagnés de l'humidité des pluyes, ou du voisinage de la mer, causent toûjours une abondance merveilleuse. Elle est donc, comme je viens de le dire, fort abondante dans sa partie inferieure & remplie d'arbres de toutes sortes d'especes ; mais dans la portion d'en haut, c'est-à-dire vers le milieu, elle est toûjours couverte de cendres & de pierres qui sortent à tout moment de ce terrible gouffre, & qui se mêlent avec la neige, dont le haut de ce mont est toûjours couvert. La plus grande ouverture est au sommet, qui ne presente aux yeux qu'un abîme profond, dont la circonference a à peu près 10. ou 12000. pas geometriques ; c'est-à-dire trois à quatre lieuës de tour, & environ le tiers de diametre ; elle se trouve quelquefois plus ou moins grande, comme aussi plus ou moins tranquille, suivant les tems & les dispositions interieures: on assûre même qu'on l'a vû tout-à-fait bouché en differens tems, de maniere qu'on n'en voyoit sortir ni feu ni fumée. Il y a dans beaucoup d'endroits de la montagne plusieurs autres ouvertures, qui jettent le jour une fumée, qui paroît très-lumineuse & très-claire pendant la nuit. On remarque de tous côtés les vestiges des ruisseaux de matiere sulphureuse, semblable à du métail fondu, qu'elle vomit de tems en tems, & l'on ne voit que des pierres brûlées, qu'on appelle *Charres* dans le païs, dont non-seulement le mont, mais toute la campagne voisine est remplie, lesquelles sont jettées à plusieurs lieuës loin lors qu'il est en fureur. Il est rarement dans un état entierement paisible, & on entend toûjours un certain fremissement ou tremblement sous les pieds qui cause beaucoup d'épouvante; donnant toûjours au surplus quelques marques de l'ardeur qu'il renferme dans son sein, par la fumée, par les flammes, & par les cendres qui en sortent incessamment en plus ou moins grande quantité.

Les plus anciennes histoires parlent de ce feu, par consequent on n'en connoît pas le commencement : Tout ce qu'on peut dire, c'est qu'il est *ab immemorabili*,

& cependant sa source ne tarit point ; comme il paroît que fait celle du Vesuve. On trouve que dans l'espace d'un peu plus de 3000. ans, il y a eu dans cette montagne environ 30. embrasemens considerables.

Le premier est arrivé, suivant le témoignage du faux Berose, publié par Anhius de Viterbe, lorsque Janus & ses compagnons descendirent dans la Sicile, qu'ils furent obligés d'abandonner à cause des feux & des tremblemens de terre qu'ils virent dans cette Isle. Le second du tems des Argonautes, douze siecles avant la naissance de Jesus-Christ. Le troisiéme sous Enée. On en compte trois autres, depuis la troisiéme Olimpiade jusqu'à la quatre-vingt-troisiéme. Du tems des Consuls quatre très-remarquables. Un sous le regne de Cesar, & un autre sous celui de Caligula l'an quarante de Jesus - Christ. Environ le tems du martyre de Sainte Agate la même chose arriva. En 812. du tems de Charle-Magne, il y en eut encore un autre. Depuis l'année 1160. jusqu'en 1169. il brûla plusieurs fois, & la Sicile fut presque continuellement secouée par de grands tremblemens de terre, qui causerent la mort à plusieurs milliers de personnes, & la ruine d'une très-grande quantité de villes, entre lesquelles Catane fut à demi

Bb iiij

détruite, par les prodigieux torrens de feu qui vinrent jusques dans ses murailles. Ce Volcan recommença dans l'année 1284. Depuis 1329. jusqu'en 1333. il brûla presque toûjours. En 1408. il reparut de même; mais en 1444. il ne discontinua point de brûler jusqu'en 1447. Il fit de même depuis 1536. jusqu'en 1537. Enfin il recommença de plus belle ses horribles incendies en 1633. qui durerent jusqu'en 1639. & qui furent accompagnés de ceux du Vesuve qui avoit été long-tems paisible. Après un court repos, il reparut plus impetueux & plus violent que jamais en 1660. mais l'embrasement qui suivit neuf ans après (1669.), un peu avant que je vinsse d'Italie en France, a été un des plus memorables qu'on ait jamais lû dans l'histoire ; & je crois que je ferai plaisir au lecteur curieux, de rapporter ici une relation exacte de ce que j'ai recueilli de plusieurs mémoires fidels, & sur le rapport de quelques amis qui ont été témoins oculaires de cet évenement, qui arriva dans un tems où j'étois en âge de raisonner.

RELATION.

Dix-huit jours avant qu'il y eût aucun soupçon de feu dans le mont Etna, (car d'ordinaire il ne jette que de la fumée, & de tems à autre il fait voir quelque petite flâme peu sensible,) on ressentit dans toute la Sicile, & particulierement aux environs de la montagne, de grandes tempêtes, accompagnées de vents & d'éclairs effroyables, qui furent suivis de terribles tremblemens de terre, qui abbatirent plusieurs édifices, & dont le Bourg de *Nicolosi*, qui est à un quart de lieuë du mont Etna & de l'endroit où le feu sortit après, fut entierement renversé, & presque abîmé. Ces tremblemens furent plus violens trois jours auparavant qu'il parût aucun feu, dans lequel tems le Bourg fut renversé. Il est à remarquer que plusieurs personnes qui étoient sur la mer de Sicile & de Calabre entendirent dessous les Ondes de grands bruits & frémissemens, & ils les voyoient boüillonner de toutes parts, quoique la mer d'ailleurs fût fort calme, & le Ciel fort serain ; cela a été confirmé non seulement par les gens du païs, mais par d'autres nations, comme Genois & autres navigateurs, lesquels éprouverent & virent la même chose. Il faut observer aussi qu'environ deux mois auparavant le Vesuve, Stronghilo, & les autres Volcans des environs, étoient plus en fureur qu'à l'ordinaire, lançant des feux & des fumées avec une plus grande violence que de coûtume, & le haut du mont Etna où paroissent ordinairement les feux, & dont l'ouverture étoit bouchée par des incrustations de la fumée, des cendres, & des pierres de ponce qui s'y étoient arrêtées, tomba au fond du gouffre avec un bruit épouvantable.

Enfin le 11. Mars 1669. le feu commença à paroître, non pas par la grande bouche ordinaire, ni par aucune des autres fentes déja ouvertes ; mais il éclata & fit ouvrir la terre à deux mille pas loin de la grande montagne, se faisant trois passages par trois petites collines appellées *Malpasso, Montpeleri, & Fossera* *, qui sont à dix milles de la ville de Catane, lesquelles sont des petites branches de la montagne de *Nocillo*. Ce fut une chose horrible de voir la terre s'ouvrir en un instant, avec un éclat plus terrible que cent tonnerres ensemble, qui secoüa toutes les campagnes des environs, & de voir lancer contre le Ciel, non seulement une quantité prodigieuse de flammes & de cendres, mais de les voir accompagnées d'un fleuve d'une matiere sulphureuse & metallique, qui s'élevoit en l'air, comme un jet d'eau, à la hauteur de 15. ou 20. pieds.

* Ces trois monts sont plus bas que l'ouverture de l'Etna, par où le feu sort ordinairement

Chacune de ces trois collines avoit une source particuliere qui couloit par la pente, & qui se rencontrant à quelque distance de leur origine, formoient un grand fleuve de feu, plus terrible que celui de Phlegeton, qui prit ensuite son cours vers Catane, qui n'en est, comme je l'ai dit, qu'à dix milles, ou trois à quatre lieües parisiennes. Dans les premieres 24. heures ce fleuve avança son cours l'espace de trois milles, qui est une grande lieuë de France, mais après il alla plus lentement, de maniere que vers le cinq Avril, c'est-a-dire 25. jours après son commencement, il n'avançoit gueres plus que de 150. 120. ou 100. pas par jour, & il perseverá ainsi encore 15. ou 20. jours, toûjours diminuant; dont la cause pouvoit provenir de ce que les grands amas de matieres s'étant dégorgés, elles couloient en moindre quantité & avec moins d'impetuosité; comme aussi parce-que cette substance minerale étant plus é-loignée de sa source, devenoit plus froide & moins coulante; c'est pourquoi celle qui étoit plus loin de la source ne couloit pas si facilement, & s'étant épaissie par le froid, elle résistoit da-vantage à l'impulsion de la matiere qui la chassoit en avant. Ajoûtez encore à cela, que la pente n'étant pas si grande, mais la plaine étant plus unie, elle ne rouloit pas avec tant de rapidité. De maniere que toutes ces raisons jointes ensemble, pouvoient être la cause que ce fleuve de feu avoit diminué la rapidité de son cours. Sa largeur étoit en plusieurs endroits d'une grande lieuë, en d'autres moindre, selon les differences de la plaine dans laquelle il se répandoit, & même de tems à autre se separant il couloit en plusieurs branches, qui se rejoignoient après dans d'autres endroits. Ce fleuve étoit de la hauteur de dix à douze pieds, & il pénétroit au dedans de la terre, à trois ou quatre pieds, plus ou moins, selon la difference du terrein. Il n'est pas besoin de dire qu'il ruinoit entierement, par où il passoit, tout ce qu'il touchoit ; mais ce qui paroîtra merveilleux, c'est qu'à quelque distance de ce feu, non seulement les arbres tomboient, mais les maisons aussi se renversoient; la raison de cela n'est pas difficile à trouver, car la terre étant enflammée par ce souffre brûlant qui la pénétroit, la chaleur qui se répandoit de tous côtés, brûloit les racines des arbres, qui n'ayant plus de soûtien tomboient necessairement : Et de même les fondemens des maisons aussi bien que la terre qui les environnoit, étans calcinés & réduits en poussiere, elles s'affaissoient

& tomboient en ruine. Ce torrent coula ainsi jusqu'à la ville de Catane, où après avoir rempli les fossés, & être monté jusques par-dessus les murailles, où le feu pénétra en quelques endroits, par un bonheur particulier, il prit son cours vers la mer, où il entra plus d'un mille ; c'est-à-dire près de demi-lieuë en avant, faisant sécher & retirer les eaux, qui boüillonnoient par la chaleur de ce feu.

Il y eut plusieurs terres & Bourgs considerables, quelques-uns même habités par trois ou quatre mille personnes, qui furent renversés par cette terrible inondation de feu, dont il y a peu d'exemples, & le dommage qu'elle causa ne se peut pas exprimer.

Plusieurs curieux examinerent la substance de cette matiere, & ils la trouverent fort pesante & semblable en quelque maniere (lors qu'elle étoit froide) à la lope de fer, mêlée avec beaucoup de soulphre & differentes sortes de sels. Elle étoit très-dure, spongieuse en plusieurs endroits, & d'autres fort solides ; & tant dans la couleur que dans la consistance, elle ressembloit fort au *Mache-fer*. Les sels paroissoient tenir de la nature du vitriol, du salpêtre, du sel armoniac, mêlés avec beaucoup de soulphre. L'on a essayé d'en faire manger à des chiens & autres animaux, pour voir si cette matiere tenoit de l'arsenic, mais ils n'en ont eû aucun mal. Lorsque cette matiere couloit, la surface en étoit comme cendrée ; & l'air refroidissant la superficie, la congeloit, & formoit dessus une croûte très-dure & épaisse, au-dessous de laquelle la matiere liquide couloit. Cette croûte s'entr'ouvroit souvent par l'effort de la nouvelle matiere survenante, & tomboit au dedans du torrent liquide, & ainsi successivement. Au-dessus de ce torrent, nageoient une très-grande quantité de pierres brûlées, que les gens du païs appellent *Sciarra*, de maniere que lorsque l'inondation s'éleva au haut des murs de Catane, on voyoit que le torrent étoit beaucoup au-dessus des murailles sans entrer dans la Ville, ce que les Moines firent regarder comme un miracle de la sainte Protectrice de cette Ville. Mais la véritable raison est, que le torrent de Bitume n'étoit pas au niveau des murs, mais bien au-dessous, & que ces pierres, comme étant plus legeres, nâgeoient en quantité sur la matiere bitumineuse, & surpassoit effectivement de plusieurs pieds les murs de la Ville, où elles ne pouvoient entrer qu'avec la même matiere sur laquelle elles s'apuyoient, & qui étoit retenuë par l'épaisseur des murailles, qui étant plus fortes & plus épaisses, pour résister, que les simples maisons des Païsans, aussi purent-elles mieux soûtenir ; de maniere que souvent on fait passer pour miracle des choses fort naturelles, quoiqu'on doit croire que la sainte Protectrice ait détourné de la Ville ce torrent, & qu'elle l'ait fait couler vers la mer avant qu'il eût pû surmonter les murs de cette Ville. Toute la campagne est restée pleine de ces pierres, & sur la mer il s'en est formé comme une Digue qui a fait retirer les eaux bien loin, & y a formé une nouvelle Plage.

Mais les endroits où la matiere s'étoit refroidie & la croûte durcie, on y pouvoit passer en toute sûreté au-dessus des pierres, qui formoient une espece de Pont : néanmoins quoique ces pierres parussent froides au-dehors, au-dedans elles étoient fort brûlantes, à moins qu'elles n'eussent le tems de se refroidir, étant entierement détachées de la masse. Lorsque le torrent couloit, elles ressembloient assés à ces morceaux de glace que la riviere entraîne quand elle a été gelée, & qu'elle *debacle*, comme on dit à Paris.

Leur grandeur, dureté, & pesanteur étoit differente, selon qu'elles étoient plus ou moins brûlées. Quelques-uns ont mis dans ce torrent de feu un bâton & ils l'ont trouvé réduit en charbon & non en cendres; c'est à cause, je crois, qu'il ne se formoit point de flamme dans cette matiere épaisse. D'autres y ont mis une verge de fer, ou une épée, laquelle ne s'est point fonduë, mais elle s'est réduite en morceaux jusqu'à la Garde; ce que je regarde comme un effet des esprits salins & sulphureux qui pénétroient les pores du fer avec violence, & le calcinoient en un instant, comme l'eau forte le fait peu à peu; & que le feu dans cet endroit où ils ont fait l'experience, n'étoit pas assés chaud & assés fort pour fondre ce fer, ce qui seroit arrivé peut-être dans l'endroit où le feu étoit plus ardent. (En effet j'ai vû des relations qui disent, qu'une barre de fer mise dans ce torrent s'y fondoit comme la cire, ce qui est d'autant plus probable que ces experiences ne se faisoient pas de trop près.)

Ces vomissemens de feu durerent avec violence depuis le 11. de Mars jusqu'à la fin de Mai, dans lequel tems ils commencerent à diminuer peu à peu & cesserent enfin entierement vers la fin de Juin. Aux sources de ce torrent, on vit s'élever sans cesse une grande flamme, qui montoit jusqu'au Ciel parmi de grands tourbillons de fumée, qui tinrent toûjours le Soleil obscurci. Tout cela étoit accompagné d'une grande quantité de pierres & de cendres brûlantes, qui étant aidées du vent furent emportées

portées 30. & 40. lieües loin, tant dans l'Isle, que dans la Calabre & dans les Mers, & plusieurs Vaisseaux furent couverts de cette pluye. L'épouvante, la terreur, les morts, & les ruines que ce feu infernal produisit, se peut plus facilement imaginer qu'exprimer. Onze Villages ou Bourgs furent anéantis par ce torrent de feu, & plus de 35. autres à demi ruinés, pour ne pas dire tout-à-fait. Siracuse fut presque détruite, & le tremblement de terre fit reculer la mer avec tant d'impétuosité, qu'on vit quantité de Poissons à sec ; mais étant revenuë ensuite avec la même violence, elle passa par-dessus les murailles de la Ville, & entra jusques dans la Citadelle où elle jetta beaucoup de Poisson.

Si Catane échapa sa ruine dans cet embrasement, ce ne fut pas pour long-tems, car en 1693. la Sicile souffrit encore un horrible tremblement. La Vallée de *Note*, qui est au midi de cette Isle, fut presque ruinée. Plusieurs Villes s'abîmerent, à la place desquelles parurent des Lacs. Siracuse souffrit beaucoup. La Mer s'étant retirée à Messine avec violence par ce tremblement, les Poissons resterent à sec, & étant revenuë avec impétuosité elle passa jusques par-dessus les murailles de la Citadelle, où elle jetta du Poisson. En un mot plus de cinquante Vil-

Tome I. C c

les, Bourgs & Villages furent abîmés, ou détruits presque entierement. Il y mourut plus de cent cinquante mille personnes. Avant que ce boulversement effroyable arrivât, le tremblement avoit commencé à se faire sentir, mais il ne fit pas alors grand mal; ce ne fut que deux jours après qu'il recommença heure pour heure plus furieux qu'il n'avoit été, aussi en un quart-d'heure tout abîma. A Catane de 22000. personnes, il n'en rechapa que deux mille estropiés ou blessés; la mer se retira près d'un mille, emportant avec elle huit felouques qui étoient dans le Port. Cette Ville fut presque entierement engloutie, & il y est resté à la place un Lac de plus de quatre mille de circuit, rempli d'eau soulphreuse & puante. A Agusta il en arriva presque autant : ce qui fut augmenté par le malheureux accident du feu qui prit aux munitions du Château, par une exhalaison de soulphre sortant de la terre, qui étoit ouverte en mille endroits & qui fit sauter une infinité de Boulets, de Bombes, de Grenades, & de pierres de la forteresse, de maniere que les Galeres de Malthe qui étoient dans ce Port furent fort endommagées par cette terrible pluye; la Mer se retira aussi, & il fallut avec vitesse faire sortir les Galeres du Port pour ne pas échoüer, comme il arriva à un petit Vaisseau qui ne pût se retiter assez vite. Les cailloux de la Mer s'entrebattoient. Enfin, toute la Sicile non seulement fut sécouée par ce tremblement, mais on le ressentit à Malthe & jusques dans l'Affrique en même tems. Il se fit ressentir pareillement dans toute la Calabre, & jusques dans le Golphe de Venise. L'Etna faisoit un bruit effroyable, qui s'entendoit jusqu'à Messine; l'air étoit comme en feu à Malthe, & par tout avec une puanteur horrible de soulphre.

J'ajouterai à ceci, qu'il y eut dans l'année suivante de cet événement, de grands tremblemens de terre le long des deux côtes de la Mer Adriatique, dont entr'autres la Ville de Raguse fut entierement détruite; & dans la Marche d'Ancone, une Montagne du terroir de *Fermo*, appellée *Delle-Grotte*, très-abondante en Arbres, & parsemée de plusieurs Maisons, fut poussée par un tremblement de terre deux lieues dans la Mer, avec une impetuosité plus forte que celle d'une mine qui fait sauter un Bastion.

Cette Montagne fut dissipée en plusieurs éclats, desquels plusieurs Vaisseaux & Barques qui se trouverent-là à la rade furent submergés ou endommagés.

Je pourrois rapporter une infinité d'événemens semblables, & particulierement du tremblement horrible arrivé au Canada en 1663. sur plus de 200. lieües de terre en lon-

C c ij

gueur & 100. en largeur, qui font plus de 20000. lieües en superficie. On y voyoit l'air tout rempli d'exhalaisons flamboyantes qui sortoient de la terre, dont le sein s'entr'ouvroit de toutes parts, & qui engloutit plusieurs Villages ; quantité de rochers très-hauts y furent abîmés, à la place desquels parurent plusieurs Lacs. En differens endroits des crevasses de la terre vomissoient des torrens d'eau, qui s'élançoient à la hauteur de plusieurs piques en l'air, dont quelques-uns étoient de couleur de lait, d'autres de sang, & la grande riviere même de St. Laurent prit une couleur de soulphre détrempé, qu'elle conserva plus de huit jours. La plus grande partie des eaux puoient fortement le soulphre, & plusieurs gouffres qui s'ouvrirent, dont quelques uns avoient plusieurs lieues de tour, vomissoient des exhalaisons sulphureuses & enflammées. On vit voler en l'air de grandes pieces de terre, avec la même rapidité que feroit une mine, qui retombant ensuite toutes brûlantes faisoient l'effet d'un feu d'artifice. Des bois de 20 lieues de longueur sauterent de même & furent renversés, dont les rivieres furent toutes couvertes. La terre fut applanie où elle étoit élevée, & s'éleva où elle étoit unie. De nouvelles rivieres nâquirent, & deux grandes entr'autres tarirent tout d'un coup. Plusieurs Montagnes se sont choquées ensemble, & renversées ensuite. » On peut comprendre, » (dit l'Auteur de la Relation,) nôtre dé- » solation; nos gémissemens, accompagnés » des hurlemens des animaux, & des mu- » gissemens de la terre représentoient une » image du Jugement dernier. Mais si dans un » spectacle si terrible on peut mêler quelque » chose de plaisant, il étoit ridicule de voir » les Sauvages qui tiroient des fléches en » l'air & des coups de fusils, en faisant des » cris épouvantables, comme dans un véri- » table combat, croïant que tout ce tinta- » marre n'étoit causé que par les ames de » leurs ennemis, qui venoient pour s'em- » parer de nouveau de cette terre dont ils » les avoient chassés, ce qui peut faire voir » leur simplicité & leur superstition, &c.

Je ne doute point, par tout ce que je viens de dire, qu'on ne soit curieux de sçavoir comment il se peut faire que les Montagnes dont nous avons parlé puissent continuer à brûler depuis tant de siécles, car le feu aïant besoin d'aliment pour subsister, il est difficile de comprendre que la matiere qui nourrit ces feux n'ait été consommée depuis deux ou trois mille ans que ces Montagnes brûlent; mais si l'on considere avec attention les circonstances, on verra qu'il n'est pas difficile de le connoître. La premiere circonstance consiste à remarquer que ces volcans ne jettent du feu que de tems à autre, & qu'ils demeurent assés ordinairement pendant 50. & souvent 100. ans & plus comme endormis, & à peine donnent-ils quelques signes de vie par un peu de fumée, qui encore souvent ne paroît pas. Il arrive même que l'ouverture par où la flamme & la fumée s'exhalent, se bouche quelquefois par le progrès du tems, ce que nous avons remarqué dans l'Etna, dont l'ouverture étoit bouchée avant de produire l'effet dont nous avons parlé, par les pierres, les cendres, & la suye que la Montagne exhale sans cesse, laquelle croûte s'étant détachée tomba au fond avec grand bruit. Peut-être que cet accident fut la cause qu'aïant bouché les soupiraux par où le ~~feu~~ auroit pû sortir, il prit un autre chemin par les ouvertures qu'il fit aux trois Montagnes de *Nocillo.* Cela étant indubitable & sûr par la longue experience, il en résulte qu'il y a peu de matiere qui se consomme. En second lieu pour entretenir ces feux long-tems il n'en faut pas beaucoup; car étant vrai, comme on l'a vû, que cette matiere est semblable au fer, mêlée de soulphre & de sels differens, il n'est pas difficile de concevoir que cette matiere ferrugineuse est consommée avec difficulté, &

qu'elle peut durer long-tems; d'autant plus que ce feu est couvert dans les abîmes de la terre, & que le feu couvert dure bien plus que celui qui est exposé à l'air. Mais enfin, comme le tems & le feu consomment toutes choses, on peut demander comment il peut arriver que ces feux ne s'éteignent pas, & même pourquoi ils font plus de fracas lorsqu'on les croit absolument éteints.

À quoi il me semble qu'on doit répondre, qu'il est visible qu'il se fait tous les jours une nouvelle production de cette matiere combustible propre à entretenir ces feux; & même que s'amassant peu à peu, lorsqu'elle est augmentée à un certain point, il en arrive que cette matiere fermentant & se dilatant, ne peut plus tenir dans l'espace qui la contenoit auparavant, de maniere qu'elle cherche à sortir avec l'impétuosité & la fureur qui est ordinaire au feu.

La question est de voir comment se fait cette reproduction de la matiere qui nourrit ce feu; mais comme je parlerai de cela dans le chapitre des Métaux & des Mineraux, il faut voir cet article, parce qu'alors on comprendra mieux de quelle façon cette matiere ferrugineuse & bitumineuse peut se produire : en attendant on peut considerer que la nature n'est jamais oisive, & que non seulement sur la superficie de la terre, mais au dedans, elle produit toûjours quelque chose sans relâche. Ce qu'elle produit dans son sein sont des substances minerales, qui sont celles qui servent d'aliment à ces feux, & qui s'étant amassées depuis un grand nombre d'années dans les Cavernes de la terre, en sortent enfin comme des torrens plus ou moins abondans, & de la même manière que nous l'avons décrit dans la relation précédente.

Une des choses que nous pouvons conjecturer avec quelque fondement, c'est que cette matiere de feu boüillonnant dans les entrailles de la terre, peut fort bien produire les tremblemens, & qu'en cherchant à se faire une ouverture pour en sortir, elle abîme & engloutit à sa place dans ses gouffres, les Bourgs & les Villes entieres, dont l'Histoire nous fournit plusieurs exemples, & dont nous en rapporterons encore quelques-uns arrivés de nos tems.

Je devrois poursuivre l'ordre avec lequel j'ai commencé, faire la description des feux de Pozzolo aux environs de Naples; mais je n'en parlerai point ici, afin d'éviter la répétition, parceque j'aurai occasion d'en parler plus à propos dans le chapitre suivant, où je ferai l'Histoire de la pluspart des bains ou eaux chaudes que nous connoissons.

En parcourant le reste de l'Italie, il n'y a

gueres

gueres de Volcans : il y en a pourtant un dans les Appenins, à la gauche de *Fiorenzole*, que les gens du païs ont assuré au Pere Kirker jetter la nuit des flammes assez claires, & un autre entre *Pistoya* & *Pierre-Sainte*, où l'on trouve quelques ouvertures dans les montagnes qui exhalent feu ou fumée. Il y en a encore un près de Bologne, du côté des montagnes de *Scarica l'Asino*. On voit dans les campagnes de Modene deux autres gouffres, fort renommés par leurs incendies; mais beaucoup moindres que ceux de l'Etna ou du Vesuve, & en quelques autres endroits de l'Italie on trouve des grottes & des fentes dans les rochers, qui jettent de tems à autre du feu. Nous parlerons par la suite des eaux boüillantes de divers endroits de ce païs, par lesquelles on peut conjecturer, qu'outre les lieux rapportés, le reste de l'Italie n'est pas sans feux.

Si l'on passe en France on en trouve encore moins, car les eaux chaudes dont ce Royaume abonde ne sont pas des marques infaillibles de ces feux, que quelques Philosophes modernes mettent en doute. Nous n'avons même gueres d'autre connoissance de feu, que celui de la Fontaine Ardente qui est en Dauphiné, de laquelle ayant lû & entendu dire bien des choses, je priai un de mes amis assez bon Philosophe,

Tome I. D d

qui alloit résider dans le païs, de me mander ce qu'il auroit observé, ce qu'il fit de la maniere suivante, que je transcrirai mot à mot, afin que les personnes qui n'ont pas été dans l'endroit connoissent mieux la nature de ce lieu & la raison des merveilles qu'on en rapporte, qui se réduisent entr'autres à deux points principaux.

Le premier, que cette fontaine jette des flammes, & qu'elle est si chaude qu'on peut y faire cuire des œufs.

Le second est que ces flammes sont plus visibles dans un tems couvert & pluvieux qu'en un autre, ce qui ne paroît pas convenir à la nature du feu : & moins encore que cette eau ait une si grande amitié avec le feu, qu'il semble qu'elle le nourrisse dans son sein comme son fils. Mais voici ce que mon ami m'en a écrit d'un ton sçavant, & en même tems un peu goguenard.

Relation de la Fontaine brûlante, auprès de Grenoble.

» JE commence par la Fontaine brûlan-
» te, sur laquelle vous me demandez quel-
» ques éclaircissemens. Elle n'est pas si près
» de Grenoble que je croyois ; elle en est
» éloignée de 4. lieues, & se voit dans un
» vallon fort étroit & resserré, entre deux pe-

» tites montagnes qui forment deux colli-
» nes fort rapides, qui ne font féparées que
» par un petit ruiſſeau, large d'environ deux
» pieds, ſur deux ou trois pouces de pro-
» fondeur : il coule à peu près du Sud-Oüeſt
» au Nord-Eſt, de ſorte que la colline qui
» eſt à gauche eſt tournée au Sud-Eſt, &
» reçoit toute la chaleur du Soleil levant
» & du midi. C'eſt dans le penchant de cet-
» te colline qu'on voit une eſpece de petit
» volcan, qui change ſouvent de place, &
» ſe montre ſucceſſivement en differens en-
» droits de cette même colline, rarement
» dans l'autre, ſans s'écarter plus de 25 à 30
» pas du même endroit; ce qu'il ne fait pas
» tout d'un ſaut, mais peu à peu, & pref-
» que inſenſiblement; il arrive quelquefois
» ſous le courant du ruiſſeau, auquel il com-
» munique la chaleur, & ſes flammes qui
» s'écartent ſur l'un & l'autre bord ſe raſſem-
» blent ſur la ſurface de l'eau, & par con-
» ſequent plus belles & plus luiſantes, &
» c'eſt ce qui s'appelle proprement la fon-
» taine qui brûle.

» Ce n'eſt pas ſeulement ſur l'eau qu'on
» remarque ces flammes, ni en une ſaiſon
» plus qu'en une autre, on les voit toutes
» les nuits, & en tout tems, même loin de
» l'eau, avec cette difference que dans un
» tems ſec & ſerain elles ſont moins viſibles

» qu'en un tems humide & pluvieux ; & si
» l'on remuë la terre avec un bâton elles s'é-
» levent plus haut, & avec beaucoup plus
» de rapidité.

» Les collines sont fort arides, & ne pro-
» duisent rien. Ce sont plûtôt des rochers
» calcinés, & de couleur brune, qu'une
» vraïe terre ; l'odeur en est puante à peu
» près comme celle du charbon de pierre,
» ce qui fait croire que ce petit volcan
» pourroit bien être quelque charbonnier de
» Vulcain, qui part de quelques mines ou
» magazin fort abondant, car il dure de-
» puis plusieurs siecles, & qu'il vient au-
» surplus de bien loin, puisqu'il est aux abois
» en arrivant à la surface de la terre, dont il
» n'occupe que le diametre de trois ou qua-
» tre pieds, & ne peut pousser qu'un pied
» & demi tout au plus en l'air, sans le se-
» cours du bâton. Lorsqu'il change de pla-
» ce, l'on remarque que ce n'est pas tant
» par légereté, que par besoin qu'il a de nour-
» riture ; car après avoir dévoré toute la pâ-
» ture & l'humidité d'un endroit, il le quit-
» te jusqu'à ce que la pluye, le Soleil, &c.
» lui ayent de nouveau préparé la portion
» congruë, qu'il fait fort bien retrouver
» dans le tems ; ce qu'il ne feroit peut-être
» pas, s'il trouvoit d'autres routes qui pus-
» sent le conduire plus à l'écart dans quel-

» que terrain plus fertile.

» Au reste, il est si delié, & les parties
» qui le composent sont si subtiles & s'é-
» levent avec tant de rapidité, qu'à peine le
» découvre-t-on dans un tems bien sec sous
» une couleur aërée & bleuâtre ; que s'il
» rencontre d'autres parties étrangeres & plus
» lourdes, comme pourroient être celles de
» l'eau, elles moderent l'activité des siennes,
» & elles en reçoivent reciproquement &
» à proportion autant qu'il en faut pour for-
» mer une flamme plus belle, & plus vi-
» sible : C'est ce que je disois avec un peu
» trop de liberté en la présence d'un an-
» cien Philosophe, qui sçait tout Aristote
» & Scot *ad unguem*. Il fut tout scandalisé
» de ce que je ne disois rien de l'antiperi-
» stase, & après m'avoir prouvé par les 4.
» genres des causes, que c'étoit une chose
» évidemment démontrée que la flamme
» augmentoit *per circum obsistentiam contra-*
» *riarum qualitatum*, parce que, dit-il, *virtus*
» *unita fortior; contraria contrariis magis elu-*
» *cescunt, &c.* Je l'interrompis, & ses Axio-
» mes, pour lui dire que cela pourroit bien
» être, & arriver aussi *per circum efundibilita-*
» *tidinitatem*. Et j'ajoûtai en plaisantant, que
» ces termes qui lui paroissoient nouveaux
» & non significatifs, avoient une vertu
» oculte, qui me faisoit entrevoir le sens

» de sa démonstration. Mais comme il n'est
» pas de ceux qui entendent raillerie, il m'al-
» loit joüer un mauvais tour, si je ne l'eusse
» aussi-tôt appaisé, en protestant dans mon
» plus grand serieux, qu'aïant juré *in ver-*
» *ba Magistri* je tenois pour l'antiperistase,
» & que faisant autrement je croirois com-
» mettre un grand parjure, & une désobéis-
» sance formelle. Il me parut content de
» cette protestation, &c.

L'on voit bien par cette raillerie contre les scolastiques, que le Pere Laurent mon ami est Cartesien; mais quoiqu'il en soit, je dis que si toutes les relations étoient faites avec les circonstances & le jugement de celle ci, & même de la premiere, l'on pourroit établir avec quelque fondement des conjectures probables sur les effets merveilleux que l'on raconte.

Qu'il me soit donc permis de me plaindre, de ce qu'ayant à composer une histoire des choses les plus extraordinaires qui soient dans la nature, & d'en rendre des raisons, je ne puis pas toûjours avoir des narrations fidelles, & avec toutes les circonstances necessaires pour fonder des conjectures, qui, si elles ne sont pas tout-à-fait vraies, puissent avoir du moins quelque apparence.

Je continuerai donc, en disant que ce

sçavant Religieux nous met au fait de cette fontaine, qui n'est, comme on voit, qu'un petit ruisseau auquel on donne ce nom, & je crois facilement comme lui, que ce feu vient de quelque réservoir de charbon de terre renfermé dans les collines voisines, qui ne produisent rien suivant sa relation, & qui ont au reste plus de ressemblance à la pierre noire qu'à de la terre. Je croirois donc avec facilité qu'il distile de ces collines dans ce fond, une liqueur sulphureuse & ferrugineuse, dont la terre est imbuë, qui étant allumée par les feux souterrains, produit cette petite flamme, laquelle parcourt par les endroits où elle trouve le plus de nourriture: Il y a un indice assés clair de ceci, c'est que lorsque l'on remuë la terre avec un bâton, la flamme paroît plus forte, & s'éleve davantage. Quant à ce que la lumiere de ce feu éclate beaucoup plus dans le tems pluvieux & sombre, je suis en cela assez de son avis, c'est-à-dire que cette flâme étant fort subtile est plus ramassée, & par conséquent se dilate moins dans un air épais, tel qu'il l'est ordinairement dans les tems sombres & pluvieux, ce qui par la même raison fait paroître cette flâme plus claire quand elle est sur le ruisseau. Je ne crois pas qu'il soit besoin d'avertir que cette huile de fer doit être

D d iiij

aussi au-dessous du ruisseau, car après ce que nous avons vû, & que nous verrons encore dans la suite, les feux sont aussi bien au-dessous de la mer qu'au-dessous d'un petit ruisseau comme celui-ci, dont la profondeur consiste en deux ou trois pouces d'eau, qui n'est pas assés forte pour éteindre cette flâme subtile qui passe au travers, & dont le soulphre a quelque chose de ressemblant au camphre & autres bitumes qui ne sont point offensés par l'eau, parce que leurs parties grasses empêchent qu'ils n'en soient penétrés. Voilà, je crois, tout ce qu'on peut dire de ce petit volcan, qui ne mérite ce nom, si ce n'est d'autant qu'en quelque maniere il fait voir des flammes.

Je dirai à ce propos, qu'il faut que le lecteur conçoive, qu'il y a plusieurs volcans qui ressemblent en quelque maniere à ce dernier, c'est-à-dire qu'ils ne jettent que quelques fumées, & ne donnent que rarement des marques d'un véritable feu; c'est pourquoi ils ne sont pas si fameux comme l'Etna, le Vesuve & plusieurs autres, lesquels se rendent illustres, par les ruines, & par les maux qu'ils causent, comme les grands conquerans. De cette premiere espece sont ceux que nous avons dit être dans les Appenins de la Toscane, dans le Modenois, & plusieurs autres dont nous parlerons dans la suite de ce chapitre.

Je ne connois dans l'Europe d'autre volcan fameux que celui d'Islande, qui est la Tule des anciens, & que bien des Geographes comprennent dans l'Europe. Dans cette Isle est le mont Hecla, qui de tems immémorial a vomi des flammes. La terre qui est proche de ce mont retentit & tremble sous les pieds, comme si l'on marchoit sur une voûte. Il n'y a dans l'Islande* (au rapport de Pereire dans sa relation) aucune miniere de métal ou mineral, tel que ce soit, si ce n'est du soulphre qui est très-commun dans toute l'Isle; mais que l'on tire en plus grande abondance de la montagne d'Hecla, qui est le mont Gibel d'Islande, d'autant qu'elle jette des flammes qui causent de grands embrasemens aux environs. Cette montagne est dans la partie Orientale, déclinant vers la Méridionale, & assés proche de la mer. Blekennius raporte que ce mont ne jette pas seulement des flammes, mais des torrens d'eau, qui brûle comme l'eau-de-vie : il jette par fois aussi des cendres noires, & une quantité prodigieuse de pierre ponce. La tempête qui agite ce mont, cesse quand le vent soufle de l'Oüest, qui est le Zephir des anciens. Tant que ce vent dure, ceux qui connoissent cette montagne & qui en sçavent les chemins sûrs, montent hardiment à son plus haut sommet, jusqu'à l'endroit même par où il

* Relation d'Islande à l'article 2.

rend ſes flammes, dans lequel ſi l'on jette de groſſes pierres, elles ſont repouſſées au dehors, avec la même furie d'une mine qui fait voler les éclats d'un mur qu'elle emporte. Il eſt très-dangereux d'en aprocher à ceux qui n'en connoiſſent pas bien les avenuës, parce que la terre qui brûle au-deſſous venant à fondre, a bien ſouvent englouti des hommes vivans dans des fournaiſes ardentes. Il ajoûte, que les habitans de l'Iſle croyent que cette montagne eſt le lieu où les ames damnées ſont tourmentées, ſur quoi ils font de plaiſans contes: car ils voyent quelquefois comme des fourmillieres de Diables qui entrent dans la gueule de ce mont, chargés d'ames, & qui en reſſortent pour en aller chercher d'autres. Le même auteur aſſûre, ſur le raport des gens du païs, qu'on a remarqué lorſque cela a paru, qu'il s'eſt donné de ſanglantes batailles en quelque endroit. Les Iſlandois croyent auſſi que le bruit que font les glaces quand elles ſe heurtent, ſont les cris & les gémiſſemens que font les damnés par raport au grand froid qu'ils endurent, comme il y en a qui brûlent éternellement. Ce qui ſeroit un ſuplice égal, en ce que *penetrabile frigus adurit*, & qu'il eſt vrai qu'un grand froid brûle comme le feu. Ce voyageur raporte encore qu'étant en Iſlande, ſur la fin de Novembre, on vit vers le minuit un grand feu sur la mer voisine du mont Hecla, qui éclaira toute l'Isle, ce qui étonna tous les habitans. Cependant les plus experimentés & les plus sensés assûroient que cette lueur venoit du mont Hecla ; une heure après l'Isle trembla, & ce tremblement fut suivi d'un éclat de tonnerrre, si épouventable & si terrible, que tous ceux qui l'entendirent crurent que ce devoit être la chute du mont. On sut néanmoins peu de jours après, que la mer avoit tari à l'endroit où le feu avoit paru, & qu'elle s'étoit retirée à deux lieües au-delà.

Je veux ajoûter encore une derniere relation du mont Hecla, qui s'accorde assés avec ce que les autres en disent. * » Le tems étant
» serain & calme (dit l'Auteur) & ne voyant
» sortir aucun feu de la montagne, nous
» prîmes la résolution de monter jusqu'au
» haut. Mais nos guides nous firent enten-
» dre que si nous passions outre, nous tom-
» berions dans des gouffres de feu, d'où nous
» ne reviendrions jamais. Je m'obstinai dans
» mon entreprise, les autres s'en étant re-
» tournés ; & il n'y eut qu'un Marchand que
» nous avions trouvé à *Kirkerbar*, qui eut
» la curiosité de me tenir compagnie. Nous
» mîmes pied à terre, & commençâmes à
» traverser les cendres & les pierres-ponces,

* La Martiniere, voyage du Nord.

» y entrant jusqu'à mi-jambe, prétendant
» d'aller jusqu'au haut, où nous vîmes voler
» quantité d'oiseaux noirs, qui étoient des
» Corbeaux, & des Vautours qui s'y ni-
» chent. Ayant monté environ demie-lieue,
» nous sentîmes la terre trembler sous nos
» pieds, & nous entendîmes un tintamarre
» si grand dans les entrailles de cette monta-
» gne, qu'il sembloit qu'elle vouloit s'enfon-
» cer; & dans le même tems parut de tous
» côtés, & tout autour de nous, des fen-
» tes d'où sortoient des flammes puantes,
» bleuâtres, sentant le soulphre brulé, ce
» qui nous fit rebrousser chemin, crainte d'en
» être consommés. Ayant descendu une tren-
» taine de pas, une si grande quantité de
» cendres sortit par le haut du mont, que
» le Soleil en fut obscurci, & nous couvrit
» de telle façon, que nous ne nous voyons
» pas l'un l'autre : ce qui augmenta encore
» nôtre frayeur, ce fut de voir sortir de
» moment à autre derriere nous des bouffées
» de feu, de cendres, & de pierres ponces,
» qui nous tomboient sur le corps comme
» de la grêle, & des mugissemens sous nos
» pieds, qui nous faisoient jetter de grands
» cris, croyant que la terre alloit nous en-
» gloutir, quoique nous ne laissions pas de
» courir en descendant toûjours autant que
» nous pouvions, &c. Nos guides nous as-

» furent qu'il sortoit par fois de l'eau au
» lieu de cendres & de flammes, comme
» nous l'avions vû, & que c'étoit des jets
» d'eau gros comme des tonneaux, & que
» quelquefois aussi il ne jettoit rien. On
» voyoit dans les campagnes une quantité
» incroïable de grosses pierres qui avoient
» été lancées par cette bouche de feu, &c.

Angrimius & tous ceux qui ont écrit de cette montagne, assûrent, que la partie la plus haute est toute couverte de neige & de glace. Que toute l'Islande est remplie de mines de soulphre; mais qu'on en tire encore plus abondamment autour du mont Hecla. Que ce mont brûle presque toûjours; mais néanmoins que quand le vent d'Oüest souffle, la tempête qui agite ce mont, cesse, & que pour lors ceux qui en connoissent les routes montent hardiment sur son sommet, & dans l'endroit par où il rend ses flammes, & enfin ils conviennent tous à peu près de la même chose à l'égard de cette montagne.

Quant aux raisons de tout cela, le soulphre qui est mêlé avec la terre, forme une matiere semblable à quelque chose de mineral, qui brûle continuellement & cause cette incendie. Nous verrons dans la suite de quelle maniere cette matiere sulphureuse & aprochante du mineral peut se reproduire successivement, & entretenir ce feu depuis tant de siecles. Il faut remarquer aussi que cette montagne communique par des Canaux soûterrains avec la mer, ce qui est assés manifeste, non seulement par le feu qui parut sur la mer dans l'occasion que nous avons raporté ; mais aussi parce que la montagne jette souvent quantité d'eau, laquelle mêlée avec l'esprit de soulphre ardent doit brûler mieux que l'eau-de-vie & que l'eau-forte boüillante, particulierement lorsque la mer est agitée. Pour ce qui est de la tranquillité de la montagne quand le vent d'Oüest regne, cela ne doit point être surprenant, puisqu'il soufle du côté opposé à la montagne & à l'endroit où la mer communique avec elle. Quant au Canal soûterrain, on le sent en marchant, car la terre retentit sous les pieds, & elle s'entrouvre quelquefois, particulierement près de la montagne où le feu brûle plus fortement la voûte de ce Canal. Les pierres que l'on jette aussi dans ce gouffre ardent doivent être rejettées au-dehors, parce qu'en les jettant en bas elles remuent & dilatent le feu qui couvoit dans cet abîme, & qui est en très-grande quantité. Pour ce qui est de la croïance de ces Insulaires que ce soit une des bouches d'Enfer, ce ne sont pas les seuls païsans d'Islande qui sont dans ce sentiment ; mais bien d'autres nations moins grossieres, & la peur peut leur faire voir des Diables, quoique ce soient de purs esprits invisibles aussi bien que les ames des hommes.

Bortius, Commis de la Compagnie Angloise, ajoûte dans sa relation d'Islande, que ce n'est pas seulement ce mont qui brûle dans cette Isle de soulphre; mais qu'il y a plusieurs autres endroits dans lesquels on voit des volcans qui brûlent ou qui fument, & que la mer proche de la côte où est l'Hecla jette des flammes assés claires, ce qu'elle ne fait pas plus loin; marque évidente des feux soûterrains, & que ce n'est pas la salure de la mer.

Olaüs Magnus raconte qu'il y a des montagnes très-hautes dans la Laponie, qui jettent du feu comme l'Hecla & l'Etna: de maniere que les terres les plus froides ne laissent pas de nourrir dans leur sein des feux qui les échauffent, & qui les rendent plus fertiles.

Dans les froides montagnes de Vallais, voisines de la Suisse, le mont Cheville, proche de Sion, a vomi plusieurs fois des flammes, & en dernier lieu en 1714. Dans la Misnie *, une mine de charbon de pierre exale des fumées très-puantes, & quelquefois on voit la flamme.

Si nous passons en Affrique, nous la trouverons bien plus remplie de feux. Dans les

* Dans la haute Saxe.

Royaumes de Congo & d'Angolle, on compte quatre volcans. Dans le Royaume de Fez, le mont Janigualt est fameux par la fureur avec laquelle de tems à autre, & presque toûjours, il jette des flammes & des pierres ardentes, & ce mont étoit connu du tems de Pline, aussi-bien que celui qui par sa hauteur étoit appellé *le chariot des Dieux*, lequel ne vomit plus de feu présentement, soit que la matiere ait cessé de le nourrir, ou par d'autres raisons que je ne sçai pas.

» Pendant la nuit, dit Pline, cette mon-
» tagne (Janigualt) vomit & jette des flam-
» mes, & en ce tems-là (s'accommodant à
» la superstition de son tems) on entend
» un grand bruit que font les Satires, & au-
» tres Dieux des forêts (*plus doux que les*
» *Diables du mont Hecla*,) lesquels y joüent
» de toutes sortes d'instrumens, comme
» tambourins, timbales, flutes, & autres
» instrumens, ainsi que plusieurs auteurs le
» disent, outre les choses qu'Hercule & Per-
» sée virent dans cette montagne, &c.

Ce qui nous donne occasion de remarquer que toutes les fables sont fondées sur quelque verité, que les Poëtes ont embellies; où la superstition mêlée de la crainte a fait croire que certains Dieux, que nous appellerions Esprits ou Diables, habitoient dans ces lieux solitaires, qu'ils rendoient encore

plus

plus épouventables pour en éloigner les hommes; mais au vrai, le bruit qu'on y entendoit n'étoit causé que par le sifflement de l'air & de ces feux mêlés ensemble dans ces montagnes, qui avec la chûte des pierres formoient aux oreilles de ces gens, un son religieux & digne de respect.

Dans l'Ethiopie nous ne connoissons qu'un de ces volcans, & peut-être que c'est le même dont Pline fait la description, sous le nom de mont *Esperien* qu'il place dans ce païs, qui suivant son raport, paroissoit la nuit comme s'il eût été tout couvert d'étoiles & de flambeaux. Les relations des Jésuites, raportées par Kirker, disent que dans les confins du Monomotapa on trouve deux autres de ces effroyables gouffres ardens.

Le bon Pirard & plusieurs autres Voyageurs assurent, qu'en côtoyant ces lieux la nuit, on voit de loin sur la mer brûler plusieurs de ces Montagnes, lesquelles nous étant presque inconnuës nous ne pouvons pas déterminer au vrai ce qui en est. Il est néanmoins certain qu'on trouve dans ce païs une infinité d'autres cavernes sulphureuses & brûlées, qui marquent qu'elles ont jetté autrefois des flammes, & qu'elles en jettent encore de tems à autre; surquoi il faut se souvenir

* Pirard, Hist. des Maldives.

de ce que j'ai dit, qu'il n'y a presque aucun Volcan qui vomisse continuellement des flâmes.

Dans la Guinée il y en a quatre. Dans la Libie, on en voit un qui se répand en beaucoup d'autres branches plus petites qui jettent de la fumée, & souvent des flâmes. Dans la mer Atlantique la plûpart des Isles sont pleines de montagnes qui jettent du feu, entre lesquelles le Pic de Tenerif est fameux ; on en remarque une autre semblable dans une des Isles du Cap-Verd, qui s'apelle *l'Isle de Feu*, à cause de cette montagne enflammée, qu'on distingue de fort loin du côté du Midi de cette Isle. Il y a encore une autre Isle, que les Espagnols apellent Isle *Brava*, ou en François *Belle-Isle*, qui au raport des gens du païs, brûle & se consume peu à peu par les feux soûterrains qui sont dans son sein & sous les eaux ; ce qui est confirmé par le temoignage du fameux navigateur Drak, Anglois, dans la relation de ses voyages. » Nous avons fait, » dit-il, dans l'Isle Brava une bonne provi- » sion d'eau douce ; mais il n'y a pas bon » ancrage, parce qu'il y fait trop creux. Il » nous a même été dit que cela est causé par » les abîmes & les feux soûterrains, qui pe- » tit à petit consomment cette Isle, &c. Ces choses pourroient appuyer la conjecture de

ceux qui prétendent que la fameuse Isle Atlantique, dont Platon parle si fort, a été réduite en plusieurs Isles mediocres, par ces
feux qui l'ont consommée peu à peu, & desquels il paroît y en avoir encore de grands
réservoirs sous elles, dont un des moindres
n'est pas celui qui est proche l'Isle de St. Michel, duquel je trouve dans Kirker la relation suivante, que les Reverends Peres Jesuites lui envoyerent, & que je crois à propos d'inserer ici pour la commodité du lecteur, aussi-bien que pour fortifier ce que je
viens de dire des feux soûterrains qui sont
même sous la mer.

Relation d'une Isle nouvelle, formée auprès de St. Michel du Fayal, une des Terceres ou Açores.

» LE 26. Juin 1638. on ressentit des
» tremblemens de terre si violens pen-
» dant huit jours, que l'Isle (de St. Mi-
» chel) en fût totalement agité avec tant
» de violence & de bruit, que tout le monde
» abandonna les Villes & s'enfuit dans les
» champs, particulierement les habitans de
» Vargen, où le tremblement se fit sentir avec
» plus de force. Aux environs del Pico, vul-
» go delle Camerine, où les Bateaux vont or-
» dinairement pour la pêche, les pêcheurs

» en faisoient de si copieuses, qu'il n'y en
» avoit point dont le bateau ne revint chargé
» de plus de dix mille poissons.

» Etant donc dans ce lieu, un Samedi
» au mois de Juillet 1638. le feu parut hors
» de l'eau avec beaucoup de violence, quoi-
» que la mer ait dans cet endroit, au raport
» des pêcheurs qui le fréquentent, plus de
» 120. pieds de profondeur. Le feu étoit si
» violent, que pour l'éteindre toute l'eau de
» l'Ocean n'étoit pas suffisante. L'étenduë de
» ce feu avoit environ deux ou trois arpens,
» & il s'élevoit si haut qu'il sembloit tou-
» cher les nuës, enlevant avec lui l'eau, le
» sable, les pierres, & tout ce qu'il trouvoit
» en son chemin, & même des masses fort
» grandes de terre, au grand étonnement
» des spectateurs, qui voyoient tomber dans
» la mer comme de grands flocons de ma-
» tieres sulphureuses & ardentes, qui se coa-
» guloient comme de la poix jaunâtre. Par
» la grâce de Dieu, le vent venoit alors de
» la terre contre le feu, sans quoi il étoit à
» craindre que la Ville ne fût entierement
» brûlée. Les pierres étoient poussées à la
» hauteur de trois piques hors de la mer, &
» grosses comme des montagnes ; ce qui au-
» gmentoit même l'horreur, c'est que ces
» grosses masses retombant avec bruit dans
» la mer, elles faisoient rejaillir l'eau à une

» hauteur immense. Enfin, d'une si grande
» abondance de pierres, il se forma une Isle
» nouvelle au milieu de la mer. Au com-
» mencement elle n'avoit gueres qu'environ
» cinq ou six arpens ; mais tous les jours elle
» crut jusqu'à 5000 pas de tour, & cet accrois-
» sement se fit en 14. jours. Une infinité de
» poissons périrent par cet incendie, les-
» quels étant amassés sur le rivage où la mer
» les jettoit, les habitans les ensevelirent
» dans de grandes fosses pour éviter l'infe-
» ction de l'air. Il y en avoit au nombre de
» 18000. & l'odeur du soulphre que cette
» flamme répandoit, s'étendit jusqu'à 24 mil-
» les aux environs. "

* J'ajoûterai une autre relation du Peré
Nieremberg, que j'ai traduite de l'Espagnol
mot à mot.

» Le troisiéme Juillet de cette année 1638.
» il s'ouvrit au milieu des eaux de la mer
» Oceanne un volcan de feu, qui s'éleva hors
» des ondes à la hauteur de 150. brasses
» d'homme, en un lieu éloigné de deux lieuës
» de l'Isle de St. Michel. Ce feu fut pré-
» cedé de grands tremblemens de terre qu'on
» ressentit dans cette Isle ; qui commence-
» rent le 26. de Juin, & qui se firent sen-
» tir plus fort dans les lieux voisins où le feu

* Occult. Pph. de la simpatia y antipatia de las
cosas, Parte secunda.

» parut, dont les flammes, dit-on, s'élevoient
» avec tant d'impetuosité, qu'elles paroissoient
» pénetrer les nuës, vomissant en même
» tems de grands morceaux de terre, des
» pierres grosses comme de petites monta-
» gnes, & plusieurs autres moindres : ce qui
» paroît de plus étonnant, c'est qu'on remar-
» qua que ces grosses masses de pierres fu-
» rent élevées à la hauteur de trois piques
» hors de l'eau, & qu'en retombant elles
» n'alloient pas au centre ; mais se joignant
» sur les bords de la bouche du volcan, elles
» formerent au-dessus de l'eau une Isle, la-
» quelle, à ce qu'on assure, a déja une lieuë
» & demie, & que tout contre celle-ci,
» il s'en formoit une autre plus petite, sans
» qu'on pût sçavoir encore si la distance qui
» étoit entre deux, est eau ou terre ; les flam-
» mes continuent à sortir, & les éminences
» croissent. L'on assure qu'à huit lieuës à la
» ronde tout le poisson est mort, & que la
» mer en a tant jetté sur la terre de l'Isle St.
» Michel, que craignant qu'il n'infectât l'air,
» les habitans l'ont enterré. Quant à la ma-
» niere dont ce volcan s'est formé au-dessous
» de l'eau & comment ces pierres ont pû
» s'élever des gouffres de la terre, sans s'a-
» bîmer de nouveau dans les endroits d'où
» elles étoient sorties, on m'a demandé mon
» opinion, &c.

Le même Pere parle de trois autres volcans, * qui creverent au même-temps, le quatriéme Janvier 1641, près des Isles de l'Archipel Oriental, aux Philippines. Deux de ces volcans étoient de feu, & un d'eau. Il dit en substance, que quelques troupes Espagnoles étant parties pour aller à Mindanao, étant en mer on entendit un si grand bruit comme d'Artillerie & de Mousqueterie, qu'on crut que les Hollandois en étoient aux mains avec les Portugais, ou que le secours avoit rencontré les ennemis. »Mais on connut bientôt, dit-il, que ce »bruit provenoit d'un volcan qui s'etoit »ouvert, en ce que l'on vit venir du côté »du Sud une si grande obscurité causée par »les cendres qui étoient répanduës dans »l'air, que le jour se changea en une af- »freuse nuit, & il fallut allumer des lu- »mieres & des fanaux sur les vaisseaux qui »portoient le secours. Ces cendres furent »accompagnées de tant de pierres & de terre, »que les Vaisseaux furent en danger. Il sor- »toit de l'Isle une matiere sulphureuse en- »flammée qui s'élevoit à une hauteur prodi- »gieuse, & ce feu retombant brûloit les »montagnes & les campagnes. Les cendres »en allerent jusqu'à Zambuz, Panay, & »autres endroits éloignés de plus de 40.

* Pag. 205 du même Volume.

» lieues. Dans le même tems un autre vol-
» can creva dans une petite Isle, qui est vis-
» à-vis la principale riviere d'*Ylolo*, où est
» notre garnison Espagnole, la bouche du-
» quel volcan est encore ouverte, & est fort
» grande. Mais en la province d'*Ilocos*, dans
» l'Isle Manille, qui est éloignée de ces vol-
» cans d'environ 150 lieues, au même jour
» & à la même heure creva le troisiéme vol-
» can d'eau, qui fut pour le moins aussi ter-
» rible que les précedens, comme on le verra
» par un article de la lettre du R. P. Gonzalo
» de Palma, Procureur Général de l'Ordre de
» saint Augustin dans ces Isles. Ce volcan
» fut précedé, comme il me le manda, par
» un terrible ouragan qui annonçoit ce mal-
» heur. La terre engloutit trois montagnes,
» en une desquelles il y avoit trois grosses
» bourgades, & ce mont détaché de ses fon-
» démens vola auparavant dans les airs avec
» grande quantité d'eau qui le poussoit, de
» sorte que dans le vuide que la montagne
» laissa, il se forma un lac très-profond &
» très-grand, sans laisser aucun vestige qu'il
» y eût eû des habitans. Ce qu'il y a de par-
» ticulier, c'est que le bruit dont nous avons
» parlé s'entendit au même moment, non-
» seulement à Manille, dans la Province d'I-
» locos & à Cagayon éloigné de 130. lieües,
» mais dans toutes les Isles Philippines & en

plusieurs

» plufieurs Royaumes d'Afie, comme à la
» Cochinchine, Cambodia, & autres. On
» ajoûte même que quelques-uns entendi-
» rent comme un bruit de Tambours : & ce
» bruit de guerre paroiffoit à tous n'être pas
» plus loin de deux ou trois lieuës, &c.

» Quant à moi, il me femble que ce
» bruit étant intérieur dans la terre, chacun
» devoit l'entendre comme un peu loin,
» & que toutes les Cavernes, où étoit cet-
» te veine de feu, étant agitées au même
» tems, chacun l'entendit dans le même
» moment, &c.

Ce n'eft pas feulement dans la Mer
Oceane, que ces Ifles nouvelles font for-
ties, il y en a eu de pareilles en plufieurs
autres endroits, & quoique celles-ci ayent
été formées prefque de mon tems, je puis raporter quelque chofe de femblable qui eft
arrivé depuis peu d'années dans la Mediterranée, tout proche d'une autre Ifle qui a
forti autrefois des Ondes d'une pareille
maniere, dont Pline a fait mention dans
fon hiftoire; ce qui fera voir que c'eft à
tort qu'on le croit menteur.

Mais auparavant je défire qu'on remarque avec attention, que fous la Mer même
ces feux infernaux fe nourriffent, & encore mieux qu'en aucun autre endroit,
comme je le ferai voir dans la fuite, puif-

que c'est la Mer même qui contribuë tous les jours à former une nouvelle nourriture à ces feux, lesquels étant une fois amassés par une grande quantité de matiére, ne pouvant pas se contenir dans le lieu où ils sont renfermez, se dilatent & éclatent, comme nous venons de le voir dans les exemples précedens, & dans celui de l'Etna & des autres Volcans.

Une seconde considération consiste sur l'Isle Atlantique dont Platon parle avec assurance, & qui devoit être assez connuë, puisqu'elle n'étoit pas loin du détroit, où les Carthaginois & les Pheniciens alloient souvent; on lit même que ceux que les Carthaginois envoyerent pour avoir plus de connoissance des Côtes d'Afrique, s'en retournerent épouvantés des grands feux qu'ils rencontrerent dans leur chemin, ce qui joint à l'opinion qu'on avoit alors que la Zone Torride étoit véritablement brûlée par le Soleil, leur fit croire que cette partie du monde brûloit effectivement.

La troisiéme considération consiste à remarquer qu'il y a encore des feux dessous la Mer, que l'eau dont ils sont couverts n'éteint pas, & qui en partie contribuent aux changemens ausquels notre Globe est sujet. C'est-à-dire, que les lieux les plus secs sont, après quelques siécles, couverts d'eau,

& que là où étoit l'eau on voit la terre, comme nous l'allons voir par les Relations suivantes de deux Jésuites, témoins oculaires d'un grand évenement, qui confirmera la verité des précedens, & de tout ce que nous avons dit de ces feux soûterrains.

Relation de la Nouvelle Isle près de Santorin.

*» L'ancien nom de l'Isle de Santorin étoit
» *Thera*, ou *Theramene*, comme Pline la
» nomme, & qu'il dit être sortie hors des
» ondes de la Mer, de même que celle dont
» nous allons parler. Il est du moins certain
» que deux autres Isles voisines en sont
» sorties à l'aide des feux soûterrains,
» dont l'une étoit appellée *Hiera*, parce-
» qu'elle fut consacrée à Pluton, & qui est
» connuë aujourd'hui sous le nom de la
» *Grande Brûlée*; elle parut, selon Justin,
» la premiere année de l'Olympiade 145. &
» 196. ans avant la naissance de Notre Sei-
» gneur. Voilà les paroles de Justin. *Eodem*
» *anno inter insulam Teramenem & Tera-*
» *siam, medio utriusque fere, & maris spa-*
» *tio terræ motus fuit, in quo cum admira-*
» *tione Navigantium, repente ex profundo*
» *cum calidis aquis insula emersit.* L'autre Isle

* Lettres édifiantes de l'Année 1715. pag. 126.

» appellée par les gens du Païs, la *petite*
» *Cameni*, ou la *petite Brûlée*, se forma
» en 1573. Selon le rapport des personnes
» fort âgées qui l'avoient appris de leurs an-
» cêtres. Ces deux Isles, ou pour mieux
» dire ces deux Ecueils sont inhabités. La
» grande a quelque peu de verdure, & la
» plus petite, & plus voisine de Santorin est
» toûjours noire & sterile. C'est du milieu
» de ces deux Isles, mais plus près de la
» petite que de la grande, qu'est sortie la
» nouvelle Isle dont il est parlé ici.

Mais avant que de passer outre à cette relation, il faut ajoûter que dans le même lieu, ou pour mieux dire très-proche, il arriva dans l'année 726. quelque chose d'assés surprenant, comme Baronius le marque dans ses Annales par ces paroles : « Entre
» les Isles de *Thera* & *Therasie*, on vit que
» du profond de la Mer, comme d'une
» cheminée brûlante, sortoit une fumée
» très-violente, laquelle après quelques
» jours prît forme de feu, qui jetta avec
» beaucoup de violence grande quantité
» de terre, de cendre, & de pierres en l'air,
» qui furent poussées par la violence du
» feu jusqu'à Sestos, Abide, & jusques sur
» les côtes de la Macedoine, de maniere
» que toute la superficie de la Mer étoit cou-
» verte de ces pierres ponces. Mais ce qui

» est admirable, c'est qu'au milieu d'une
» si grande quantité de feu, il parut une
» Isle nouvelle, composée de l'amas de
» ces éructations, & à laquelle on a don-
» né le nom de *Sacrée*. *Quæ sacra dicitur* &c.
Ce que l'on dit aussi être arrivé l'année
1457, comme on le trouve écrit par certains vers gravés dans un Marbre, qui est
sur la porte du Château de Scare dans la
même Isle, afin d'en conserver la mémoire
éternelle.

Kirker dit qu'en 1570. il arriva une chose
semblable, l'incendie ayant duré un an entier. Je crois que cette Isle dont il parle
est la même que celle que la relation dit
avoir été formée en 1573. la différence du
tems n'étant que de trois ans. Ce qui peut
provenir de ce que la connoissance de ce
fait n'est venu aux oreilles des relateurs,
que par la tradition des gens du païs.

Mais du tems du même Kirker en 1650.
le 24. Septembre, les feux qui étoient sous
la Mer recommencerent avec tant de violence, & des tremblements de terre si affreux, que les habitans de Santorin crurent que leur dernier jour étoit arrivé, ce
qui dura jusqu'au 9. Octobre. Enfin l'on
vit que le feu se fit un chemin au milieu
des Ondes, qui s'étoient enflées & élevées
d'environ 30. coudées. Ce torrent se ren-

versant & s'étendant ensuite avec violence, dans les terres voisines jusqu'en Candie, fracassa plusieurs navires qui étoient dans ce port, & en quelques autres. Cet incendie fut d'une violence extrême pendant deux mois, mais dans les quatre autres qui suivirent, le feu commença à être moins violent, de maniere qu'à peine pouvoit-il s'élever au-dessus de la superficie des eaux. Il ne laissa pas néanmoins de répandre tant de pierres, qu'il commença à travailler à une Isle toute nouvelle, laquelle n'est pas tout à fait hors de la Mer, mais qu'on peut voir quand elle est tranquille. On ne peut dire les maux que cet incendie fit, tuant les Oiseaux, les Bestiaux, & même plusieurs hommes, ainsi qu'on verra par la relation que je vais continuer.

» Santorin * (dit la relation) est une Isle
» des plus meridionales de l'Archipel,
» éloignée de Candie d'environ 30. lieües:
» elle en a de tour 12. ou 15. son terrain
» est fort sec & ne donne que de l'orge;
» il y a dans cette Isle cinq gros Bourgs. &c.

» L'an 1707. le 23. May au point du
» jour l'on apperçut le commencement de
» la nouvelle Isle, qui sortit de la Mer
» comme la grande & la petite Cameni,

* *Santorin* par corruption, car son nom étoit *sainte Irene*, qui fut martyrisée dans cette Isle, où elle est révérée.

» environ à une liëüe de Santorin. Le 18.
» du même mois, on avoit entendu à San-
» torin sur le midi deux petites secousses
» de tremblement de terre, l'on n'y fit pas
» alors grande attention, mais dans la suite
» on eut lieu de croire, que c'étoit dans ce
» moment-là que l'Isle nouvelle commen-
» çoit à se détacher du fond de la Mer,
» & à s'élever sur la surface de l'eau. Quoi-
» qu'il en soit, des Mariniers aïant vû du
» grand matin ce jour-là, les premieres
» pointes de l'Isle naissante, sans pouvoir
» encore bien distinguer ce que c'étoit, ils
» s'imaginerent que ce pouvoit être le reste
» de quelque naufrage que la Mer avoit
» amené là pendant la nuit. Dans cette pen-
» sée, & dans l'esperance d'être des pre-
» miers à en profiter, ils allerent en dili-
» gence de ce côté-là. Mais dès qu'ils eu-
» rent reconnu, qu'au lieu des débris flot-
» tans, c'étoient des rochers & une terre
„ solide, ils revinrent sur leurs pas tous
„ effrayés, publiant par tout ce qu'ils ve-
„ noient de voir. La frayeur fut d'abord
„ générale dans tout Santorin, où l'on sça-
„ voit que ces sortes de nouvelles terres
„ n'avoient jamais paru dans le voisinage,
„ sans causer à l'Isle de grands desastres.
„ Néanmoins deux ou trois jours s'étant
„ passés sans qu'il arrivât rien de funeste,

,, quelques Santorinois plus hardis que les
,, autres prirent la résolution d'aller obser-
,, ver de plus près ce que c'étoit. Ils furent
,, long-tems à tourner de côté & d'autre,
,, & à considerer attentivement toutes cho-
,, ses, puis ne voyant pas qu'il y eût de
,, danger, ils approcherent, & mirent pied
,, à terre, la curiosité les fit aller de Ro-
,, cher en Rocher, où ils trouverent par
,, tout une espéce de pierre blanche, qui
,, se coupoit comme du pain, & qui en
,, imitoit si bien la figure, la couleur &
,, la consistance, qu'au goût près, on l'au-
,, roit prise pour du véritable pain de fro-
,, ment. Ce qui leur plut davantage, ce
,, fut quantité d'Huitres fraîches attachées
,, aux Rochers, chose fort rare à Santorin;
,, ils se mirent à en ramasser le plus qu'ils
,, purent.
,,   Lorsqu'ils s'y attendoient le moins, ils
,, sentirent tout à coup les Rochers se mou-
,, voir, & tout trembler sous leurs pieds.
,, La frayeur leur fit bien-tôt abandonner
,, leur pêche pour sauter dans leurs bateaux.
,, Cet ébranlement étoit un vrai mouve-
,, ment de l'Isle qui croissoit, & qui dans
,, le moment s'éleva à vûë d'œil, aïant
,, gagné en très-peu de jours près de 20.
,, pieds de hauteur, & en longueur envi-
,, ron le double.

» Comme ce mouvement par lequel la
» nouvelle Isle devenoit tous les jours plus
» haute & plus large n'étoit pas toûjours
» égal, aussi ne croissoit-elle pas tous les
» jours également de tous les côtés. Il est
» même arrivé souvent qu'elle baissoit &
» diminuoit par un endroit, tandis qu'elle
» se haussoit & s'étendoit par un autre.
» Un jour entr'autres, un rocher fort re-
» marquable par sa grosseur & par sa figure,
» étant sorti de la Mer à quelques quarante
» pas de l'Isle, je m'attachai à l'observer en
» particulier pendant quatre jours, au bout
» desquels il s'enfonça dans la Mer, & ne
» parut plus. Il n'en fut pas de même de
» quelques autres, qui après s'être montrés
» & rentrés dans l'eau à diverses reprises, re-
» parurent enfin & demeurerent stables.
» Tous ces differens balancemens ébran-
» lerent fort la petite Cameni, & on re-
» marqua dans son sommet une longue fen-
» te qu'on n'y avoit pas encore vûë. Pen-
» dant cela la mer du Golphe changea
» plusieurs fois de couleur. Elle devint
» d'un verd éclatant, ensuite de couleur
» rougeâtre, enfin d'un jaune pâle; le tout
» accompagné d'une grande puanteur.

» Le 16. de Juillet on vit pour la pre-
» miere fois la fumée sortir, non de la par-
» tie de l'Isle qui paroissoit, mais d'une

» chaîne de rochers noirs qui s'éleverent
» tout à coup à soixante pas de là, & d'un
» endroit de la mer, où jusqu'alors on
» n'avoit point trouvé de fond, ce qui for-
» ma pendant quelque tems deux Isles sé-
» parées, dont l'une fut appellée l'Isle Blan-
» che, & l'autre l'Isle Noire, à cause de
» leur differente couleur, mais qui ne tar-
» derent pas à se réunir, de manière pour-
» tant que ces rochers Noirs, les derniers
» sortis, devinrent le centre de toute l'Isle.
,, La fumée qui sortoit de cette chaîne de
,, Rochers noirs étoit épaisse & blanchâ-
,, tre, comme celle qui sort de plusieurs
,, fours à chaux réünis en un seul. Le vent
,, la porta sur une des habitations située à
,, l'extrémité du Golphe, où elle pénétra
,, par tout sans beaucoup incommoder,
,, l'odeur n'en étant pas trop malfaisan-
,, te.

Mais en interrompant pour un moment la Relation, je dirai que l'apparition de ces Rochers soûlevés ainsi par la force du feu, peut être un préjugé en ma faveur de ce que j'ai avancé, lorsque j'ai dit, que les exhalaisons qui viennent du centre, peuvent élever peu à peu la terre à une certaine hauteur, & produire une espece de végetation, qui se durcit enfin en rochers, & en montagnes pierreuses.

„ La nuit du 19. au 20. Juillet, l'on vit
„ du milieu de cette fumée, s'élever des
„ langues de feu, ce qui fit faire bien des
„ reflexions aux gens de Santorin, parti-
„ culiérement à ceux du Château de Sçaro
„ les plus exposés de tous, par le voisina-
„ ge, n'étant pas à plus d'une demie lieuë
„ de l'Isle brûlante, & par la situation, Sca-
„ ro étant bâti sur la pointe d'un Promon-
„ toire fort étroit, & comme à demi sus-
„ pendu sur des précipices qui vont se ter-
„ miner à la Mer. A la triste vûë du feu
„ & de la fumée qui s'élançoient si près
„ d'eux, ils ne pouvoient s'attendre, di-
„ soient-ils, ou qu'à sauter en l'air, à cau-
„ se des veines de matiéres combustibles,
„ qui apparemment de la nouvelle Isle,
„ communiquoient sous leurs pieds, &
„ qui prendroient bientôt feu; ou enfin
„ qu'à être renversés dans la Mer avec leurs
„ maisons, par quelque subit tremblement
„ de terre qui ne manqueroit pas de ve-
„ nir bien-tôt. Sur-tout cela ils prenoient
„ le parti, & avec raison, d'abandonner le
„ Château, & de se retirer avec leurs ef-
„ fets dans quelqu'autre Isle, ou au moins
„ de changer d'habitation jusqu'à ce qu'on
„ eût vû à quoi tout cela aboutiroit; en effet
„ quelqu'uns prirent ce dernier parti,
„ & on eut beaucoup de peine à faire de-

„ meurer les autres. Les Turcs qui étoient
„ alors à Santorin, pour lever le tribut que
„ l'Isle paye tous les ans au Grand Sei-
„ gneur, ne furent pas les moins in-
„ timidés. Frappés au-delà de l'imagina-
„ tion de voir des feux s'élever d'une Mer si
„ profonde, * ils exhortoient tout le
„ monde à prier Dieu, & à faire marcher
„ les enfans dans les ruës, criant *Kyrie elei-*
„ *son*, parce que, disoient-ils, ces enfans,
„ n'ayant pas encore offensé Dieu, ils
„ étoient plus propres que les grandes per-
„ sonnes à appaiser sa colere. Ce feu nean-
„ moins étoit encore peu de chose, puis-
„ qu'il ne sortoit que d'un seul petit en-
„ droit de l'Isle Noire, & qu'il ne parois-
„ soit point pendant le jour.

„ Pour ce qui est de l'Isle Blanche, où on
„ ne vit jamais ni feu ni fumée, elle ne laissa
„ pas pourtant de croître toûjours ; mais
„ l'Isle Noire croissoit beaucoup plus vîte.
„ L'on voyoit chaque jour sortir de grands
„ Rochers qui la rendoient encore plus
„ longue, & tantôt plus large, & cela d'une
„ maniere si sensible, qu'on s'en apperce-
„ voit d'un moment à l'autre. Quelquefois
„ ces rochers étoient joints à l'Isle, quelque-
„ fois ils en étoient fort éloignés, de
„ maniere qu'en moins d'un mois, nous

* La Mer autour de la nouvelle Isle de Santorin a plus de 60. brasses de profondeur.

„ comptâmes jusqu'à quatre petites Isles Noi-
„ res, qui en quatre jours se réunirent, &
„ n'en firent plus qu'une.
„ On remarqua encore que la fumée s'é-
„ toit fort augmentée, & qu'aucun vent ne
„ soufflant alors, elle monta si haut qu'on
„ la voyoit de Candie, de Naxie, & des
„ autres Isles éloignées.
„ Pendant la nuit cette fumée paroissoit
„ tout de feu à la hauteur de 15. ou 20.
„ pieds ; & la Mer se couvrit d'une ma-
„ tiere ou écume rougeâtre en certains en-
„ droits, & jaunâtre en d'autres. Il se
„ répandit sur tout Santorin une si grande
„ infection, qu'on fut obligé de brûler des
„ parfums, & de faire des feux dans les
„ ruës. Cette infection ne dura qu'un jour
„ & demi. Un vent de Sud-Ouëst fort frais
„ la dissipa ; mais en chassant un mal,
„ il en amena un autre. Il porta cette fu-
„ mée ardente sur une grande partie des
„ Vignobles de Santorin, dont les Raisins
„ étoient presque mûrs, & qui en une nuit
„ furent tous grillés. On remarqua enco-
„ re, que par-tout où cette fumée fut por-
„ tée, elle y noircit l'Argent, le Cuivre,
„ & causa aux Habitans de violentes dou-
„ leurs de tête accompagnées de grands vo-
„ missemens. Dans ce tems-là l'Isle Blanche
„ s'affaissa & baissa tout d'un coup de plus
„ de 10. pieds.

» Le 31. Juillet, on s'apperçut qu'on à
» mer jettoit de la fumée & boüillon,
» en deux endroits, l'un à 30. & l'autre à
» 60. pas de l'Isle Noire. Dans ces deux
» paces, dont chacun formoit un cercle
» parfait, l'eau parut comme de l'huile sur
» le feu. Cela dura plus d'un mois, & pen-
» dant ce tems-là on trouva sur le rivage
» quantité de Poissons morts.

» La nuit suivante nous entendîmes un
» bruit sourd, comme de plusieurs coups
» de canon tirés au loin, & presque aussi-
» tôt sortirent du milieu du fourneau deux
» longues lances de feu, qui monterent
» bien haut, & s'éteignirent incontinent.

» Le premier Août le même bruit sourd
» se fit entendre à plusieurs reprises, il fut
» suivi d'une fumée non pas blanche com-
» me auparavant ; mais d'un noir bleuâtre,
» & qui malgré un vent de Nord fort frais,
» s'éleva en forme de Colonne à une hau-
» teur prodigieuse. S'il avoit été nuit, je
» crois que cette longue Colonne de fumée
» auroit paru toute de feu.

» Le 7. Août le bruit se fit entendre, il
» n'étoit plus sourd. Il étoit semblable à
» celui de plusieurs gros quartiers de pier-
» res qui tombent tout à la fois dans un
» puits profond. Il est assés probable que
» c'étoient de grosses roches, qui après

» avoir été soulevées avec le fond de l'Isle,
» s'en détachoient ensuite par leur propre
» poids & retomboient dans le gouffre. Ce
» qui pouvoit confirmer cette pensée, c'est
» que pendant tous ces grands bruits je
» voyois l'extrémité de l'Isle dans un con-
» tinuel mouvement, les rochers qui la for-
» moient allant & venant, disparoissoient
» & puis reparoissoient de nouveau. Quoiqu'il
» en soit, ce bruit après avoir duré ainsi
» plusieurs jours, se changea en un autre
» bien plus fort. Il ressembloit tellement à
» celui du tonnerre, que lorsqu'il tonnoit
» véritablement, ce qui arriva alors trois ou
» quatre fois, il y avoit peu de différence
» de l'un à l'autre.

» Le 21. Août le feu & la fumée dimi-
» nuerent notablement, il n'en parut même
» que très-peu pendant la nuit ; mais à la
» pointe du jour ils reprirent plus de force
» qu'ils n'en avoient encore eû. La fumée
» étoit rouge & fort épaisse, & le feu
» qui sortoit étoit si ardent, que la Mer
» autour de l'Isle fumoit & boüillon-
» noit d'une manière surprenante. Pen-
» dant la nuit j'eus la curiosité d'observer
» avec une lunette d'approche tout cet amas
» de feux. Avec le grand fourneau qui brû-
» loit sur la cime de l'Isle, j'en comptai
» jusqu'à soixante d'un éclat très-vif. Peut-

„ être qu'il y en avoit encore autant de
„ l'autre côté de l'Isle que je ne pouvois
„ pas voir.

„ Le 22. Août au matin, je trouvai l'Isle
„ devenuë beaucoup plus haute qu'elle
„ n'étoit la veille. Je trouvai encore qu'une
„ chaîne de rochers de près de cinquante
„ pieds, sortie de l'eau pendant la nuit,
„ avoit beaucoup augmenté sa largeur. Ou-
„ tre cela la Mer étoit encore couverte de
„ cette écume rougeâtre dont j'ay parlé,
„ qui jettoit par tout une puanteur insupor-
„ table.

„ Le 5. Septembre le feu s'ouvrit un paf-
„ fage à l'extrémité de l'Isle Noire en tirant
„ vers Therasia, que quelques auteurs di-
„ sent n'avoir été autrefois qu'une même
„ terre avec Santorin, dont elle fut séparée
„ par un tremblement de terre qui mit la
„ Mer entre deux. Le feu ne sortit par-là
„ que quelques jours, pendant lesquels il
„ en sortit moins par le grand fourneau.

„ Si l'inquietude où tout le monde étoit
„ jour & nuit nous avoit permis d'être sen-
„ sible à quelque divertissement, c'en auroit
„ été un pour nous que le spectacle que
„ nous vîmes alors. Trois fois il s'éleva de
„ la grande bouche comme trois des plus
„ grosses fusées volantes, d'un feu le plus
„ brillant & le plus beau. Les nuits suivan-
„ tes

„ tés ce fut encore toute autre chose. Apres
„ les coups ordinaires du tonnerre soûter-
„ rain, on voyoit partir tout à la fois,
„ comme de longues gerbes éteincellantes
„ d'un million de lumieres, qui se suivant
„ l'une l'autre s'élevoient fort haut, & puis
„ retomboient en pluïe d'étoiles sur l'Isle
„ qui en paroissoit toute illuminée. Ce jeu
„ fut un peu troublé par un nouveau Phe-
„ nomene, qui parut à quelques-uns être
„ d'un mauvais augure. C'est que du mi-
„ lieu de ces feux volans, il se détacha une
„ lance de feu fort longue, qui après avoir
„ été quelque tems immobile sur le Châ-
„ teau de Scaro, s'alla perdre dans les nuës.
„ Le 9. Septembre les deux Isles, la
„ blanche & la noire, à force de croître
„ chacune en largeur, commencerent à se
„ joindre, & à ne faire plus qu'un seul
„ corps.
„ Après cette jonction, l'extrémité de
„ l'Isle qui répond au Sud-Oüest ne crut
„ plus ni en longueur ni en hauteur, tan-
„ dis que l'autre extrémité de l'Isle tour-
„ née à l'Ouest ne cessoit de s'allonger sen-
„ siblement.
„ De toutes les ouvertures dont j'ai
„ parlé, il n'y en avoit plus que quatre qui
„ jettassent du feu. Quelquefois la fumée
„ sortoit avec impetuosité de toutes ensem-

„ ble, quelquefois d'une ou de deux, tan-
„ tôt avec bruit, tantôt sans bruit, mais
„ presque toûjours avec des siflemens qu'on
„ eût pris pour les divers sons de tuyaux
„ d'orgues, & quelquefois pour des hurle-
„ mens de bêtes feroces.

„ Le 12. Septembre le bruit soûterrain
„ qui naturellement sembloit ne devoir
„ pas être si violent, ayant à se partager
„ par ces quatre ouvertures, ne fut jamais
„ si épouvantable, ni si fréquent que ce
„ jour-là & les suivans. Les grands coups
„ redoublés, semblables à la décharge ge-
„ nérale d'une grosse & nombreuse artil-
„ lerie, se faisoient entendre dix à douze
„ fois en vingt-quatre heures; & un mo-
„ ment après sortoit de la grande bouche
„ des pierres d'une grandeur énorme toutes
„ rouges de feu, qui s'alloient perdre bien
„ loin dans la Mer.

„ Ces grands coups étoient toûjours ac-
„ compagnés d'une épaisse fumée, qui lors
„ qu'elle se dissipoit répandoit par tout de
„ gros nuages de cendres, dont quelques
„ tourbillons furent portés jusqu'à Anefi,
„ Isle distante de Santorin de 25. milles.
„ J'eus la curiosité de ramasser de cette cen-
„ dre, elle paroissoit blanche sur le noir, &
„ presque noire sur le blanc. J'en jettai sur le
„ feu pour voir quel effet elle feroit, ayant

,, la figure & le grain de la poudre fine,
,, mais elle ne produisit que quelques legers
,, frémissemens, sans jetter la moindre flâ-
,, me.
 ,, Le 18. Septembre il y eut à Santorin
,, un tremblement de terre qui ne fit aucun
,, dommage. L'Isle s'en accrut notablement
,, aussi bien que le feu & la fumée, qui ce
,, jour-là & la nuit suivante se firent de
,, nouveaux passages. Jusques-là je n'avois
,, pas encore vû tant de feux ensemble,
,, ni entendu de si grands coups, leur vio-
,, lence étoit si extraordinaire que les mai-
,, sons de Scaro en furent ébranlées. Au tra-
,, vers d'une grosse & épaisse fumée qui pa-
,, roissoit une montagne, on entendoit le
,, fracas d'une infinité de grosses pierres
,, qui brüissoient en l'air comme de gros
,, boulets de canon, & retomboient en-
,, suite sur l'Isle & dans la Mer avec un fra-
,, cas qui faisoit trembler ; la petite Cameni
,, fut plusieurs fois couverte de ces pierres
,, enflammées, qui la rendoient toute res-
,, plendissante. La première fois que nous
,, vîmes ce grand éclat de lumiére, nous
,, crûmes à cause de la proximité des deux
,, Isles, que le feu avoit passé sous la Mer
,, de l'une à l'autre. Nous nous trompions;
,, tout cela ne venoit que des pierres endui-
,, tes de soulphre qui s'éteignirent toutes en

Gg ij

» moins de demie-heure.

» Le 21. Septembre la petite Cameni
» étant ainsi toute en feu, après un de ces
» furieux coups dont j'ai parlé, il s'en éle-
» va de très-grands éclairs, qui parcou-
» rurent en un clin d'œil tout l'horifon de
» la Mer. Dans ce même inftant il fe fit un
» fi grand ébranlement de toute la nouvelle
» Ifle, que la moitié de la grande bouche
» en tomba, & qu'il y eut des roches ar-
» dentes d'une maffe prodigieufe qui fu-
» rent pouffées à plus de 2000. au loin.
» Nous crûmes tous que ce violent & der-
» nier effort avoit enfin épuifé la mine.
» Quatre jours de calme & de tranquillité,
» pendant lefquels on ne vit aucune appa-
» rence de feu ni de fumée, n'aiderent pas
» peu à nous fortifier dans cette penfée,
» mais nous n'en étions pas encore où nous
» penfions.

» Le 25. Septembre le feu reprit toute
» fa furie, & l'Ifle devint plus formida-
» ble que jamais. Parmi les coups prefque
» continuels & qui furent fi violens, que
» deux perfonnes qui fe parloient avoient
» de la peine à s'entendre, il en furvint un
» fi effrayant qu'il fit courir tout le monde
» aux Eglifes.

» Le gros Roc fur lequel Scaro eft bâti
» en chancela, & toutes les portes des mai-

» fons s'en ouvrirent de force.

» Pour éviter les redites inutiles, je me
» contenterai de dire ici que tout continua
» de même pendant le mois d'Octobre,
» Novembre & Decembre 1707. & Janvier
» 1708, aucun jour ne se passant sans que
» le grand fourneau ne joüât au moins une
» ou deux fois, & le plus souvent cinq ou
» six fois.

» Le 10. Fevrier 1708. sur les 8. heures
» du matin il y eut à Santorin un tremble-
» ment de terre assés fort. La nuit il y en
» avoit eu un beaucoup plus foible, ce qui
» nous fit juger par l'experience du passé,
» que notre Volcan nous préparoit encore
» quelque terrible scêne. Nous ne fûmes
» pas long-tems à l'attendre ; feu, flâmes,
» fumées, coups à faire trembler, tout fut
» horrible. De grands rochers d'une masse
» effroyable, qui jusques-là n'avoient paru
» qu'à fleur d'eau éleverent fort haut leur
» vaste corps, & les boüillonnemens de la
» mer augmenterent à tel excés, que quoi-
» que nous fussions accoutumés à tout ce
» vacarme, il n'y eut personne qui n'en
» fut frapé d'horreur.

„ Les mugissemens soûterrains ne ve-
„ noient plus par intervalle, ils duroient le
„ jour & la nuit sans discontinuer. Le grand
» fourneau éclatoit jusqu'à cinq ou six fois

» en un quart-d'heure, & frapoit des coups
» qui par leurs redoublements, par la quan-
» tité & grosseur des pierres qui voloient,
» par l'ébranlement des Maisons, & par le
» grand feu qui paroissoit en plein jour
» (que nous n'avions pas encore vû) sur-
» passoit tout ce qui avoit précédé.

„ Le 15. Avril fut remarquable entre les
„ autres jours par le nombre & la furie de
» ces coups terribles, en sorte que pendant
» long-tems, ne voyant plus que feux, fu-
» mée ardente, & grandes pieces de ro-
» ches qui remplissoient l'air, nous crû-
» mes tous que c'en étoit fait & que l'Isle
» avoit sauté. Il n'en étoit pourtant rien, &
» il n'y eut que la moitié du tour de la gran-
» de bouche, qui s'étoit éboulée une au-
» tre fois, & qui en un instant redevint plus
» haute qu'elle n'étoit, par l'amas des cen-
» dres & des grosses pierres qui la répare-
» rent.

» Depuis ce jour-là jusqu'au 23. Mai,
» qui fut l'an révolu de la naissance de l'I-
» sle, tout continua à peu près sur le mê-
» me pied. Ce que je remarquai de parti-
» culier fut que l'Isle crût toûjours en hau-
» teur, & ne croissoit presque plus en lar-
» geur. La grande bouche, ou le grand
» fourneau s'éleva fort haut, & par les ma-
» tieres fondües, que je crois être du

» soulphre ou du vitriol qui en firent la
» fabrique, il se fit là peu à peu comme un
» grand pâté avec un talus fort large.

» Dans la suite tout s'appaisa insensible-
» ment, le feu & la fumée diminuerent,
» les tonnerres soûterrains devinrent tolera-
» bles, & leurs éclats quoique toûjours fré-
» quens n'étoient plus si effraïans. Cela vint
» apparemment de ce que les matieres qui
» servoient d'aliment au feu n'étoient plus
» si abondantes, & peut-être de ce que les
» passages étoient beaucoup plus élargis.

» Le 15. Juillet j'exécutai le dessein que
» j'avois depuis long-tems d'aller voir de
» près l'Isle nouvelle. Le jour étoit
» beau, la mer calme, & les feux fort mo-
» derés. J'engageai dans cette partie, Mon-
» seigneur François Crispo nôtre Evêque
» Latin, & quelques autres Ecclesiastiques
» qui avoient la même curiosité que moi.
» Pour cela nous eûmes soin de nous four-
» nir d'un Caïque bien calfaté, & dont
» les fentes avoient doubles étouppes en-
» foncées à force. Comme nous étions con-
» venus de mettre pied à terre, s'il étoit
» possible, nous fîmes tirer droit à l'Isle
» par un côté où la mer ne boüillonnoit
» pas; mais où elle fumoit beaucoup. A
» peine fûmes-nous entrés dans cette fu-
» mée, que nous sentîmes tous une chaleur

» étouffante qui nous saisit. Nous mîmes
» la main dans l'eau, & nous la trouvâ-
» mes brûlante. Nous n'étions pourtant
» pas encore qu'à 500. pas de nôtre terme.
» N'y aïant pas d'apparence de pousser
» plus loin par-là, nous tournâmes vers la
» pointe la plus éloignée de la grande bou-
» che, & par où l'Isle avoit toûjours crû
» en longueur. Les feux qui y étoient en-
» core, & la Mer qui y jettoit de gros
» boüillons nous obligerent de prendre un
» long circuit, encore sentions-nous bien
» de la chaleur. En chemin faisant, j'eus le
» loisir d'observer l'espace qu'il y avoit en-
» tre la nouvelle Isle & la petite Cameni.
» Je le trouvai plus grand que je ne croyois,
» & je jugeai à l'œil qu'une Galere en vo-
» gue pourroit passer par les endroits mê-
» mes les plus étroits. De-là nous allâmes
» descendre à la grande Cameni, d'où nous
» eûmes le tems d'examiner, sans beau-
» coup de danger, toute la vraïe longueur
» de l'Isle, & particulierement le côté que
» nous n'avions pas pû voir de Scaro. L'Isle
» sur sa figure oblongue pouvoit bien
» avoir alors 200. pieds dans sa plus grande
» hauteur, un mille & plus dans sa plus
» grande largeur, & environ cinq milles
» de tour.

» Après avoir été plus d'une heure à con-
sideret

» fiderer toutes choſes, l'envie nous reprit
» d'aprocher de l'Iſle, & de tenter encore
» une fois d'y mettre pied à terre, par l'en-
» droit que j'ai dit avoir été appellé long-
» tems l'Iſle Blanche. Il y avoit pluſieurs
» mois que cet endroit-là ne croiſſoit plus, &
» jamais on n'y avoit aperçû ni feu ni fumée.
» Nous nous rembarquâmes, & fîmes ramer
» de ce côté-là. Nous en étions à près de
» 200. pas, lorſque mettant la main dans
» l'eau nous ſentîmes que plus nous en ap-
» prochions, & plus elle devenoit chaude.
» Nous jettâmes la ſonde, toute la corde
» longue de 95. braſſes fut employée ſans
» qu'on trouvât fond. Pendant que nous
» étions à délibérer ſi nous irions plus avant,
» ou ſi nous retournerions en arriere, la gran-
» de bouche vint à joüer avec ſon fracas, &
» ſon impetuoſité ordinaire. Pour comble
» de diſgrace, le vent qui étoit frais por-
» ta ſur nous le gros nuage de cendre & de
» fumée qui en ſortit. Nous fûmes heureux
» qu'il n'y porta pas autre choſe. A voir
» comme nous étions faits, après cette ondée
» de cendres qui nous avoit tout couvert,
» il y avoit de quoi rire, mais aucun de
» nous n'en avoit envie. Nous ne ſongeâ-
» mes qu'à nous en aller bien vîte, & nous
» le fîmes fort à propos. Nous n'étions
» pas à un mille & demi de l'Iſle que le

» tintamarre y recommença, & jetta dans
» l'endroit que nous venions de quitter
» quantité de pierres allumées. De plus, en
» abordant à Santorin, nos Mariniers nous
» firent remarquer que la grande chaleur
» de l'eau avoit emporté presque toute la
» poix de notre Caïque, qui commençoit
» à s'ouvrir de tous côtés.
» Pendant le temps que je demeurai enco-
» re à Santorin, qui fut jusqu'au 15. Août
» de la même année 1708. l'Isle a continué
» de jetter du feu, de la fumée & des pier-
» res ardentes, toûjours avec grand bruit,
» mais bien moindre que celui des mois
» précedens. Depuis mon départ, jusqu'à
» ce jour 24. Juin 1710. que j'écris ceci,
» j'ai reçû bien des Lettres de Santorin, &
» j'ai fait diverses questions à un grand nom-
» bre de personnes qui en venoient. Selon
» ce qu'ils m'ont rapporté, l'Isle brûle enco-
» re. La Mer aux environs, est toûjours
» boüillonnante, & il ne paroît pas que
» cela doive cesser si-tôt, &c.

J'ajouterai à la relation de ce qui se passa
dans la formation de l'Isle, ce qu'on a
observé trois ou quatre ans après.

Extrait d'une Lettre écrite de Santorin le quatorziéme Septembre 1712. sur le même sujet.

» Il y a un an, jour pour jour, que j'ar-
» rivai ici. Quelqu'heures après mon arrivée,
» je me mis à considerer le plus exacte-
» ment qu'il me fut possible, la situation,
» & les autres merveilles de la nouvelle
» Isle, dont vous souhaitez que je vous
» rende-compte. J'ai eû le loisir de réiterer
» souvent mes observations, la nouvelle
» Isle étant toûjours sous mes yeux à la
» distance d'environ trois milles. J'ai eû de
» plus la commodité d'en aller faire sou-
» vent le tour, quoique toûjours d'un peu
» loin, à cause de la chaleur que retient l'eau
» à un bon quart de lieuë aux environs.

» Pendant que les Batelliers rament à
» coups comptés, il faut qu'il y ait toûjours
» quelqu'un qui ait la précaution de tenir
» la main dans l'eau, & qu'il avertisse vîte
» aussi-tôt qu'il la sent devenir trop chaude;
» autrement on y est pris, ainsi que dans
» le commencement plusieurs l'ont été,
» la poix des bateaux se fondant tout à
» coup, comme si le feu y avoit passé.

» L'Isle me paroît bien avoir 5. à 6. mil-

» les de tour. Elle est par tout couverte de
» rochers noirs, calcinés, entassés pêle-
» mêle les uns sur les autres. Il y en a
» quelqu'uns qui sont demeurés droits, &
» qui de loin ne représentent pas mal un
» Cimetiere de Turcs. Vis-à-vis la petite
» Isle qu'on appelle la petite Came-
» ni, il s'éleve du pied de la Mer une
» fabrique naturelle, semblable à une es-
» pece de Tour bastionnée, à la hauteur de
» 400. pieds. J'ai été long-tems à ne pou-
» voir presque croire, qu'elle n'eût pas été
» faite de main d'homme, tant les propor-
» tions y sont bien gardées. Le corps de
» cette grande masse est d'une terre grisâ-
» tre : Le haut est ouvert, & les bords sont
» encroûtés d'une matiére qui paroît être un
» mélange de soulphre & de vitriol fondu
» ensemble, cette ouverture peut avoir
» 30. ou 40. pieds de diametre. Les gens du
» païs l'appellent le Grand Fourneau. Un peu
» au-dessous de la grande bouche sont trois
» autres ouvertures de 6. à 7. pieds de dia-
» metre, assés semblables à trois grandes
» embrazures. Du côté de la Mer le grand
» fourneau est parfaitement escarpé, & il
» a le talus si droit, qu'un chat n'y pour-
» roit pas grimper. Par le dedans de l'Isle on
» peut monter jusques dessus la bouche, à
» la faveur de plusieurs grands rochers posés
» les uns sur les autres.

DE L'UNIVERS. 365
» Depuis un an je n'ai vû joüer le grand
» Fourneau qu'une seule fois, qui fut le 14.
» Septembre 1711. le propre jour de mon
» arrivée à Santorin. Cela commença vers
» les deux heures après midi, & finit un
» peu après 4. heures. Je ne sçai comment
» vous exprimer ce que j'entendis, & ce
» que je vis. En moins de deux heures, le
» Fourneau éclatta jusqu'à sept fois tout de
» suite, dont l'une à peine attendoit l'au-
» tre, faisant à chaque fois un bruit égal à
» celui que feroient plusieurs des plus gros
» Canons tirant tous ensemble, élevant bien
» haut en l'air, & transportant à plus de
» deux milles en Mer des piéces de Roches
» enflammées, qui à la vûe paroissoient
» avoir plus de 20. pieds de longueur. La
» fumée qui les accompagnoit, étoit blan-
» che & épaisse comme du Coton & mon-
» toit droit aux nuës en forme de Colon-
» ne. Le vent qui étoit alors fort frais ne
» l'étant pas assez pour la faire seulement
» gauchir. Pendant que tout cela sortoit
» avec impétuosité, les trois ouvertures in-
» ferieures, que j'ai appellé embrazures,
» vomissoient des ruisseaux de matiére fon-
» duë, & éteincellante, de couleur vio-
» lette, & d'un rouge qui tiroit sur le jaune.
» Après de grands coups, & ensuite de l'é-
» lancement des piéces de Roche, on en-

H h iij

» tendoit pendant un long tems dans le fond
» du Fourneau comme des échos, qui imi-
» toient le son des tambours & des trom-
» pettes, des hurlemens de chiens, des mu-
» gissemens de Taureaux, des hannissemens
» de chevaux, &c.

» Depuis ce jour-là, qui fut comme je
» l'ai dit le 14. Septembre de l'année pas-
» sée, le Fourneau n'a point jetté de feu, ni
» fait de bruit. Les trois embrazures pouf-
» fent seulement de tems en tems quelques
» tourbillons d'une fumée épaisse, qui n'est
» ni assés forte ni assés abondante pour ar-
» river à la grande bouche. J'ai encore ob-
» servé, que dans les grandes pluyes le
» corps du Fourneau fume beaucoup, &
» rend les mêmes frémissemens que le fer
» chaud quand on répand de l'eau dessus.

» Je travaille à vous faire un plan de la
» nouvelle Isle, non dans toute l'exactitude
» Géometrique, mais le moins mal qu'il
» m'est possible. Je ne me sens pas encore
» le courage, pour ne pas dire la temérité
» qu'ont eu quelques-uns de nos Santori-
» nois, d'aller grimper sur la nouvelle Isle
» par l'endroit qu'ils croyent le moins chaud
» & d'où ils sont revenus plus vîte qu'ils
» n'y étoient allés, ayant leur chaussure
» brûlée jusqu'à la chair, & ramenant avec
» bien de la peine leur bateau plein d'eau,

» quoiqu'ils eussent dedans deux hommes,
» uniquement occupés à étouper les fentes
» que la grande chaleur de l'eau fai-
» soit. Ils ont apporté de-là du soulphre
» en pierre, fort épuré, avec d'autres
» morceaux d'une matiere congelée & pe-
» sante, qui paroît un mixte de vitriol &
» d'une maniere de bitume rafiné. Quoi-
» que les feux ayent cessé, il coule toûjours
» d'une petite anse, qui s'est formée au pied
» du grand Fourneau, de longues traînées
» d'une matiere liquide, tantôt jaune,
» tantôt rouge & le plus souvent verte.
» Cette liqueur vient de dessous la terre, &
» laisse des vestiges dans la mer sur une
» étendue de quatre à cinq milles.

» La nouvelle Isle ne croît plus depuis
» qu'elle est sortie de la mer, & à mesu-
» re qu'elle s'élevoit, la petite Brûlée qui
» en est proche s'est beaucoup affaissée,
» & s'affaisse tous les jours, & même le
» côté de Santorin qui lui est opposé a
» jusqu'à présent baissé de plus de six pieds.
» On en juge par quelques magasins de la
» Marine, qui avant cela étoient à plus de
» cinq grands pieds du niveau de l'eau de la
» mer, & dans lesquels aujourd'hui les ba-
» teaux entrent & demeurent à flot.

» Je ne sçai où tout ceci aboutira ; mais
» c'est un spectacle qui n'est point du tout

» agréable. Le grand fer à cheval que forme
» le Golphe de Santorin, dans lequel ont
» paru à divers tems trois nouvelles If-
» les, étoit, felon les vieilles traditions du
» païs, une même terre avec l'Ifle qui s'a-
» bîma autrefois. Maintenant que de ce cô-
» té-là les terres commencent à remonter
» du fond de la mer, qui fçait fi ce qui
» eft refté de Santorin ne fera pas abîmé
» à fon tour avec tous fes Châteaux, &
» tous fes Villages, à peu près comme il
» arrive à deux plats de balances, dont
» l'un baiffe à mefure que l'autre hauffe.
» Ce qui me confirmeroit prefque dans
» cette conjecture, c'eft, 1°. Que Santorin eft
» fouvent agité de tremblemens de terre,
» ce qui marque qu'il y a des feux dans
» fes fondemens : & qui fçait fi ces feux
» ne fappent peu à peu, & fi quelque beau
» jour lorfqu'on s'y attendra le moins, tout
» ne viendra à s'écrouler, comme il arri-
» ve de tems en tems le long des bords ef-
» carpés de l'Ifle, où de grands rochers fe
» détachent, & s'en vont à la mer. Il y
» a quelques années que nous perdîmes
» ainfi pendant la nuit la moitié de no-
» tre jardin.

» 2°. Le fond, comme la fubftance de
» l'Ifle, eft tout de pierre ponce, qui
» eft manifeftement une pierre calcinée,

„dans laquelle les habitans de la campa-
„gne creusent leurs logemens avec une
„facilité surprenante. Or pour calciner ain-
„si la pierre, il faut que tout le corps de
„de l'Isle soit penetré d'exhalaisons de
„feu.

„3°. Les terres, tant des champs que
„des vignes, ne sont pas ici comme ailleurs
„liées & consistantes, ce n'est qu'une cen-
„dre fine & legere, sous laquelle on
„trouve la pierre-ponce à quelques pieds
„de profondeur. Cette terre cendreuse ne
„laisse pas d'être fertile, sur-tout quand
„la saison est pluvieuse; mais dans les
„tems de sécheresse le païs est désolé: les
„vents transportent la terre d'un lieu à un
„autre, de maniere que tel qui avoit au-
„jourd'hui un champ, n'a plus le lende-
„main que la pierre nuë, toute la terre
„étant allée à ses voisins, & de ceux-là
„à d'autres.

„4. Tous les vins de Santorin ont le goût
„& la couleur de soulphre, & sont com-
„munément très-violens, ce qui marque
„qu'ils sont remplis d'esprit de feu. Enfin
„je compare Santorin à un grand labora-
„toire où tout se fait, bleds, vins, & le re-
„ste à force de feu & de mineraux. Il y a
„bien des années que cela dure; Dieu veuil-
„le qu'il dure encore long-tems, & que les

« feux sur lesquels il me paroît que l'Isle
« est soûtenuë, ne viennent pas à se faire
« jour quelque part, & à la détruire de
« fond en comble, &c.

* Le curieux Wheler, Anglois, dans son voyage parle de *Bella Pola*, ou Isle brûlée, ainsi dite parce qu'il y a peu d'années qu'elle avoit été brûlée par des feux soûterrains. Je ne sçai, si ce n'est pas une des mêmes Isles que la relation précédente appelle la grande & la petite Cameni, ou la grande & petite Brûlée.

Si de tous les faits merveilleux que l'on raporte nous avions des relations aussi exactes & aussi circonstanciées, faites par des gens d'esprit & de jugement, comme sont ordinairement les Peres Jesuites, de qui nous avons celles-ci, nous pourrions peut-être asseoir un jugement plus probable, & même la postérité ajoûteroit plus de foi aux choses surprenantes que l'on raconte. Mais quand Pline dit simplement, avant que de faire l'énumération des Isles & des terres nouvellement nées, (entre lesquelles il date *Thera* & *Therasia* près de Santorin, & *Hiera* au milieu des deux, & enfin de son tems l'Isle de *Thia*,) *Nascuntur & alio modo terræ ac repente in alique mari emergunt, veluti paria secum faciente*

* Voyage de Dalmatie & de Grece, pag. 77.

natura, quæque hiatus, alio loco reddente.
Il y a des gens qui ne s'accommodent pas de ces discours, & qui ne peuvent pas se persuader, ni que la terre engloutisse, ni qu'elle rende ailleurs ce qu'elle a englouti. Cependant dans la narration que l'on vient de faire, on remarque avec étonnement que la terre vomissoit, & reprenoit de tems à autre cette Isle ; & que l'aïant enfin renduë, il sembloit qu'elle vouloit engloutir d'autres terres à la place, qui sont celles qu'effectivement nous avons vû s'enfoncer dans la mer.

Que si l'on fait une mûre reflexion à la maniere dont cette Isle nouvelle s'est formée, on verra que ce n'est pas en un instant qu'elle a paru hors de la mer ; mais qu'elle s'est formée peu à peu dans l'espace de plus d'un an, & qu'à proprement parler elle s'est formée d'un grand nombre de pierres ammoncelées ensemble & que l'impétuosité du feu a expulsées du bas en haut.

Mais une des choses importantes que le lecteur doit considerer, c'est que par la relation de cette Isle nouvelle, & de l'autre qui se forma dans les Isles Açores, on doit comprendre ce que nous prétendions montrer, que la terre nourrit dans ses entrailles des feux très-grands, & que la mer qui est au-dessus ne les empêche pas de brûler; mais au contraire, nous verrons qu'elle leur fournit la matiere, laquelle étant amassée en grande quantité se dilate & sort avec l'impétuosité que nous avons vû dans ces deux occasions, aussi bien que dans l'Etna.

Ce qui nous donne occasion de faire aussi une autre reflexion; c'est que la terre est pleine de creux, de cavernes, & de canaux soûterrains; qui peuvent contenir des fleuves de cette matiere, ce que nous avons remarqué dans l'Etna, qui en a vomi plusieurs fois. Et que si ces canaux n'étoient pas formés, du moins ils se forment lorsque la matiere de l'incendie en est sortie.

Au reste, je laisse aux personnes intelligentes & spirituelles de faire un grand nombre d'autres reflexions, que les narrations précédentes fournissent d'elles-mêmes, & que j'omets pour abréger, suposant que ceux qui liront ces choses ne seront pas sans lumiere, ni sans quelque goût pour la Physique.

L'on peut voir par toutes ces relations, qu'aux environs de Santorin il y a sous la mer des feux, qui se nourrissent depuis long-tems, puisque devant Pline & tant de siecles après, ces feux se sont faits sentir avec des simptômes si violens, de même que du côté de l'Affrique aux Isles Açores dont nous avons écrit l'histoire; & qu'il n'eſt pas impoſſible, que comme ces feux forment des Iſles nouvelles, ils n'en détruiſent quelques autres, & particulierement cette Iſle Atlantique, comme le fameux Drac nous le fait entendre, qui par les mêmes feux a été réduite en pluſieurs petites Iſles, telles que ſont les Açores, les Canaries, & celles du Cap-Verd. D'autant que cette Iſle Atlantique étoit ſi grande & occupoit un ſi grand eſpace, que quelques-uns ont crû que c'étoit ce que nous appellons aujourd'huy l'Amerique.

L'autre reflexion que je voudrois que l'on fit (dont on m'excuſera la répétition) c'eſt que ſous la mer ces feux ont leur ſiege comme ailleurs, & même (choſe remarquable) les Volcans qui en ſont proches font un plus grand fracas que les autres, d'autant que je crois pouvoir montrer, que la mer leur fournit une matiere plus abondante pour leur ſubſiſtance que les autres endroits de la terre.

Mais paſſons après ces reflexions dans l'Aſie, qui eſt encore plus remplie de feux que l'Affrique, par la raiſon ſans doute de ce que nous ne connoiſſons que les côtes de cette derniere; car ſi nous avions connoiſſance des lieux plus enfoncés dans les terres, nous en trouverions peut-être pluſieurs autres que nous ne ſçavons pas. Quoiqu'il en soit, aussi-tôt que nous entrons dans l'Asie, nous trouvons la Caldée si pleine de feux, que l'Ecriture l'appelle *Ur Caldeorum*, c'est-à-dire la terre de feu des Caldéens, car *Ur* ne signifie en Hebreu que *feu*. Et *Assur*, d'où dérive le nom d'Assirie, est composé de ces deux mots : *As*, est l'article, & *Ur*, *feu* ; ainsi *Assur paican*, signifie terre ou païs de feu. Il est vrai que quelques-uns tiennent que ce nom lui vient du culte que les anciens Persans avoient pour le feu qu'ils adoroient, & de la secte desquels il y a encore quelques restes, qu'on appelle *Ignicoles* ; mais en substance c'est la même chose, parceque la principale origine de ce culte (& c'est un point d'histoire remarquable) venoit non seulement du feu sacré de Vesta, qui étoit l'image du feu visible du Soleil, lequel ne représentoit que le symbole & le tipe de la cause agente qui est Dieu ; mais de ce que le peuple superstitieux croyoit que ce feu, qu'il voyoit sortir de la terre, avoit quelque chose de Divin ; ou que c'étoit l'image visible de la vertu invisible active de Dieu, selon les personnes plus éclairées. Les Persans disent encore à present que l'Assirie a été appellée *Azer*, ou *Azur Beyan*, c'est-à-dire, *lieu de feu* ; tant par les raisons précédentes, qu'à cause que le plus célebre Temple du Feu y étoit bâti, dans lequel on gardoit un feu que les Ignicoles (vulgaires) croyoient un Dieu, & que le grand Pontife de cette religion y résidoit, & peut-être c'est le même lieu que Ptolomée appelle *Urcoa*, qui signifie, *place de Feu*. Les *Guebres*, qui sont aujourd'hui les restes des anciens Ignicoles, montrent à présent ce lieu à deux journées de Chamachie, & ils assûrent comme une vérité constante que le Feu Sacré y subsiste toûjours, & que c'est un feu mineral & soûterrain, qui est vû encore aujourd'hui par ceux qui y vont en pellerinage en forme de flamme. Chardin dit là-dessus en plaisantant : que ces devots en creusant un trou dans la terre & mettant dessus une marmite, ce feu la fait boüillir, & il cuit tout ce qui est dedans, ce qui est regardé comme un grand miracle par ces pellerins simples & grossiers.

Mais, à mon avis, cela est fort possible & naturel, d'autant que dans la suite nous verrons que cela arrive en quelques autres endroits. Car il est probable que sous cette terre, il y ait réellement des feux soûterrains, qui ne se font que trop sentir par les fréquens tremblemens de terre, ausquels toutes les relations que j'ai lûës, disent que cette Ville de Chamachie est sujette presque tous les ans sans manquer. Ce qui n'étoit chez-moi qu'un soupçon fut enfin éclairci & confirmé par les Auteurs qui disent unanimement, que toutes les campagnes des environs sont pleines de montagnes toutes remplies de soulphre & de bitume, aussi bien que la plus grande partie de l'Assirie, & quelques-unes de ces montagnes jettent du feu ou des fumées perpetuelles, qui frapent désagréablement l'odorat. Particulierement depuis Kelek à Bagdet, sans sortir du grand chemin, on ne voit autre chose, avec grande quantité d'eaux chaudes. Dans la Medie, au lieu qu'on appelle *la Tour blanche de Suse*, le feu sort par quinze bouches, comme par autant de cheminées. L'Isle d'Ormus est presque toute brûlée des feux qu'elle nourrit, & il y a des Histoires du païs qui rapportent que cette Isle a brûlé durant sept ans. Le mont Cofantée dans la Bactriane, dont Pline parle aussi, est très-fameux par un volcan. Tout le long du mont Taurus on voit fréquemment de ces feux. Dans la Tartarie septentrionale, à ce que disent les Moscovites, il y a plusieurs de ces montagnes, & quatre entr'autres célèbres qui jettent du feu. De même dans les montagnes de l'Indostan, du Tibet, & de Cambaye,

&

& plus loin vers le Septentrion on ne peut rien aſſûrer, n'ayant preſque point ou très-peu de connoiſſance des païs & des terres qui ſont au-delà des montagnes du Tibet & de l'Indoſtan.

Dans la Chine il y a pluſieurs de ces feux ſoûterrains, & particulierement la Province de Kiang-ſy en eſt ſi pleine, que le Pere Martini aſſûre que les habitans ne ſe ſervent preſque point d'autre feu pour faire leur cuiſine, que de celui-là. Il ajoûte qu'on peut tranſporter ce feu d'un lieu à l'autre ſans qu'il s'éteigne, ce que Rhedi a regardé comme une fable ridicule; mais je crois que c'eſt à tort, parce qu'on voit bien que ce feu eſt une eſpece de charbon de terre bitumineux, & échauffé par la nature, de maniere qu'on peut le tranſporter, conſervant quelque tems la chaleur. Ma conjecture eſt appuyée par les paroles ſuivantes du Pere Martini: »J'ai oüi, dit-il, que ce feu eſt fort épais, »peu luiſant & diaphane, quoiqu'à la vé-»rité fort chaud; & s'il n'eſt point capable »d'enflâmer, c'eſt un ſecret admirable de la »nature. (Le Pere n'a pas fait d'experience, ni vû ce feu.) Je m'en raporte, continuë-t'il, aux Hiſtoriens de la Chine, (qui affectent le merveilleux comme bien d'autres nations,) mais je les »ai trouvés véritables en tout ce que

378 Histoire Naturelle

» j'ai vû de mes yeux. Dans cette Province
» l'on tire beaucoup de charbon de terre
» ou de pierre, (j'avois bien conjecturé
ci-dessus avant que de sçavoir cette circonstance,) semblable à celui de Liege,
» d'Angleterre & d'Allemagne, d'où il pa-
» roît que ce feu n'est produit que par ces
» mines de charbon enflâmé, qui est une
» substance entre le fer & le bitume, la-
,, quelle étant échauffée par les feux soû-
,, terrains, produit cet effet, &c.

Ceci est confirmé par une autre relation
oculaire. ,, Comme nous avons des puits
,, d'eau en Europe, (dit le Pere Semedo,
,, Jesuite, qui a été dans cette Province,)
,, de même il y en a de feu à la Chine pour
,, le service des maisons ; parce qu'y aïant
,, sous la terre des mines de soulphre, &
,, autre semblable matiere qui sont déja al-
,, lumées, les habitans ne font que creuser
,, un peu la terre, & il en sort assés de cha-
,, leur pour y faire cuire ce qu'ils veulent,
,, descendant plus ou moins à fond les
,, choses suivant le degré de chaleur dont
,, elles ont besoin. De plus, ils mettent
,, quelquefois de cette terre soulphreuse
» & ardente dans ces grosses cannes creuses
» & dures comme du fer, qu'on appelle
» *Bambous*, & y étant renfermée elle re-

* Relation de la Chine du Pere Semedo.

„tient sa chaleur long-tems, & on la peut
„transporter quelques lieues loin pour se
„réchauffer soi-même, ou les choses dont
„on a affaire, & même cuire les plus
„tendres, jusqu'à ce que la chaleur soit
„tout-à-fait exhalée, &c. comme le Pere Martini le dit ; mais il ne l'explique
pas si bien que Semedo.

D'où il paroît que Rhedi, très-sçavant
d'ailleurs, se mocque mal-à-propos de ce
feu dans la lettre écrite au Pere Kirker, &
qu'il a pris la chose de travers, parce qu'-
elle étoit mal expliquée, quand en raillant
il exhorte les Hollandois de faire marchan-
dise de ce feu inextinguible, & de nous
en apporter en Europe. Car il est réellement
inextinguible dans sa source soûterraine,
hors de laquelle, comme dit le Pere Semedo, il s'exhale & s'éteint quelque tems
après. Ce feu, comme vous voyez, est
semblable à celui des Ignicoles de Perse,
& de Chamachie qui peut faire boüillir la
marmite des devots, & même celle de leurs
Prêtres. Proche la Ville qui donne le nom
à la Province de Kiang-sy sur le mont
Coasang, & en plusieurs autres endroits
de ce grand Empire, on trouve de semblables feux, mais dont la chaleur est plus
utile que dangereuse, servant (outre l'usage
dont nous avons parlé) à échauffer une

380 HISTOIRE NATURELLE
infinité de bains & de sources médecinales, qui servent à la guerison d'un grand nombre de maladies.

Mais où ces volcans paroissent plus forts & plus furieux, c'est particulierement dans les Isles de la mer d'Asie. Car à peine en trouve-t'on quelqu'une qui n'ait de ces bouches de feu, & de ces gouffres terribles. J'ai été plusieurs fois étonné que la petite Isle *Mascaregnas*, que nous appellons de *Bourbon*, qui d'ailleurs est si fertile, si salutaire, & pleine de tant de biens, n'ait pas été encore habitée par un peuple plus nombreux que celui qu'on y trouve ; mais enfin j'ai trouvé chez plusieurs Voyageurs, & entr'autres d'un nommé Biron, Chirurgien Major, la relation suivante, qui m'a mis plus au fait que je n'étois.

„ * Cette Isle est fort fertile, (dit Biron,)
„ mais une grande partie de son terrain est
„ gâté par un volcan qui vomit jour & nuit
„ des torrens de feu épouvantables, il peut
„ passer pour un des plus terribles volcans
„ qu'il y ait au monde. Cette Isle a envi-
„ ron 80. lieues de circuit, & le volcan
„ qu'on appelle *Alamagan* est au Sud. Il y
„ a quantité de rochers, qui quelquefois
„ jettent tous ensemble des flammes,
„ qui ont desolé une grande plaine,

* *Curiosités de la nature & de l'art*, page 63.

» qu'on appelle la *Plaine brûlée*, qui fait
» horreur à voir, & qui est contiguë à une
» autre plaine très-belle. J'ai cru que les
» habitans avoient peut-être été en partie
» détruits par ces feux & tremblemens de
» terre, ou qu'ils s'étoient enfuis en quel-
» que occasion dangereuse de ces volcans
» en fureur, & que depuis, cette Isle est
» resté sans habitans, jusqu'à ce que d'au-
» tres plus hardis s'y établissent, &c.

De mon tems, notre Compagnie des Indes (de France,) que *Law* avoit établie,
s'en est emparée; mais il est à craindre que
cet établissement n'ait pas une fin plus
heureuse que tout ce que cet homme avoit
introduit auparavant, par des raisons qui
ne sont pas de mon Histoire. Je dirai
seulement, que l'on voit cette Plaine Brûlée comme un desert affreux, & comme
un enfer horrible, qui est contiguë, suivant la relation, à la plus belle & à la
plus agréable terre du monde; ce qui est
confirmé par le rapport de ceux qui y ont
été, qui disent tous unanimement qu'elle
est si pleine de ruisseaux, de fruits & d'a-
nimaux de toutes especes, & que l'air y
est si serain & si salutaire, que les mala-
des qu'on y met à terre recouvrent une
santé parfaite en peu de tems.

Je voudrois que l'on fist reflexion à ce

que j'ai déja dit, que les volcans qui sont près de la mer sont les plus terribles, & que les campagnes où sont ces volcans sont ordinairement les meilleures & les plus abondantes, parce que ces feux soûterrains échauffent les terres par-dessous & les rendent plus fertiles, pourvû néanmoins qu'elles aïent des fontaines à proportion, pour pouvoir temperer par une humidité convenable la sécheresse que le feu pourroit causer.

Mais poursuivant notre discours, je dirai qu'il y a dans l'Isle de Sumatra, près de Bantam, un autre volcan semblable. Proche la Ville de *Panarucam*, ou *Panecure*, dans l'Isle de Java, est la fameuse montagne ardente, qui jette souvent des flâmes & des pierres jusques dans la Ville. Elle avoit été plusieurs années sans faire grand mal; mais vers l'année 1538. elle jetta des feux & des flâmes en si grande quantité, & accompagnées de tremblemens de terre si horribles, qu'il y eut plus de dix mille personnes d'étouffées. Presque toutes les Isles que l'on comprend sous le nom de *Moluques*, ont des volcans & des feux brûlans, ce qui fait soupçonner que ces feux ont communication mutuelle par-dessous la terre, & qu'il y a dans cet endroit une espece de grand reservoir de matiere de feu, qui paroît par les grandes cheminées de ces montagnes. Ce qui se prouve en ce que dans la même année que le volcan de Java fit tant de mal, ceux de Ganap & de Banda n'en firent pas moins: Il est vrai que celui dont nous parlons dura plus long-tems, car pendant 17. ans entiers il ne fit autre chose, continuant sa fureur pendant tout ce tems, & jettant tant de pierres & de si grands torrens de feu, que non seulement la terre, mais la mer voisine en fut brûlée & desséchée en plusieurs endroits, & même il mourut grand nombre de personnes & une infinité de poissons.

Dans l'Isle de Timor il y avoit une montagne que les Portugais appelloient *Pico*, si haute & si flamboyante, qu'on en voyoit les feux pendant la nuit à plus de 100 lieues loin en mer. Dans l'année 1638. selon les Annales des Peres Jesuites, après avoir jetté des flâmes avec une abondance extraordinaire & des tremblemens inoüis qui secouerent toute l'Isle, tout-à-coup cette haute montagne abîma dans le sein de la terre, avec une partie des campagnes voisines, ne paroissant plus à la place du feu & du lieu que cette montagne occupoit, qu'un lac très-vaste qu'on y voit encore : chose étonnante, mais qui marque bien les grands abîmes qui sont dans la terre, & combien le feu & l'eau sont proches l'un de l'autre.

» * La terre des Moluques, dit Maffée dans
» son histoire, est aride, crevassée, & brû-
» lée comme de la pierre-ponce; ainsi elle
» s'imbibe non seulement des pluyes qui
» tombent du Ciel, mais même elle absor-
» be les torrens qui sortent des montagnes,
» avant qu'ils entrent dans la mer. Ces Isles
» ont des volcans, ou ouvertures qui jet-
» tent des flâmes avec un bruit horrible.
» Mais le plus effroïable de ces volcans est
» celui de Ternate proche de Gilolo. La
» montagne touche aux nuës, & elle est
» également haute & mal-aisée. Il y a au
» sommet une vaste embouchure qui se ter-
» mine par divers cercles, dont les plus
» petits envelopés par les plus grands, for-
» ment une espece d'Amphitéatre. De là
» sortent ces incendies, lesquels ont cela
» de particulier qu'ils s'enflamment plus fa-
» cilement à certains vents, ou lorsque le
» Soleil est dans les Equinoxes, (peut-être
à cause que le Soleil est pour lors vertical sur ce lieu qui est précisément sous la
Ligne,) » & c'est alors qu'il sort de ce vol-
» can des flâmes mélées avec de la fumée
» & des pierres, & qu'il couvre de cendre

* Histoire des Indes Orientales.

» les

„ les lieux d'alentour. L'on y va par curio-
„ sité tous les ans lorsqu'il est tranquille.
„ On y monte avec des cordes, & les habi-
„ tans y recüeillent aux environs d'excellent
„ soulphre. Le volcan de Gumana proche
„ de Banda n'est guere moins furieux,
„ comme aussi celui de Tetoli dans l'Isle
„ de Celebes. Cette montagne ardente ser-
„ vit beaucoup aux Portugais en 1550. pour
„ châtier la revolte des gens du païs, &
„ les faire retourner au Christianisme; car
„ lorsque les rebelles se défendoient le plus
„ obstinément, le Soleil s'obscurcit en plein
„ midi, & les tenebres s'éleverent si épais-
„ ses, qu'elles étoient palpables. La monta-
„ gne voisine par de terribles éclats vomit
„ des flâmes, avec une si grande abondance
„ de pierres brûlées & de cendres arden-
„ tes, que tous leurs travaux en furent
„ comblés, tout cela étoit accompagné
„ d'un tremblement de terre si horrible,
„ que les arbres & les maisons en furent
„ renversées, les mares se trouvant rem-
„ plies de pierres métaliques, & l'eau sor-
„ tant à gros boüillons par les ouvertu-
„ res de la terre, se déborda par les champs
„ & fit perir une infinité de bestiaux. Ce
„ déluge d'eau & de feu ne finit pas en
„ peu d'heures, comme il avoit accoutu-
„ mé: Il dura trois jours. Les Portugais

Tome I.   K k

„ qui étoient à la rade aïant consideré ces
„ defordres, en profiterent, &c.

Je décris exprès les circonstances des tremblemens de terre & des innondations qui arrivent durant ces incendies, afin que le lecteur voye quel est le véritable état de l'interieur de nôtre Globe, & quelles sont les causes de plusieurs évenemens extraordinaires qui arrivent sur sa superficie, & qui paroîtroient surnaturels sans ces connoissances. Mais pour continuer nôtre histoire, les Philippines ne sont pas moins abondantes en feux, elles ont presque toutes, suivant Torsellin * des minieres soulphreuses & brûlantes, plus ou moins grandes, entre lesquelles les plus remarquables sont les volcans de Tendaye & de la Mariandiera; & comme toutes ces Isles sont proches les unes des autres, il semble qu'on puisse dire, avec quelque fondement, qu'il y a une espece de lisiere de feux soûterrains, qui s'étendent & se communiquent ensemble par-dessous la mer, & lesquels sortent de ces montagnes par differentes ouvertures. Dans les Isles qui composent le grand Empire du Japon il y a plusieurs volcans entre lesquels le plus celebre est celui qui est à 25. lieües de Firando, qui jour & nuit jette flâme & fumée. Il y a une des Isles

* Dans la vie de St. François Xavier.

du Japon qu'on appelle de feu, (*del Fue-go*,) à cause des flâmes qu'elle jette presque toûjours. Le volcan de Meaco est fameux, aussi-bien que sept autres Isles qu'on appelle les sept sœurs, une desquelles a encore son volcan avec ses feux, qui n'est pas loin de Tanaxume.

Dampierre raporte dans son voyage de la terre Australe qu'en plusieurs lieux de la nouvelle Hollande, nouvelle Guinée, & de la nouvelle Bretagne qu'il découvrit, il a vû plusieurs montagnes jetter du feu, & plusieurs terres couvertes de fumée. Il dit entr'autres d'un de ces volcans, qu'il jettoit du feu avec une telle violence, & avec des tremblemens & des secousses si grandes, que de sa vie il n'avoit rien vû de plus terrible, quoiqu'il eût vû plusieurs volcans dans ses voyages. Il assûre enfin que les volcans qu'il y a trouvé sont en fort grand nombre (*a*), de maniere qu'il semble que la plus grande partie de ces terres brûlent en divers endroits, jettant continuellement du feu ou de la fumée.

(*b*) Dans les Isles des larrons, appellées aussi Marianes, il y en a deux qui jettent du feu. Dans l'une de ces Isles il y a trois vol-

(*a*) Suite des voyages de Dampierre aux terres australes, en 1699. Tom. V.
(*b*) Observations phisiques & mathematiques de l'Academie, pag. 223.

cans. La principale s'appelle *Sonnosom*, elle a six lieues de tour, & est placée au 19. degré de latitude.

Dans la nouvelle Guinée, les Hollandois ont reconnu quelques volcans ; mais cette nation jalouse de son commerce ne nous indique pas précisement la situation des terres & des lieux. On en voit de même dans ce qu'on appelle terres Australes, comme aussi en quelques Isles de la mer qu'on appelle *del Zur* ; & comme ces lieux sont peu frequentés nous ne pouvons pas en faire une description fort exacte, & il faut se contenter du peu que nous en sçavons.

Pour nous dédommager, nous passerons dans l'Amerique, où il semble que Vulcain a établi sa demeure plûtôt que dans la Sicile, tant est considerable le nombre de Feux, qu'on voit dans cette nouvelle partie du monde, avec cette difference que dans l'Etna, Vulcain y forge des foudres de fer, mais dans ces montagnes, la matiére n'est que d'or & d'argent, qui est bien plus puissante, & qui pénétre mieux par tout, suivant ce que le veridique Poëte en dit : *Aurum fulmineo potentior ictu*. Mais venons au dénombrement.

Depuis le détroit de Magellan, en parcourant les montagnes du Chili & du Perou, que les Espagnols appellent Cordeilleras, on compte 15. volcans. Ces volcans (dit Thomas *ab Horto*, en François *du Jardin*) » sont presque tous aux pics ou » pointes des plus hautes de ces montagnes. » Ils ont ordinairement au sommet une » plaine, & dans le milieu un grand trou » par lequel ils vomissent le feu, lequel » trou, ou bouche, descend jusqu'au fond » de la montagne, ce qui est une chose épou- » ventable à voir, quand on est assez hardi » pour regarder au dedans ; car alors on » voit dans le fond une espece de mer de » matiere brûlante. De ces volcans il en » sort ordinairement une fumée, & quel- » quefois des flammes. Il y en a quelques- » uns qui jettent peu de fumée, & qui » n'ont presqu'aucune forme de volcan. Tel » est, par exemple, celui de la montagne » *d'Arequica*, qui est d'une hauteur deme- » surée, presqu'entierement de sable, & » qui ne se peut monter en moins de deux » jours. Néanmoins de mon tems il n'y » avoit point de feu, mais seulement » quelque peu de fumée qu'il jette » quelque fois. Les Indiens lorsqu'ils » étoient Gentils, y alloient sacrifier, & » l'on y a trouvé des vestiges de leurs sacri- » fices. Le volcan du Mexique, qui est » proche du Bourg des Anges, est aussi » d'une hauteur effroyable, & on monte

» 30. lieuës en tournoyant. De ce volcan
» fort, non pas continuellement, mais de
» fois à autre, & presque chaque jour,
» une grosse exhalaison, ou tourbillon de
» fumée, qui s'éleve droit en haut comme
» un trait d'Arbalêtre, & qui devient après
» semblable à un grand plumage, jusqu'à
» ce qu'il cesse entiérement, & aussi-tôt il
» se résout en une nuée noire & fort obs-
» cure. (Cet effet provient de ce que la fumée
tant qu'elle est fort ardente, paroît blanchâ-
tre; mais à mesure que la matiére de la fumée se refroidit, elle paroît noire, parce que la chaleur qui est quelque chose de
lumineux n'y est plus.) » On n'a pas vû
» sortir de feu de ce volcan jusqu'à pré-
» sent, ou du moins on n'en a jamais parlé.
» Mais quoique cette montagne ne jette pas
» de feu, on ne laisse pas de craindre qu'il n'en
» sorte, & qu'il ne brûle la terre des environs,
» qui est la meilleure de tout le Royaume
» de Mexique, & l'on tient pour certain
» qu'il y a quelque correspondance entre
» ce volcan & celui de Talascala, qui en
» est assez proche, & qui cause les grands
» Tonnerres & les Eclairs qu'on voit, &
» qu'on entend ordinairement dans ces
» lieux. Quelques Espagnols ont monté
» sur ce dernier volcan, & en ont rappor-
» té du soulphre. Ces volcans de Guatimala

» sont les plus renommés du Mexique, tant
» par leur grandeur & hauteur, que pour
» leurs feux & fumées. On les voit de fort
» loin en allant à la Mer du Sud, &c.

Je ferai ici le détail de ce volcan de Talascala comme le racontent Herrera de Solis & autres Auteurs, qui ont écrit les actions des Castillans & de Cortés dans le Mexique. Ils disent donc que les Espagnols étant arrivés dans la ville de Talascala, ils virent une grande montagne qui de tems en tems jettoit du feu. Les Mexiquains disoient que c'étoit une bouche des enfers, où les Seigneurs qui tirannisoient leurs sujets alloient expier leurs pechés, & qu'ensuite ils passoient dans une terre de repos. Il prit envie à Diego d'Ordas de voir cette merveille, parce que jusqu'alors c'étoit une chose inouïe aux Castillans; joint à ce que les Indiens disoient que jamais homme n'avoit approché de ce mont. Cortés voulant faire voir que ce que les Indiens estimoient le plus difficile étoit ce que les Castillans faisoient le plus facilement, se réjouït de ce que Ordas entreprit ce voyage. Il mena quelques Espagnols avec lui, & quelques Indiens pour les guider, lesquels étant arrivés à un certain lieu de la montagne demeurerent à l'écart. Ordas & ses compagnons continuerent leur route, & à mesure qu'ils montoient vers le haut de la montagne ils entendoient un bruit terrible, & la terre trembloit sous leurs pieds, ils étoient pour lors proche des flammes & des pierres que le volcan jettoit, avec quantité de cendres qui embarrassoient le chemin. Comme toutes ces choses intimidoient quelques-uns de la troupe, & qu'ils étoient fatigués du chemin à cause de la hauteur du lieu, ils parloient déja de s'en retourner. Mais Diego en les réprimandant leur fit connoître qu'il seroit honteux à eux de ne pas achever une entreprise qu'ils avoient commencée, quoiqu'il y allât de la vie. A ces paroles ils commencerent courageusement à passer à travers des cendres & des neiges; car il faut remarquer que cette montagne est fort belle & fertile dans la partie d'enbas, mais en haut elle n'est jamais découverte de neiges & de glaces, qui se forment la nuit des eaux que le Soleil fait fondre pendant le jour. Enfin étant arrivés avec beaucoup de tems & de peine au plus haut du mont par dessous une épaisse fumée, ils contemplerent un bon espace de tems la bouche de cette fournaise, qui leur parut ronde, & qui avoit un bon quart de lieue de circuit.

Ils virent au bas une grande concavité, & que dans le fond le fer y boüilloit, comme dans un four où l'on fait le verre. Du haut de cette éminence on découvroit la grande ville de Mexique, située sur un lac. Les Castillans ne pouvant plus souffrir la grande chaleur & puanteur qu'il y faisoit, s'en retournerent par où ils étoient montés, crainte de s'égarer. Andrea de Tapia alla aussi après reconnoître ce volcan. Cette témérité ne fut pas tout-à-fait inutile, car outre la grande opinion qu'ils en acquirent auprès des Indiens qui furent épouvantés que ces hommes eussent pû aller dans un tel lieu & en revenir, leur baisant leurs vêtemens, & les regardant comme des Dieux ; il arriva que les poudres leur aïant manqué, & n'ayant point de soulphre pour en faire, Cortés se ressouvint qu'Ordas lui avoit dit qu'on en voyoit beaucoup autour du creux de ce volcan, & que les fumées ne sentoient que le soulphre brûlé, c'est pourquoi il résolut de tâcher d'en avoir de cet endroit : Il y envoya donc Montagno, homme de cœur, qui y alla avec quelques Castillans. Ayant monté la moitié de la montagne, la nuit les surprit. Comme dans cette hauteur l'air y étoit assés froid, la nuit l'augmentant de beaucoup, ils résolurent de creuser une fosse dans les cendres afin de pouvoir s'y mettre tous ensemble, & qu'étant couverts de leurs manteaux ils pussent mieux résister au froid. Mais à peine eurent-ils creusé deux palmes qu'ils trouverent la roche du volcan, dont il sortit tout aussi-tôt une si grande chaleur & puanteur de soulphre qu'ils ne purent y résister, quoique le grand froid de dehors modérât en partie cette chaleur. Ne pouvant donc plus en supporter la puanteur, ils quitterent ce lieu, & commencerent à monter avec une peine incroyable parmi les glaces & les neiges, un d'eux étant tombé dans un précipice avec beaucoup de peril de la vie. Ils arriverent enfin vers le midi, après beaucoup de fatigues, à la bouche du volcan, & aïant avancé leur tête ils découvrirent le bas qui brûloit comme un feu naturel & comme du métal fondu, il pouvoit y avoir 200. toises de profondeur, & la largeur de la bouche étoit, comme nous l'avons dit, d'environ un quart de lieue. Ils tirerent au sort à qui y entreroit le premier, il tomba sur le même Montagno, lequel étant guindé avec des sangles dans un sac de toile de chanvre, avec un panier, y entra & fut descendu à quelques toises de profondeur, il en revint sept fois avec son panier plein de soulphre, qui pesoit en tout 112. livres. Un autre y entra après & en tira encore 100. livres ; enfin ils résolurent de n'y pas rentrer davantage à cause du danger qu'il y avoit ; car outre qu'en jettant la vûë en bas on restoit étourdi, les fumées & les étincelles de feu qui en sortoient quelquefois rendoient un homme comme mort, d'autant plus qu'à ce qu'ils disoient, on s'imaginoit qu'on lâcheroit la corde, ou qu'elle se brûleroit, & qu'on seroit abîmé dans cet enfer. Hardiesse horrible de l'homme, qui par un point d'honneur brave la mort, afin de pouvoir raconter (si l'on échape du danger) qu'on a exécuté une action témeraire. On dit que ce volcan fut une fois dix ans sans jetter aucune fumée. Mais en 1540. il recommença de plus belle, & avec tant de furie, qu'il donnoit de l'épouvante à plus de quatre lieuës au-de-là, & les cendres qu'il jettoit allerent jusqu'à Caxacingo & Talascala, brûlant tout le païs d'alentour, en sorte que les habitans de ces lieux furent prêts de les quitter tout-à-fait. Voilà à-peu-près, ce qu'on dit de ce gouffre, peut-être a-t-on exageré un peu le péril pour relever le courage des Espagnols, & que dans l'endroit où ils descendirent, il y avoit quelque pointe de Rocher qui les mettoit à l'abri du feu & des grandes exhalaisons. Mais en général le fait est constant, & l'Empereur Charles-Quint donna pour armes à Ordas, un volcan brûlant, en récompense de sa hardiesse, sans laquelle on n'auroit jamais pris le Mexique, faute de poudres. Ce que nous devons remarquer ici, c'est le soulphre dont ce volcan étoit plein, & la substance metallique enflammée qui boüilloit dans le fond de cet abîme, ce qui s'accorde avec la matiére générale de tous les volcans que nous avons vû, & que nous verrons.

» Il arriva le 23. Decembre de l'année
» passée (dit Acosta) que presque toute la
» Cité de Guatimala tomba d'un tremble-
» ment de terre, où même quelques per-
» sonnes moururent. Il y avoit déja six
» mois que le volcan ne cessoit pas jour
» & nuit de vomir, par le haut, un fleu-
» ve de feu. La matiére duquel tombant à
» côté du volcan, se convertissoit en
» cendres comme de la terre brûlée. On fut
» extrêmement surpris de cette quantité
» de matiére, parce qu'il n'avoit coûtume
» de jetter que de la fumée, ou quelque-
» fois des flaméches. Les années passées
» me trouvant à Quito, en la Cité des Rois
» au Perou, le volcan qui en est proche,
» jettoit tant de cendres, qu'en beaucoup
» d'endroits il étoit impossible de marcher
» dans les ruës. L'on a vû d'autres vol-
» cans qui ne jettent ni feu, ni fumée,

» ni cendres, mais on les voit brûler au
» fond d'une vive flamme fans s'amortir.
» De cette espéce étoit celui qu'en notre
» tems un Prêtre avaricieux se perfuada
» être d'or fondu, dont ces montagnes du
» Perou font pleines : sa raison étoit qu'il
» croyoit qu'il n'y avoit que le feul or
» pur qui fût incombustible, & qui pût
» résister depuis tant de siécles fans se
» consumer ou s'évaporer. Il fit faire pour
» s'en éclaircir, de certaines chaudiéres &
» chaînes, avec je ne sçai quels instru-
» mens pour puiser l'or de ce volcan.
» Mais il fut trompé, car auffi-tôt que
» les chaînes & chaudiéres en approche-
» rent, elles furent brûlées & confumées
» en un moment. On me dit néanmoins
» qu'il s'obstinoit toûjours à chercher
» d'autres instrumens & inventions, &c.
Voilà ce que dit Açosta, & la suite
nous éclaircira encore davantage.

Je dirai en attendant, que l'on peut
soupçonner que cette longue fuite de volcans, qui viennent presqu'en ligne droite
depuis le Chili jusqu'au vieux Mexique,
peuvent avoir quelque liaison l'un avec
l'autre, & communiquer par des tuyaux
foûterrains; mais cela n'est pas neceffaire, car
chacun peut avoir son propre refervoir de
matiére brûlante, qui se reproduit de la

manière que nous verrons. Il est pourtant certain que les gens du païs assûrent qu'il y a communication entre quelques-uns de ceux qui sont les plus proches, & peut-être même entre les plus éloignés, quoiqu'il soit vrai qu'ils soient si peu éloignés, qu'à peine (dit Acosta) fait-on une journée de chemin qu'on n'en rencontre plusieurs qui se succedent les uns aux autres.

Pour continuer notre examen dans l'Amérique, je dirai que dans le nouveau Leon il y a une montagne très-haute qui jette des flammes. Dans la nouvelle Grenade un autre volcan semblable. Dans le continent de la Californie ; que la relation nouvelle des Peres Jesuites * nous assûre n'être pas une Isle, mais quelle tient à la terre du nouveau Mexique ; dans cette presqu'Isle, dis-je, il y a trois volcans, & dans la côte encore deux autres au raport du Pere Perez.* On pourroit parler peut-être de plusieurs autres, si nous connoissions ces terres d'où les Espagnols éloignent tous les étrangers ; mais nous sçavons au moins que dans les Isles Françoises, à la Guadaloupe, si je ne me trompe, il y a une montagne qu'on appelle la Soufriére, qui fume toûjours, & jette souvent des flammes.

* Lettres édifiantes.

Allant donc plus loin dans les endroits les plus glacés du Septentrion, qu'on appelle le Groenlande, on en trouve encore, suivant le rapport de Barthelemi Zenus Venitien, que le Roi de Dannemarc envoya pour découvrir ces terres, & dont il le fit Vice-Roi. Voici comme il en parle.

» Il y a ici (cette relation est de trois
» siécles en arriere) le Monastére des Jaco-
» bins, qui n'est pas loin d'une Monta-
» gne qui jette du feu, du pied de la-
» quelle sort une fontaine très chaude.
» Cette eau chaude étant distribuée par di-
» vers canaux dans les cellules des moi-
» nes, les échauffe comme des Etuves, &
» au surplus arrosant le Jardin de ces Pe-
» res, le rend fertile, de maniére qu'on
» y voit des herbes & des fruits de tou-
» tes sortes, malgré la rigueur du climat;
» au surplus il faut remarquer que ce Con-
» vent est bâti des pierres que la mon-
» tagne vomit, & qui étant imbibées avec
» l'eau dont nous venons de parler, se
» collent ensemble mieux qu'avec la
» chaux.

Ce qui marque, selon mon jugement, que cette eau est imbuë d'un bitume très-subtil, qui est la matière qui

* Histoire d'Amerique du Pere Perez.

fournit-le feu de cette montagne, & que ce bitume pénétrant avec l'eau dans les pores de ces pierres demi-brûlées & semblables au Tuffe, se collent ensemble, & ne font qu'un seul corps. Les murs de Babylone furent bâtis à peu-près de même, ayant employé à cet effet le bitume qui abonde dans les Lacs & Fontaines de l'Assirie, & qui se lie mieux avec les pierres poreuses, qu'elles ne feroient avec la chaux. Au reste il n'est pas étonnant que cette eau chaude rende fertile les Jardins dans un climat aussi froid qu'est celui de Groenlande, dont les côtes sont un peu plus connuës à présent que diverses Nations vont dans cet endroit pour la pêche de la Baleine.

Nous avons parcouru ainsi la plûpart de la terre qui nous est connuë, & nous y avons trouvé assez de feux visibles pour nous faire conjecturer que la terre en cache un grand nombre d'autres qui ne sont point encore découverts. Il est vrai qu'il y a une grande quantité d'eaux fort chaudes, & même boüillantes, qui nous font juger qu'elles peuvent être échauffées en passant proche de ces feux, ou par des terres que ces feux échauffent. Mais ce discours regarde le Chapitre suivant, dans lequel nous devons examiner les eaux chaudes

chaudes qui sont dans le sein de la terre, comme dans celui-ci nous avons rapporté ce qui se peut dire sur le feu.

Mais je ne laisserai pas d'avertir que ces volcans qui font aujourd'hui tant de fracas peuvent avec le tems s'éteindre, & périr comme toutes les autres choses qui ont eû commencement ; & que d'autres qui ne paroissent pas, pourront naître & faire du bruit à leur tour. C'est peut-être par cette raison que quelques-uns des volcans dont Pline a parlé de son tems, ne paroissent point aujourd'hui, & que ceux dont nous parlons n'étoient pas alors, ou du moins qu'une grande partie lui étoient inconnus ; l'Amerique aussi-bien que la plûpart des Indes Orientales n'étant point alors découvertes.

Je ne dois pas oublier que non seulement sur la montagne d'Etna, mais dans la plus grande partie des hautes montagnes qui jettent du feu, la neige & la glace s'y voyent tranquilles, & que ces feux ne s'offensent point, ce qui a fait dire à Ovide,

Scit nivibus servans fidem Vulcanius ignis.

„ Le feu de Vulcain garde la foi & l'a-
„ mitié à ces glaces, qui sur la bonne foi
„ se sont placées sur les cavernes brûlantes.

Ce qui provient, je crois, de ce que ces glaces font dans les lieux de la montagne où elle est plus épaisse, & qui n'est pas échauffée par le feu; car, comme on l'a dit, la plûpart du tems le feu ne brûle que dans le fond de la montagne, parceque lorsque le feu abonde, & qu'il fort avec violence par ces horribles cheminées, je ne crois pas que la neige résiste à son ardeur. Si ce n'est qu'il y ait des circonstances telles dans leur situation, qu'elles puissent amortir la chaleur. C'est pourquoi il ne faut pas s'écarter des principes certains, que la chaleur fond la neige & la glace : & que quand il arrive que cette eau congelée, reste comme elle est, il faut dire que la chaleur active n'arrive pas jusqu'à elle, par les circonstances de la situation où elle est placée, que l'on ne peut définir sans avoir une parfaite observation de ces lieux, assez souvent négligée par les gens qui en parlent, & particulierement les Poëtes, qui ne racontent que ce qu'ils trouvent de merveilleux sans en dire autre chose. Mais le Philosophe qui raisonne, doit comprendre, comme je viens de le dire, que dans le lieu où est la neige, il n'y a point de chaleur, & s'il y en a un peu elle la fait fondre doucement, formant les petits ruisseaux qu'on voit couler dans ces lieux;

à quoi ne contribuë pas peu l'air impregné de la matiere subtile de l'Eter, qui avec sa subtilité & son mouvement pénetre & dissout la connexion des particules qui forment la glace.

Il faut que je mette ici un évenement qui paroît avoir quelque chose du prodige ; c'est que j'ai lû, si je ne me trompe, dans le Journal des Sçavans d'Angleterre, que quelques Villages avoient été brûlés, & s'étoient enflâmés sans aucun feu terrestre, ni celeste, visible. Mais quant-à-moi cela me paroît fort naturel, quoique ce soit un accident assez rare. Car ayant vû que la terre est pleine de feux en divers lieux, il n'est pas impossible qu'il ne se soit exhalé des flâmes subtiles du sein de la terre lorsqu'elle en étoit plus pleine qu'à l'ordinaire, & que ce feu s'étant pris à des matieres combustibles comme la paille, chaume, & semblables dont les Villages sont la plûpart couverts, il n'est pas étonnant que l'incendie se soit dilaté jusqu'à les réduire tout-à-fait en cendres.

Il faudroit cependant être assûré que ce fait est tel que nous venons de le dire, car il est encore plus naturel de croire que le feu s'est mis en ces Villages par quelque accident, ou peut-être y avoit-il été mis exprès.

Nous verrons des évenemens semblables arrivés par les eaux, qui en sortant subitement de la terre, ont inondé quelques campagnes.

Fin du Tome premier.

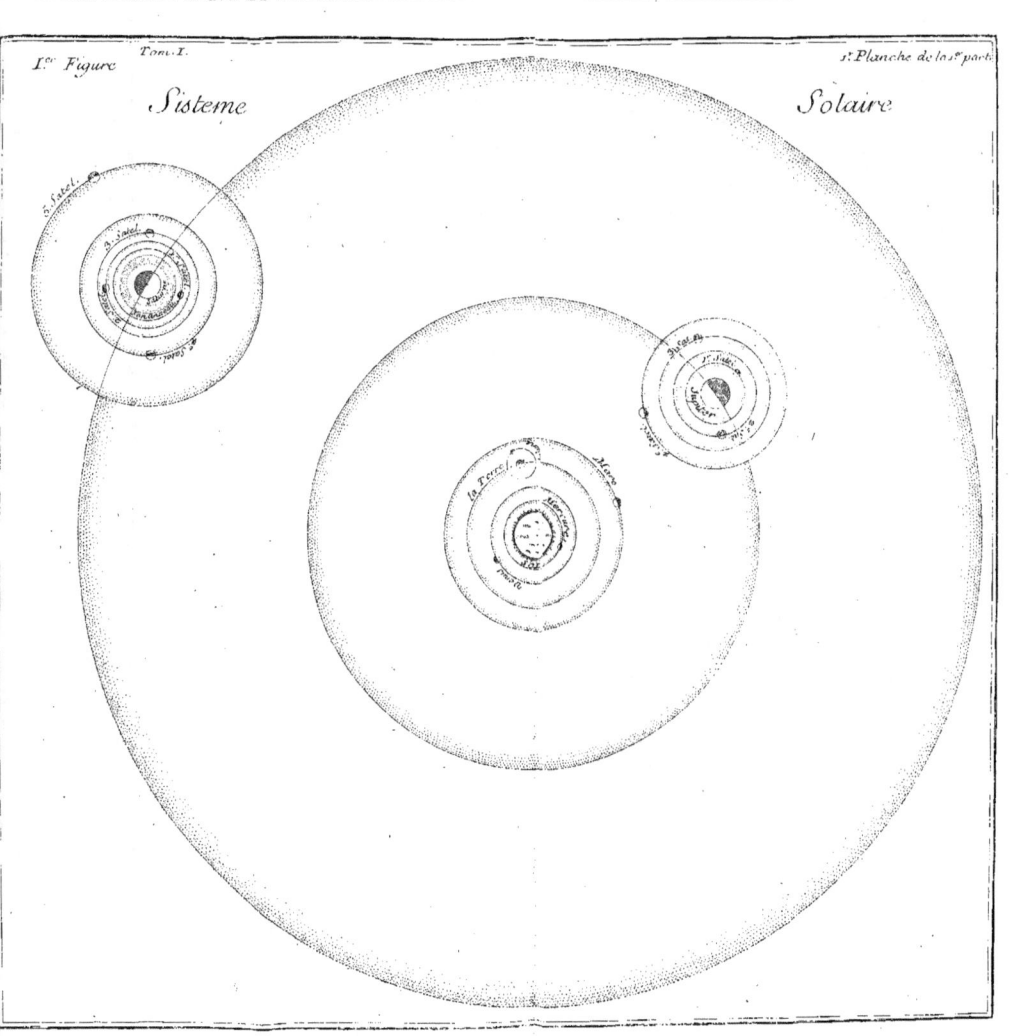

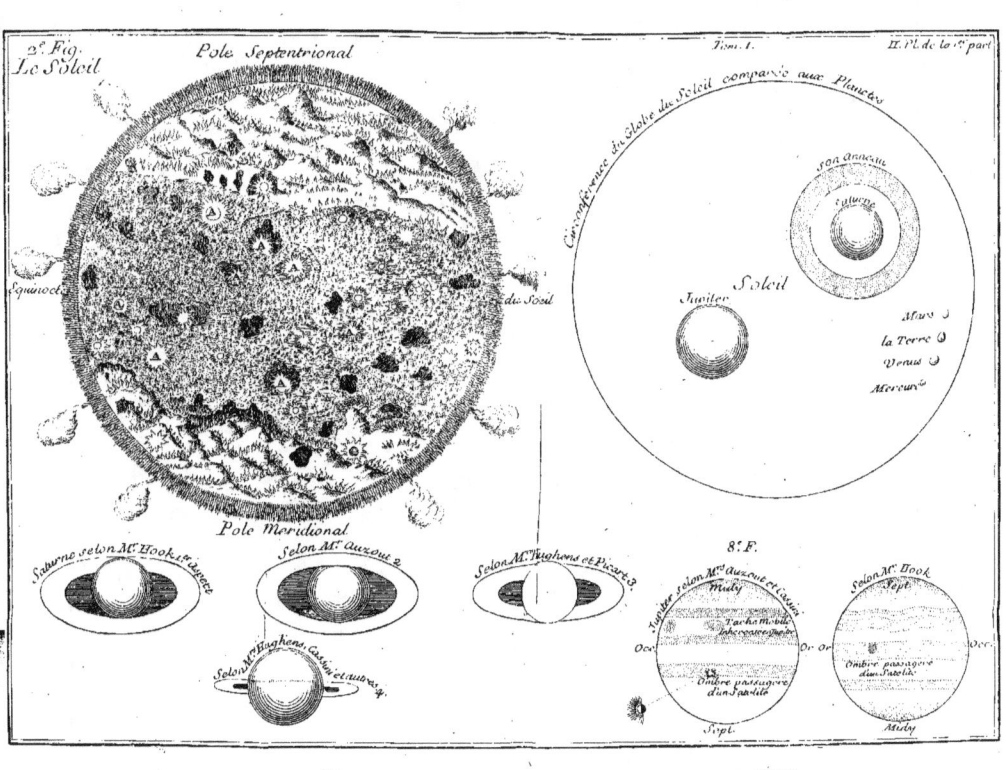

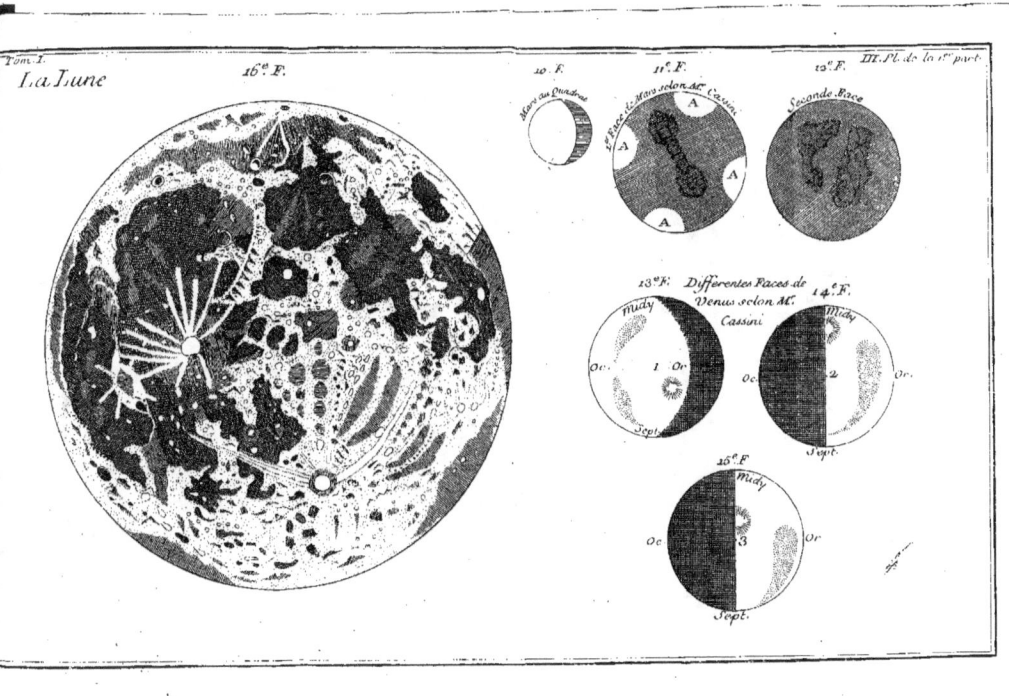

Approbation du Censeur Royal.

J'ai lû par ordre de Monseigneur le Garde des Sceaux, un manuscrit qui a pour titre: *Histoire Naturelle de l'Univers*: & j'ai cru que le Public en verroit avec plaisir l'impression. Fait à Paris, ce 11. Avril 1732.

BURETTE.

PRIVILEGE DU ROI.

LOUIS, par la grace de Dieu, Roi de France & de Navarre: A nos amez & feaux Conseillers, les Gens tenans nos Cours de Parlement, Maîtres des Requêtes ordinaires de notre Hôtel, Grand Conseil, Prévôt de Paris, Baillifs, Sénéchaux, leurs Lieutenans Civils, & autres nos Justiciers qu'il appartiendra; SALUT. Notre bien amé ANDRE' CAILLEAU, Libraire à Paris, nous ayant fait remontrer qu'il lui auroit été mis en mains, *Le Journal des Voyages de l'Empereur Charles V. depuis l'an 1551. & du Roi Philipes II. son Fils, depuis la même année 1551. jusqu'en 1560. écrit soigneusement par Jean de Vandenesse, Contrôleur de la Maison des deux mêmes Princes: & l'Histoire Naturelle de l'Univers*, qu'il souhaiteroit faire imprimer &

donner au Public, s'il nous plaifoit lui accorder nos Lettres de Privilége, fur ce néceffaires, offrant pour cet effet de les faire imprimer en bon papier & beaux caracteres, fuivant la feuille imprimée & attachée pour modele fous le contre-fcel des préfentes; A CES CAUSES, voulant traiter favorablement ledit Expofant, Nous lui avons permis & permettons par ces Préfentes, de faire imprimer lefdits Livres ci-deffus fpecifiés, en un ou plufieurs volumes, conjointement, ou féparément, & autant de fois que bon lui femblera, fur papier & caracteres conformes à ladite feuille imprimée & attachée fous notredit contre-fcel, & de le vendre, faire vendre & débiter par tout notre Royaume, pendant le tems de *fix années* confécutives, à compter du jour de la date defd. Préfentes. Faifons défenfes à toutes fortes de perfonnes de quelque qualité & condition qu'elles foient, d'en introduire d'impreffion étrangere dans aucun lieu de notre obéiffance; comme auffi à tous Libraires, Imprimeurs & autres, d'imprimer, faire imprimer, vendre, faire vendre, débiter, ni contrefaire lefdits Livres ci-deffus expofés, en tout ni en partie, ni d'en faire aucuns Extraits, fous quelque prétexte que ce foit d'augmentation, correction, changement de titre, ou autrement, fans la permifsion expresse & par écrit dudit Exposant ou de ceux qui auront droit de lui, à peine de confiscation des Exemplaires contrefaits, & de trois mille livres d'amende contre chacun des contrevenans, dont un tiers à Nous, un tiers à l'Hôtel-Dieu de Paris, l'autre tiers audit Exposant, & de tous dépens, dommages & interêts. A la charge que ces Présentes seront enregistrées tout au long sur le Registre de la Communauté des Libraires & Imprimeurs de Paris, dans trois mois de la date d'icelles ; que l'impression de ces Livres sera faite dans notre Royaume & non ailleurs, & que l'Impétrant se conformera en tout aux Réglemens de la Librairie, & notamment à celui du 10. Avril 1725. & qu'avant de les exposer en vente, les manuscrits ou imprimés qui auront servi de copie à l'impression desdits Livres seront remis dans le même état où les Approbations y auront été données, és mains de nôtre très-cher & feal Chevalier Garde des Sceaux de France le sieur Chauvelin, & qu'il en sera ensuite remis deux exemplaires de chacun, dans notre Bibliotheque publique, un dans celle de notre Château du Louvre, & un dans celle de notre très-cher & feal Chevalier Garde des Sceaux de France, le sieur Chauvelin, le tout à peine de nullité des Présentes ; du contenu desquelles vous mandons & enjoignons de faire joüir l'Exposant ou ses ayans cause pleinement & paisiblement, sans souffrir qu'il leur soit fait aucun trouble ou empêchement. Voulons que la copie desdites Présentes qui sera imprimée tout au long au commencement ou à la fin desdits Livres, soit tenue pour duëment signifiée, & qu'aux copies collationnées par l'un de nos amez & feaux Conseillers & Secretaires, foi soit ajoûtée comme à l'original. COMMANDONS au premier notre Huissier ou Sergent de faire pour l'exécution d'icelles, tous Actes requis & nécessaires, sans demander autre permission, & nonobstant Clameur de Haro, Charte Normande, & Lettres à ce contraires : CAR tel est notre plaisir. Donné à Versailles le vingtieme jour d'Août l'an de Grace mil sept cens trente trois, & de notre Regne le dix-huitieme, Par le Roi en son Conseil.

SAINSON.

Régistré sur le Registre VIII. de la Chambre Royale des Libraires & Imprimeurs de Paris N. 602. fol. 608. conformement aux anciens Reglemens, confirmés par celui du 28. Février 1723. A Paris le 11. Octobre 1733.

G. MARTIN Syndic.

De l'Imprimerie de GISSEY.

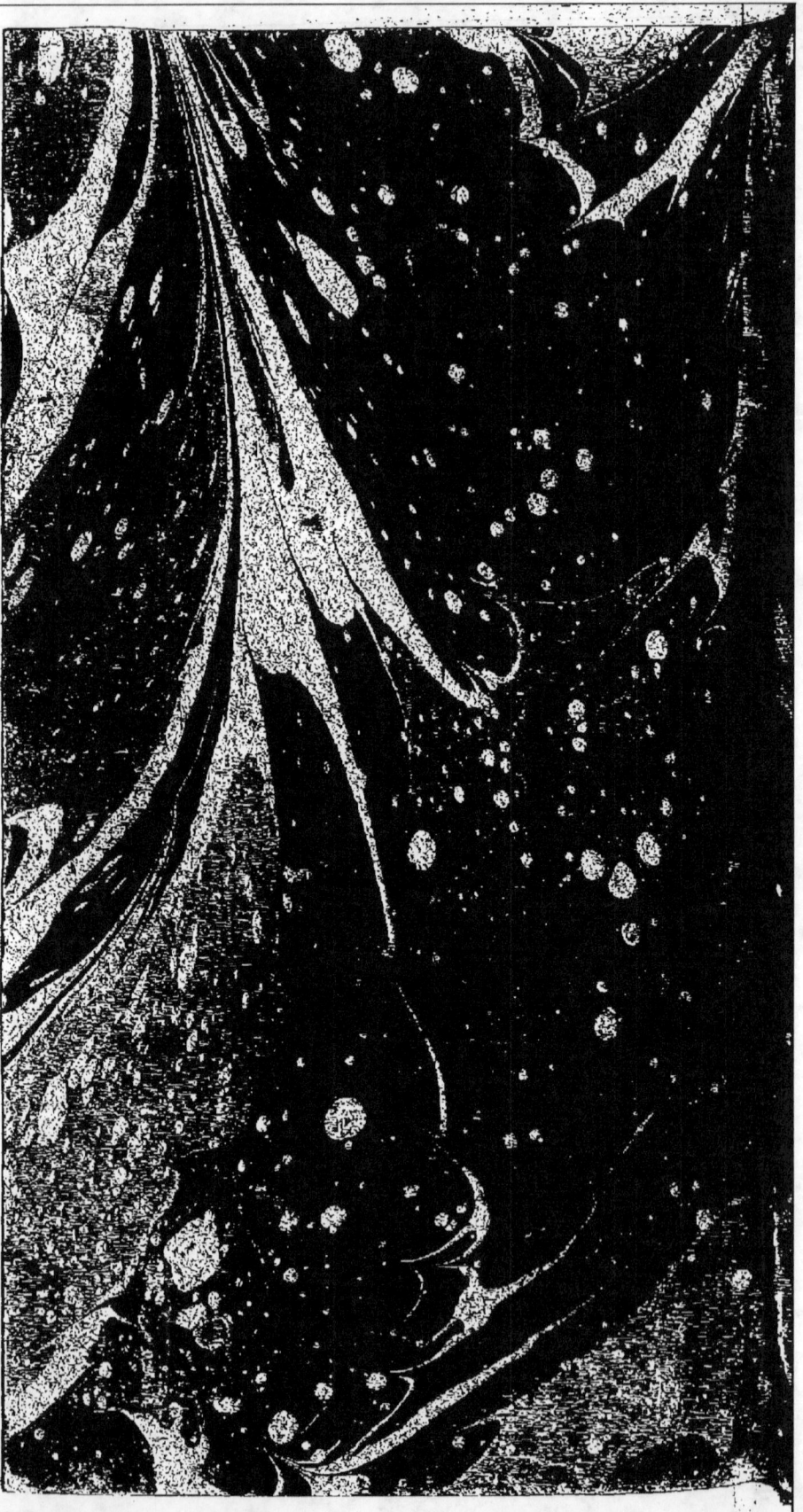

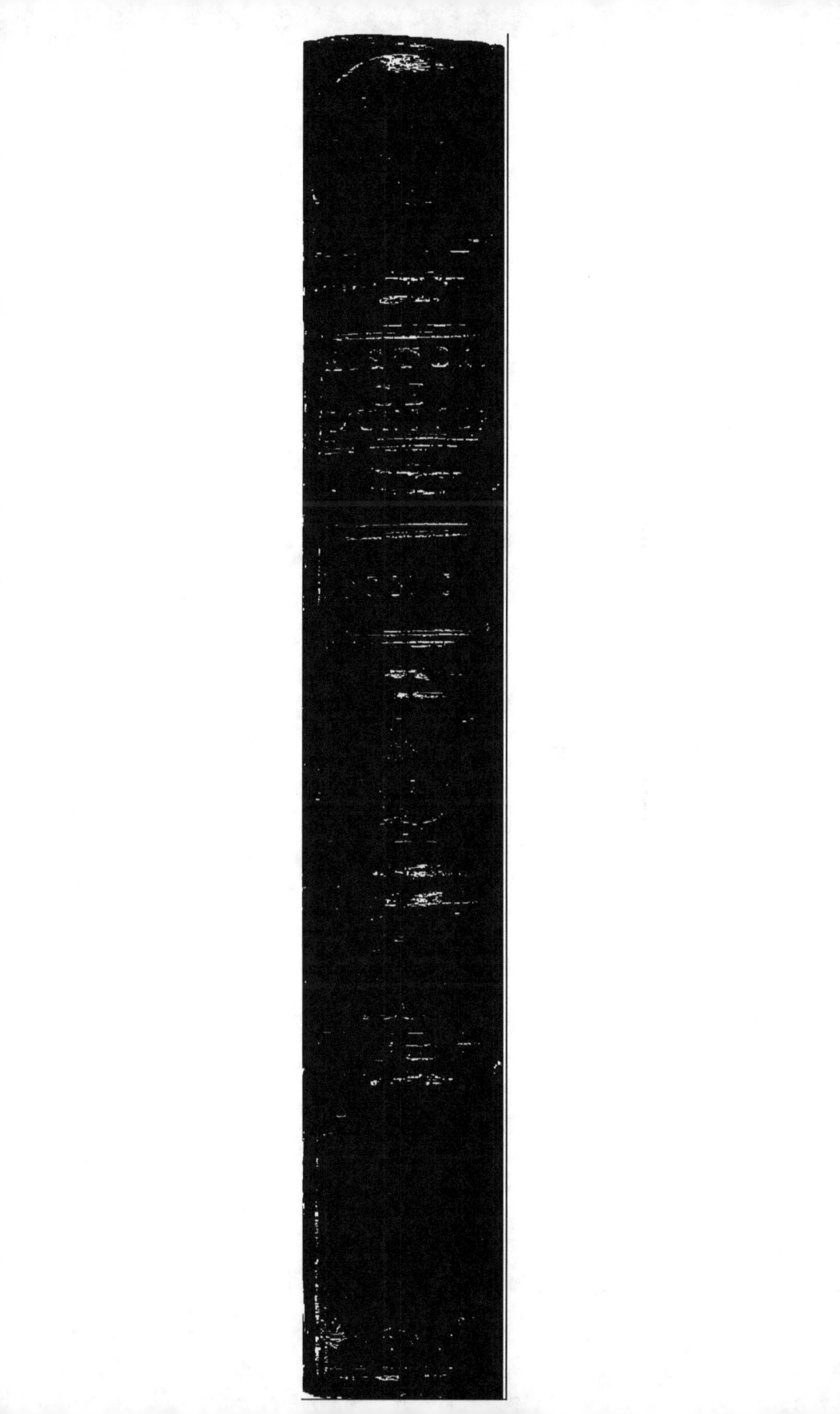

www.ingramcontent.com/pod-product-compliance
Lightning Source LLC
Chambersburg PA
CBHW070540230426
43665CB00014B/1757